MIN GE
YU XINZHONGGUO
DE JIANLI

民革与
新中国的建立

民革中央宣传部 编

 团结出版社

图书在版编目（CIP）数据

民革与新中国的建立 / 民革中央宣传部编 . -- 北京：
团结出版社，2019.9（2023.4 重印）
ISBN 978-7-5126-7321-2

Ⅰ . ①民… Ⅱ . ①民… Ⅲ . ①中国国民党革命委员会
- 史料 Ⅳ . ① D665.1

中国版本图书馆 CIP 数据核字（2019）第 181529 号

出　　版：团结出版社
　　　　　（北京市东城区东皇城根南街 84 号　邮编：100006）
电　　话：（010）65228880　65244790
网　　址：http://www.tjpress.com
E-mail：zb65244790@vip.163.com
经　　销：全国新华书店
印　　装：三河市东方印刷有限公司

开　　本：170mm×240mm　16 开
印　　张：22
字　　数：299 千字
版　　次：2019 年 9 月　第 1 版
印　　次：2023 年 4 月　第 5 次印刷

书　　号：978-7-5126-7321-2
定　　价：88.00 元

序

万鄂湘

习近平总书记曾指出："一切向前走，都不能忘记走过的路；走得再远，走到再光辉的未来，也不能忘记走过的过去，不能忘记为什么出发。"今年是中华人民共和国成立70周年，也是人民政协成立70周年。在创建新中国、人民政协伟大事业的进程中，民革作为中国共产党领导的统一战线和多党合作中的一员，作为致力于中国特色社会主义事业的参政党，始终与中国共产党风雨同舟、荣辱与共，既是历史的见证者，也是历史的参与者。在中国共产党领导的多党合作和政治协商这一新型政党制度确立70周年的重要历史节点，回顾民革和民革前辈在中国共产党领导下参与新中国建立和建设的历史，具有深远的历史意义和极强的现实意义。

民革是在抗日战争胜利后，中国历史发生转折的重要关头，由坚持孙中山先生"三大政策"的国民党民主派及其他爱国民主人士集结在和平民主建国旗帜下成立的。民革成立后，立即表明了自己反对国民党统治集团卖国、独裁、内战的明确立场，旗帜鲜明地拥护中国共产党关于成立联合政府的主张，接受中国共产党领导，全力投入到人民解放战争的革命洪流中。

由于历史原因，很多民革前辈在国民党军政界有着特殊的影响力。民革充分利用这一特点，积极策动国民党军政人员起义，配合人民解放战争顺利开展，作出了独特的贡献。

1948年4月30日，中共中央发布了召集各民主党派、各人民团体、各社会贤达迅速召开新政治协商会议以建立民主联合政府的"五一口号"。"五一口号"发布以后，民革立即发表公开宣言响应中共中央的号召，明确表明接受中国共产党领导的政治立场。应中国共产党的诚挚邀请，李济深等民革领导人相继到达解放区，与中共及各民主党派共商建国大业，参与中国人民政治协商会议的筹备和召开，参与《共同纲领》的制定，出席中华人民共和国开国大典，为新中国的建立和新政协的成立添砖加瓦。

中华人民共和国成立后，民革在中国共产党和《共同纲领》的指引下，参加国家管理，参与国家重大决策协商，动员广大党员和所联系人士投身新中国建设，发挥了民主党派在国家政治生活中的应有作用。

为了更好地重温民革和民革前辈参与新中国建立的历史，纪念为新中国建立而竭诚奉献甚至英勇献身的民革前辈，继承发扬民革优良传统，加强思想政治建设，我们编辑出版了《民革与新中国的建立》《民革前辈与新中国》两本书。希望包括民革广大党员干部在内的社会各界可以从中得到丰富的教益和深刻的启迪。我想，民革党员干部至少应该得到以下几点启示：

一、坚持中国共产党领导，不忘合作初心、继续携手前进，是民革的立党之本、发展之基。

民革七十多年的历史告诉我们，民革每一次重要的进步和成果的取得，都离不开中国共产党的领导和关怀，都得益于多党合作制度的不断发展和完善。当年，民革前辈正是在中国共产党的支持下，冒着危险聚集到香港，成立了民革。"五一口号"发布后，民革公开宣布接受中国共产党领导，并决心在中国共产党领导下为实现中华民族伟大复兴而不懈奋斗，这是民革的初心，是民革一直以来始终坚持、不断传承、赖以发展的立党之本。中共十八大以来，以习近平同志为核心的中共中央高度重视多党合作事业，提出了一系列重要思想，作出了一系列重要指示，出台了一系列重要文件，为新时代多党合作事业的发展指明了方向。特别是2018年全国两会期间，习近平总书记关于新型政党制度的重要论述，是习近平新时代中国特色社会主义思想的重要组成部分，是对马克思列宁主义关于政党制度理论的继承和发展，是对中国特色社会主义道路、制度、理论体系的认识深化和实践创新。我们要在习近平新时代中国特色社会主义思想指引下，大力弘扬民革优良传统，以丰富鲜活的历史，摆事实、讲道理，深入浅出，讲好民革故事，讲好多党合作故事，不断增进对中国共产党和中国特色社会主义的政治认同，牢牢守住我们的政治生命线，把稳我们的政治方向盘，绝不能有一丝一毫的动摇与偏离。

二、加强自身建设，积极履行职能，是民革的成事之方、奉献之道。

新中国成立后，民革一直注重加强自身建设，不断增强民革组织的向心力、凝聚力，将全体党员干部紧密团结在中国共产党周围，为国家和民族根本利益、为执政党的治国理政建真言、献良策。特别是近年来，中国特色社会主义进入新时代，我们按照习近平总书记"多党合作要有新气象，思想共识要有新提高，履职尽责要有新作为，参政党要有新面貌"的重要指示精神，努力增强责任和担当，坚持以思想政治建设为统领，全面加强自身建设，"举全党之力抓参政议政"，把智慧和力量统一到中国共产党和国家重大决策部署上来，不断提高政党协商、政协协商等建言质量，成果丰硕，成效显著。

三、孙中山爱国、革命、不断进步精神，是民革的理想之核、情怀之光。

作为由原国民党民主派为主创建的民主党派，民革对孙中山先生一向怀有崇高的敬意和深厚的感情。成立七十多年来，民革始终以孙中山振兴中华理想引导自己，始终以孙中山爱国、革命、不断进步精神激励自己，把对孙中山振兴中华理想的情怀，转化为坚持中国共产党领导、实现中华民族伟大复兴的中国梦的巨大精神动力。继承发扬孙中山爱国、革命、不断进步精神是民革的优良传统和基本特色，我们一定要代代相传，发扬光大。

今年2月，习近平总书记在党外人士迎春座谈会上指出，广大党外人士要认真总结70年来在中国共产党领导下多党合作事业取得的宝贵经验，发扬长期以来同中国共产党风雨同舟、休戚与共的优良传统，搞好政治传承，提高政治站位，增强政治能力，夯实新时代多党合作的共同思想政治基础。总书记的重要指示，充满了殷切期望，提出了明确要求，我们在欢欣鼓舞的同时，更感受到了沉甸甸的责任和使命。

《民革与新中国的建立》《民革前辈与新中国》这两本书的编辑出版，是民革中央贯彻落实习近平总书记重要讲话精神、建设高水平新时代中国特色社会主义参政党的重要举措。希望民革广大党员干部能从书中汲取养分，更加紧密地团结在以习近平同志为核心的中共中央周围，增强"四个意识"，坚定"四个自信"，坚决做到"两个维护"，自觉用习近平新时代中国特色社会主义思想武装头脑、指导实践、推动工作，为中华民族伟大复兴的中国梦贡献自己的力量，不辜负伟大的新时代。

是为序。

2019年8月

（作者系全国人大常委会副委员长、民革中央主席）

目 录

第一章
民革成立，有关政治势力高度关注

中国国民党革命委员会（简称民革），是在抗日战争胜利后中国历史发生转折的重要关头，由继承孙中山爱国、革命和不断进步精神的国民党民主派及其他爱国民主人士顺应时代潮流，为着民主建国而成立的民主党派。它的组织者是国民党民主派，它的旗帜是孙中山的三大政策，它的社会基础是国民党内具有爱国思想和民主意识的军政人员。民革的成立，强烈地震撼了国民党统治集团，引起了国内外政治势力的高度关注，影响了中国的政治格局。

一、国民党分裂与民主派形成

国民党民主派是国民党内的爱国民主力量，其前身是以宋庆龄、廖仲恺、何香凝、柳亚子、谭平山、邓演达等人为代表的国民党左派。孙中山逝世后，国民党内部发生严重的政治分化。国民党左派坚持孙中山提出的"联俄、联共、扶助农工"三大政策，继承孙中山的革命事业；而以张继、胡汉民、戴季陶为代表的国民党右派则破坏国共合作，暗杀了左派领袖廖仲恺。掌握着军权的蒋介石制造了中山舰事件，最后发动了四一二政变，背叛了孙中山的革命事业。

大革命失败之后，宋庆龄、何香凝等国民党左派在极其困难的条件下，揭露以蒋介石为代表的国民党统治集团背弃三大政策、背叛孙中山革命事业的反动实质，坚持国共合作，促使更多的国民党人成为民主派。1928年初，谭平山等国民党民主派响应宋庆龄、邓演达等人发表的《莫斯科宣言》，组织成立了中华革命党。1930年春，邓演达回国后与谭平山将中华革命党改组为中国国民党临时行动委员会（通称第三党）。

九一八事变后，民族危机加深，以蒋介石为首的国民党统治集团坚持"攘外必先安内"的政策，激起了国民党内爱国民主分子的强烈不满，导致了国民党内部第二次分化。宋庆龄、何香凝等国民党民主派领袖发表言论，揭露和谴责国民党统治集团坚持反共内战和对日本帝国主义妥协、投降的反动立场，积极响应中国共产党团结抗日的号召，动员各界同胞抗日救国。宋庆龄发表宣言说："我不忍见孙中山四十年的工作被一小撮自私自利的国民党军阀、政客所毁坏。我更不忍见四万万七千五百万人的中国，因国民党背弃自己的主义而亡于帝国主义。"她指出："只有以群众为基础并为群众服务的革命，才能粉碎军阀、政客的权力，才能摆脱帝国主义

1933 年 11 月 20 日，福建事变（简称闽变）爆发。图为召开中国全国人民临时代表大会时的全体代表合影。图中数字标号的人物分别是：1 李济深、2 蔡廷锴、3 黄琪翔、4 何公敢、5 翁照垣、6 蒋光鼐、7 陈友仁、8 萨镇冰、9 徐谦、10 李章达、11 邱国珍、12 陈耀煜、13 林植夫、14 戴戟、15 余心清。

4

的枷锁，才能真正实行社会主义。"[1]

　　国民党民主派领袖的强烈呼吁，在国民党内产生了很大影响。1932 年初，蒋光鼐、蔡廷锴率领十九路军打响了"一·二八"淞沪抗战，李济深、冯玉祥等联名发表通电表示支持。1933 年 6 月，冯玉祥在张家口组织察哈尔民众抗日同盟军，号召"全国民众，一致奋起，共驱强寇，保障民族生存，恢复领土完整"。11 月，蒋光鼐、蔡廷锴联合李济深、冯玉祥、陈铭枢、陈友仁、李章达及第三党的黄琪翔、章伯钧等人发动福建事变，在福州召开中国全国人民临时代表大会，成立中华共和国人民革命政府。这是国民党爱国民主力量第一次在公开打出"抗日反蒋"旗帜的情况下，与国民党统治集团的外部对抗斗争，标志着国民党内部矛盾的进一步激化。

　　福建事变失败后，国民党民主派在香港成立了中华民族革命同盟（简

1　《宋庆龄选集》上卷，第 83 页，人民出版社 1992 年版。

称大同盟），推举李济深为主席，由李济深、陈铭枢、蒋光鼐、蔡廷锴、李章达等组成中央委员会。李济深领导的中华民族革命同盟公开发表声明，要求蒋介石集团放弃一党专政，召开国民代表大会，缔结抗日救国联合战线，并在广东、广西、上海、华北和海外各地积极发展组织，在香港出版了《大众日报》《民族阵线》《战线》等报刊，进行抗日反蒋宣传。中华民族革命同盟是在中国共产党的帮助下成立的一个重要政治团体，它不仅在华南地区积极推动和支持抗日救国运动，开展抗日救国宣传，

恢复中山先生手订联俄、联共、扶助农工三大政策案

（一九三七年二月）

一九二四年先总理改组本党，并决定三大政策，——即联俄、容共和保护工农——对于革命阵线的再生有重大的影响，因此革命才能飞速发展。

不幸在一九二七年内争后，联合战线分裂，而三大政策的价值是完全毁灭了。因为革命的失败，外国的侵略继之而来，在最近五年中尤为加紧，结果失去将近七省的土地，而中国乃有完全受奴役之危险。当有良心的同胞们心斯弦痛的时候，我们不知道我们国民党员必须做些什么——我们肩上负有革命成功或失败，国家的繁荣或奴役的责任的国民党员，必须做些什么来慰想先总理在天之灵，和我们受牺牲的先烈和数万革命军士的英灵呢？他们不是为了革命事业牺牲了他们的生命，便是忍受肉体的伤残。

我们受命执行先总理的遗志，我们不能把我们的责任移在别人的肩上。我们为我们的迁延和对生命的态度感觉万分惭愧，每一回忆先总理临终前的一瞬间，便觉愤从中来，因为先总

1937 年 2 月，宋庆龄、何香凝等在国民党五届三中全会上联合提案，要求国民党恢复孙中山"三大政策"，和全国人民共同抗日。

而且同国民党内各方面的爱国民主力量都有密切联系，为以后国民党民主派组织的成立奠定了一定的思想基础和组织基础。

1936 年 6 月，陈济棠、李宗仁、白崇禧等人发动两广事变，李济深、蔡廷锴等人亲赴广西南宁商讨对策，提出了反对蒋介石、整编军队北上抗日的政治主张。中华民族革命同盟还草拟了《抗日救国协定草案》，派钱寿康专程到西北与中国共产党联络。毛泽东称赞李济深的提议是"谋国伟画"，认为"中华民族亡不亡，日本帝国主义之驱逐出中国，将于贵我双方之协定开其端矣"，并希望李济深对蒋介石及南京当局"督促批判，责其自新"。[2] 1937 年 2 月，国民党召开五届三中全会，宋庆龄、何香凝等国民党民主派领袖自大革命失败后第一次以中央委员的身份出席全会，并联名提出了《恢复孙中山先生手订联俄、联共、扶助农工三大政策案》，

2 《毛泽东书信选集》，第 70 页，人民出版社 1983 年版。

宋庆龄、何香凝。

促使这次会议通过了有关宣言和决议，宣布对日要抵抗，对内要和平，并开始进行国共两党的和平谈判。

七七事变爆发后，中国共产党立即发出通电，主张国共合作，建立抗日民族统一战线，实行全民族抗战，抵抗日本帝国主义的侵略。国民党爱国民主人士以各种方式，要求蒋介石集团以民族利益为重，遵循孙中山的遗教，与中国共产党合作，共同抗击日本的侵略。9月22日，国民党中央通讯社公开发表了《中共中央为公布国共合作宣言》。翌日，蒋介石发表谈话，承认中国共产党的合法地位，第二次国共合作实现。宋庆龄立即发表《国共统一运动感言》予以支持，李济深则提出"坚持抗战"和"实行民主"两大政治主张，建议国民政府邀请毛泽东、周恩来等中共领导人及其他主张抗战人士，组织最高国防会议。李济深、冯玉祥、蒋光鼐、蔡廷锴等人也纷纷捐弃以前的反蒋立场，奔赴南京，参与领导对日作战。

武汉失守之后，蒋介石开始实行消极抗日、积极反共的方针，不断制造与中共的军事摩擦。李济深等国民党民主派利用自己实际担负的职权，积极维护抗战大局，竭力制止国民党当局的反共摩擦。1941年1月，震惊中外的皖南事变发生后，宋庆龄、何香凝、柳亚子等国民党民主派联名通电，正告蒋介石："弹压共产党则中国有发生内战之危险，今后必须绝对停止以武力攻击共产党，必须停止弹压共产党行动。"[3]在国共关系急骤恶化的情况下，谭平山、王昆仑、陈铭枢、杨杰、郭春涛、朱蕴山等国民党民主派在重庆发起组织了民主同志座谈会，以座谈时事的形式，联系和团结国民党上层人士。1942年8月，参加座谈会的人士经过交换意见，决定以座谈会为基础，筹组一个正式组织。随后，由谭平山、陈铭枢、杨杰、朱蕴山、王昆仑、郭春涛、许宝驹、于振瀛、何公敢、甘祠森十人组成了筹备小组。筹备小组最初将拟组建的组织名称定为"中国国民党民主同志联合会"，后经多次商讨，最后正式定名为"三民主义同志联合会"（简称民联）。这样，国民党内部在抗战后期再次发生分化，逐渐形成了反对蒋介石独裁统治、要求结束一党专政、建立联合政府的国民党民主派。

二、在民主建国的旗帜下聚集

日本宣布无条件投降后，全国人民热烈欢庆抗战胜利，并用各种方式表达对于和平建国的强烈愿望。中共中央发表《对目前时局的宣言》，阐明中共争取和平民主，反对内战独裁的方针，要求国民党政府承认解放区的民选政府，召开各党派和无党派代表人士的会议，成立举国一致赞同的民主联合政府。中国共产党的主张得到了国民党民主派、各民主党派和各界人士的积极响应。他们纷纷举行集会并发表宣言和声明，呼吁和平，反对内战，反对召开由国民党一手包办的国民大会，要求结束国民党一党专政，召开各党派和无党派人士参加的政治会议，成立联合政府。国民党民主派与中共密切配合，利用自身资源，以民主运动的声势，敦促以蒋介石为首的国民党当局接受政治协商建立联合政府的要求。

---

3 《宋庆龄选集》上卷，第323页，人民出版社1992年版。

1945 年 8 月 28 日，毛泽东、周恩来和王若飞从延安飞抵重庆，与国民党政府进行和平谈判。经过 43 天的会谈，国共双方签署了《双十协定》，国民党政府被迫同意中共提出的和平建国的基本方针，承认各党派的平等合法地位和人民的某些民主权利，并允诺召开政治协商会议，为中国展现了民主建国的美好图景。在国内一度出现的宽松政治环境中，国民党民主派加快了组织建设的步伐，民联活动由半公开逐渐走向公开。10 月 28 日，民联第一次全体大会在重庆上清寺特园举行，会议通过了《政治主张》《大会决议案》和《临时组织总章》，选举谭平山、陈铭枢、郭春涛、杨杰、柳亚子等 17 人组成中央临时干事会。随后，干事会选出谭平山、陈铭枢、杨杰、柳亚子、朱蕴山、王昆仑、郭春涛、许宝驹、于振瀛等 9 人为常务干事，马寅初、潘震亚、孙荪荃、于志侯、秦德君 5 人为常务监察。作为国民党民主派组织，民联公开宣布："接受三民主义及中国国民党第一次全国代表大会宣言与决议案"，"主张中国国民党应即自动结束党治，建立举国一致的民主联合政府"，"保障人民的民主权利"，"国内一切民主党派，一律处于合法平等地位"。民联还具体提出了改革国民党的方案，认为国民党应以革命的三民主义为组织路线的最高原则，以工农大众为主要发展对象，实行民主集中制，发扬党内民主。为了扩大政治影响，民联创办了《民联》《民潮》等刊物，积极进行反内战、反独裁和要求民主的宣传活动，并先后在 19 个省和 10 个市建立了地方组织。民联的成立，使国民党民主派形成了一支有组织的政治力量。

民联成立后，立即投入了反对发动内战、争取国内和平的民主运动中。1945 年 12 月，马歇尔作为美国总统杜鲁门的特使来华"调处"国共两党冲突。民联派代表向他递交了一封公开信，郑重声明：蒋介石所垄断的国民党早已背叛了三民主义，并不能代表大多数党员的意见；蒋介石所领导的政府是个人独裁政府；中国要实现和平，就必须要蒋介石立即停止内战，希望美国能停止对蒋介石的援助，并撤退驻华美军。民联的这封公开信，

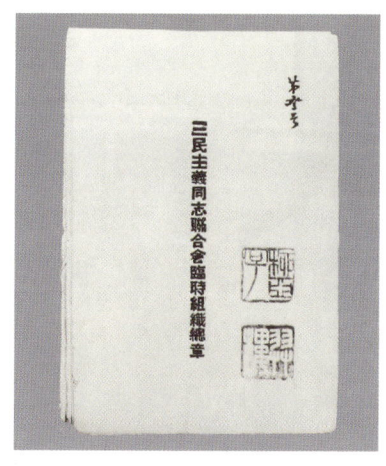

民联成立时通过的临时组织总章。（左）
重庆特园中国民主党派历史陈列馆前的三民主义同志联合会成立纪念碑。（右）

集中阐述了国民党民主派和平民主的政治主张，在当时国内外产生了较大的政治影响。

1946 年 1 月 10 日，政治协商会议在重庆开幕。民联特地发表了《对政治协商会议之意见》，要求释放政治犯，撤销特务机关，停止内战，结束国民党训政和一党专政，组成民主联合政府。同时，民联与各民主党派在重庆成立了"反内战协会"（后改为"陪都各界反内战联合会"），并举行了 500 余人参加的反内战大会，号召全国各界人士动员起来，采用一切办法制止内战。1 月 28 日，民联发起纪念"一·二八"抗战十四周年活动，以陈铭枢个人名义在重庆的广东酒家举行招待会，许多国民党上层人士和民主党派代表到会，大家高度赞扬十九路军的英勇抗战和爱国精神，并向张治中、陈铭枢鼓掌致敬。政治协商会议召开期间，民联在会外做了许多有益的工作，一些成员还分赴上海、南京、北平和香港等地活动。

1 月 31 日，政治协商会议在通过《政府组织案》《国民大会案》《和平建国纲领》《军事问题案》和《宪法草案》五项议案后闭幕。政治协商会议的斗争，是中国共产党与各民主党派、国民党民主派、无党派民主人

1946 年 2 月 10 日，重庆各界人民在较场口举行庆祝政协成功大会，国民党当局指派特务捣毁会场。图为特务把持下的会场。

士为争取和平民主同蒋介石集团进行斗争的继续和发展，是民主与反民主两种势力的政治较量。在这场关系中国命运的斗争中，国民党民主派与中共及民盟一起，揭露了国民党独裁、内战的政策，孤立和打击了国民党反动派，延迟了大规模内战的爆发，为使战后中国走上和平民主道路作了很大努力。

然而，以蒋介石为首的国民党政府奉行的是假和平、真内战的反动路线，在《双十协定》刚刚签订之时，蒋介石就下发了军事进攻的密令。掌握内情的国民党民主派奔走调停，希望蒋介石悬崖勒马。但蒋介石坚持独裁内战的政策，一意孤行地向各个解放区周围增兵，国民党军警特务用棍棒来对付反对内战、要求和平的民众。2 月 10 日，重庆各界万余群众在较场口举行庆祝政治协商会议成功大会时，遭到国民党特务的野蛮破坏，郭沫若、李公朴、章乃器等民主人士 60 多人被当场打伤，许多群众失踪和被捕，造成轰动全国的较场口血案。不久，国民党特务又制造了轰动一时的下关事件，公然对要求和平民主的爱国民主人士痛下毒手。

国民党政府的倒行逆施，激怒了包括国民党民主派在内的各界爱国民主人士，也促使他们进一步联合起来。在较场口事件中，朱学范领导的劳动协会不顾国民党当局的威逼利诱，组织了 500 多名工人维持会场秩序，尽最大努力保护了与会人员的安全，很多工人被暴徒打伤。血案发生后，朱学范与李德全、阎宝航到国民党中央党部抗议国民党的暴行。李济深、冯玉祥、陈铭枢、朱蕴山、龙云、刘文辉等人在重庆聚兴诚银行开会，商讨对策。余心清指出："中国抗战八年，赢得惨胜。今天正是休养生息的时候，蒋介石偏要一意孤行搞内战。这几天他们正在开军事会议，政协的前途已经决定被埋葬了！"他号召大家"共同商讨出一个挽救国家民族前途命运的办法来"。陈铭枢认为："我们不能眼看着把我们的国家民族前途命运断送在一个人手里。为了挽救危局，我们要行动。"并提出："我们要进一步的合作，把政治、军事配合起来，在各方面实际上动员起来，彻底地把这个独夫民贼打倒。"李济深在介绍了自己在广西争取民主的做法及民促组织的情况后，郑重地提出："今后蒋介石要打内战，我们就在内战中打倒他。"冯玉祥则提议："我们在重庆、成都、上海、广州等这些大城市建立起规模较大的言论机关，用宣传攻势打击独裁。"[4]

为了集结国民党内部反蒋力量进行更大的斗争，广州的国民党爱国民主人士加紧了建立民主派组织的工作。李济深、何香凝等人认为，为了加强与蒋介石集团的斗争，应该将酝酿已久的国民党民主派组织尽快建立起来，并草拟了政治纲领和组织章程。1946 年 3 月 12 日和 4 月 14 日，广州的国民党爱国民主人士先后举行两次会议，正式成立了中国民主促进会（后改名为中国国民党民主促进会，简称民促）。会议推举李济深为民促

---

4 冯洪达《冯玉祥将军魂归中华》，第 3 页，文史出版社 1981 年版。

位于广州文德东路六和新街14号的民促秘密联络站。（上）

位于上海环龙路（现南昌路）善庆坊10号的民联秘密联络站。（下）

中央主席，推举李济深、蔡廷锴、李章达、张文、秦元邦、陈此生、谭冬菁、司马文森、叶少泉、余勉群等人为中央常务理事。会议发表了《中国民主促进会成立宣言》，公开宣布民促忠诚于孙中山的革命三民主义，以"民有、民治、民享"为最高准则，反对蒋介石的内战和独裁政策，要求国民党根据孙中山"天下为公"的精神，自动结束党治，建立民主联合政府。

民促成立后，首先在广州等地开展反蒋民主活动，并出版《现代》月刊，积极进行反蒋宣传。6月23日，何香凝、彭泽民、蔡廷锴、李章达等分别致电毛泽东和美国总统杜鲁门，呼吁和平，制止内战。7月7日，毛泽东复电，对何香凝等人"呼吁和平"的言论和行动，"甚为感佩"，并表示中共始终致力和平，"决与全国绝大多数人民，共同为争取和平实现而努力"。7月29日，李章达、何香凝、张文、陈其瑗、陈此生、陈汝棠等人联合致电美国人民，要求美国人民督促政府立即停止对蒋介石集团的军事援助，撤退驻华美军。8月21日，为纪念廖仲恺逝世21周年，何香凝发表《告黄埔军校同学书》，呼吁黄埔同学遵循孙中山、廖仲恺遗教，顺从人民意旨，反对内战，争取和平民主。

李济深领导的民促的反蒋活动，使国民党反动统治集团感到恐慌。国民党军事委员会广州行营首先封闭民促主办的《现代》月刊，随后将正在筹办安装印刷机器的报社查封，勒令蔡廷锴、李章达限期出境。民促总部虽然被迫迁往香港，但仍然坚持地下反蒋民主活动。

1946 年 6 月，蒋介石集团悍然撕毁停战协定和政协协议，向中共领导的解放区发动全面进攻，从而挑起了全国性内战。7 月 23 日，宋庆龄发表《关于促成组织联合政府并呼吁美国人民制止他们的政府在军事上援助国民党的声明》，强烈谴责国民党反动派发动反共、反人民的全面内战，反对美国政府实行扶蒋反共的政策。她说："目前的危机并不是哪一边——国民党还是共产党——胜利的问题，而是中国人民的问题，他们的团结，自由和生活的问题。悬在天平之上的不是党权的问题，而是人权的问题。"[5]她认为，解决危机的办法是立即实行孙中山的新三民主义，组织有中共、各民主党派及无党派民主人士参加的联合政府，并号召国民党内的进步党员用自己的实际行动来争取民主制度在中国的建立。

宋庆龄的声明立即得到了国内外各方面的强烈响应。美国前总统罗斯福夫人发表谈话，赞成宋庆龄的声明，认为美国应放弃军事干涉中国；美国国会议员和一些报刊纷纷发表谈话和声明，支持宋庆龄；国内各行各界也纷纷响应。国民党民主派更是坚决支持自己的领袖。7 月 28 日，彭泽民、何香凝、丘哲、张文、李章达、陈其瑗、陈汝棠、冯裕万、陈此生等44 人联名通电，呼吁内求和平，外伸正义，立即停战，成立民主联合政府。8 月 5 日，蔡廷锴代表中国民主促进会中央干部理事会发表声明，主张"立即停止内战，重新举行政治协商会议，用和平方法解决国共两党争端。"他还要求美国停止对国民党一党政府的援助，"以免好战派用以制造

5《宋庆龄选集》上卷，第 415 页，人民出版社 1992 年版。

战争"。8月26日，冯玉祥在离开南京准备赴美国"考察"前，给蒋介石写了一封措辞严厉的信函，认为"今日大局以和平为天经地义，国际要和平，国内更要和平"，要求国民党政府立即停止内战。

国民党当局一面打内战，一面进行政治欺骗。1946年10月，蒋介石下令召开"国民大会"，准备在会上通过维护其一党独裁统治的"中华民国宪法"。蒋介石集团这种欲盖弥彰的拙劣行径，更加暴露了他们坚持内战、独裁的反动立场，立即遭到了中国共产党、国民党民主派、各民主党派、各人民团体和全国人民更加强烈的反对。1947年1月1日，何香凝、彭泽民等人在香港《华商报》上发表致宋庆龄、毛泽东、李济深、张澜、马叙伦、陈嘉庚先生暨全国同胞电，郑重指出："此次国民大会，其召开既出非法，而代表中国第二大党之中国共产党与第三方面之民主同盟，又未参加，其所通过之宪法，根本已失去合法之根据，况其内容非驴非马，既非政协宪章，距民主原则甚远，尤以所谓行宪办法十条，乃预为中国内战独裁张本。惟执政者用心，不过以此宪法之颁布，粉饰其一党专政之面目。"

1947年2月，国民党当局迫令中共代表团撤离宁、沪、渝，国共和谈彻底破裂。李济深为首的国民党民主派痛心疾首，对蒋介石的独裁内战政策进行声讨。3月9日，李济深在香港发表了《对时局意见》。他公开指出："我是中国国民党党员，我们国民党执政已二十年，使国家弄到这样地步，我们的党，当然要负相当责任。照道理说，应该自我检讨，向全国同胞谢罪，真正还政于民。本来中国国民党，是一个革命的政党，孙总理留给我们的三民主义，是根据民主原则所创立起来的救国主义，但自民国十七年执政以后，这一切都被遗忘或被遗弃了。从此我们国民党，便逐渐与人民隔离，逐渐被独裁专制气氛所笼罩，于是革命精神，完全丧失，由为民服务，一变而奴役人民；在党内实在亦无丝毫民主气息。正因为我们国民党，被独裁专制势力劫持之下，违背总理遗教，抛弃了三民主义，压

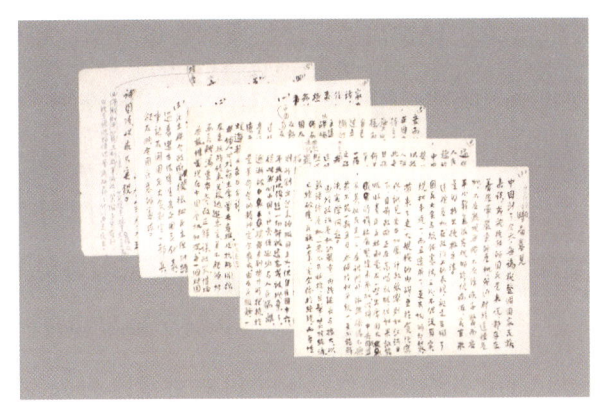

李济深《对时局意见》手稿。

迫一般人民与民主分子，对广大人民采取苛酷的剥削政策，引起全国之不满。"为此，他强烈呼吁停止内战，废除党内独裁，号召每一个信仰总理遗教的国民党员，应该不客气地起来，改正党内反动派的错误政策。最后，李济深向国民党政府提出了七点建议：

（一）政府必须放弃武力统一政策，双方立刻停火，自动将军队撤回1946年1月13日以前原驻防地，以示结束内战之诚意。至双方军队撤出地区在联合政府未成立前，暂由当地人民实行自治自卫，为过渡办法。同时全国停止征兵征粮，以保证内战之不复发生。

（二）召开政治协商会议，改组中央及地方政府，成立民主联合政府，立即释放张学良、杨虎城、费巩等一切政治犯，取消特务，开放言论自由，切实保障人权。

（三）民主联合政府成立之后，根据民主原则，经过普选方法，产生真正国民代表，重新召开国民大会，制定一部真正反映全国民意的宪法。

（四）切实遵照总理民族主义之遗教，维护国家主权，废除一切不平等条约，确立独立自主外交政策，反对外国干涉中国内政，撤退一切外国在华驻军，切实保护爱国运动，及海外华侨。

（五）立刻大量裁军、减政、切实复员，从事垦殖及其他生产，并停止通货发行，对现在飞涨物价，作釜底抽薪之计，以安定民生。

（六）保护民族经济，取缔官僚资本，实行保护关税政策，并救济困乏农民、失业工人、灾民、伤兵、公务人员及海外侨胞，动员全国力量，从事建设。

（七）恢复孙总理革命精神，改造中国国民党，重选各级领导机构，废除党内独裁，培养民主作风，并保证与各民主党派合作建国。

李济深的声明发表后，海内外多种报刊及通讯社纷纷转发并发表评论，引起社会各界的强烈反响。民联香港发言人发表谈话指出："中国国民党之危机，乃在党内极少数顽固分子把持党务，假三民主义之名，以遂行其反三民主义之实"，要求国民党当局采纳李济深的意见，并表示："愿与党内外各民主人士共同努力，以促其实现。"

蒋介石控制的国民党中常会以李济深诋毁蒋主席及国民政府为名，通过了开除李济深、全国通缉李济深的决议。

1947 年 5 月 20 日，何香凝就李济深被开除国民党党籍一事发表答记者问，认为蒋介石控制下的国民党和国民政府的种种行为违反了孙中山救国救民的意愿，表示"不愿为他们分负祸国殃民的责任"，并认为李济深被开除国民党党籍，"对于李先生丝毫无损"，只足以证明国民党统治集团"不过是周厉王、秦始皇这一流人物"。中国民主同盟和中国农工党负责人彭泽民也列举了十项事实，说明真正违反党纪的正是蒋介石而非李济深，他指出："李济深将军并非犯了孙中山的党纪，而是犯了蒋介石独裁的祸民党纪。"

以蒋介石为首的国民党统治集团顽固坚持内战独裁政策，彻底走上了反共反人民的道路。要实行和平民主、建立联合政府，必须彻底推翻国民党的反动统治。民联、民促及其他国民党民主派人士意识到，分散的国民党民主派组织已经不能适应反蒋革命斗争的需要，必须联合起来，建立相应的组织，以便团结各方，协调意见，统一行动。国民党民主派大联合的条件，在反对蒋介石反动独裁统治的斗争中，逐渐成熟了。

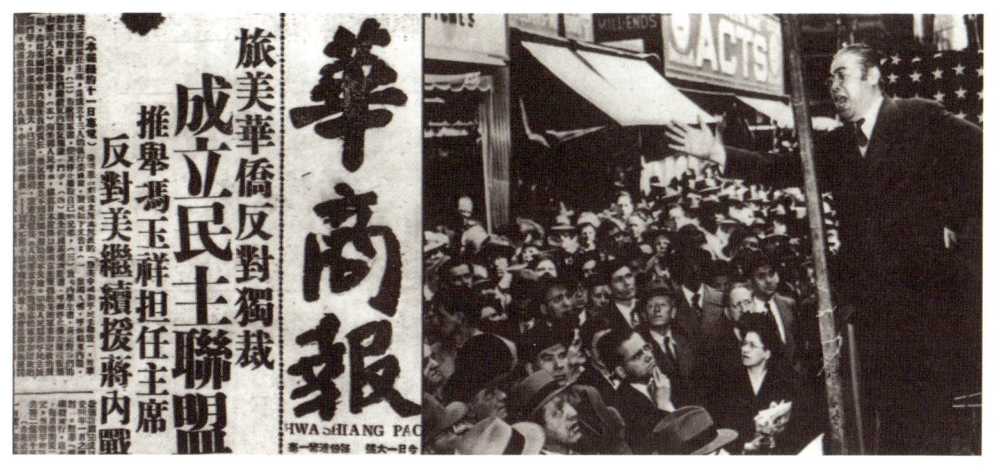

1947 年 11 月 9 日，冯玉祥联合在美国的国民党爱国民主人士成立旅美中国和平民主联盟，冯玉祥当选为主席。左图为《华商报》的相关报道；右图为 1948 年冯玉祥在美国纽约街头讲演，反对美援助国民党统治集团进行内战。

在国内的国民党爱国民主力量成立民主派组织的同时，海外的国民党爱国民主人士也开始集结，并进行有组织的活动。1947 年 9 月，冯玉祥在美国多方联络旅美的国民党爱国民主人士。10 月 10 日，他在纽约举行记者招待会，向世界舆论公开表明反对蒋介石集团独裁统治和反对美国支持蒋介石打内战的政治立场。当晚，他在哥伦比亚大学发表《国庆演词》，猛烈抨击蒋介石集团的法西斯独裁统治和反人民的内战政策，坚信民主的胜利已经为期不远了。10 月 11 日，冯玉祥约集在美国的国民党民主派及民主人士，一起座谈形势，大家认为有必要建立一个民主统一战线的组织，以更好地开展反蒋反美斗争。11 月 9 日，旅美中国和平民主联盟在纽约成立，冯玉祥、王昆仑、赖亚力、吴茂荪等 13 人被推举为联盟执行委员，冯玉祥为主席。联盟成立后，立即在旅美爱国侨胞中开展工作，先后在旧金山、华盛顿、明尼苏达等地成立了分部，并发展了一批会员。冯玉祥等联盟负责人还经常到美国各地参加集会，发表演说和撰写文章，揭露国民党统治集团的反动本质和美国政府所谓"援华"的真相，争取爱国侨胞参加斗争，呼吁美国人民反对其政府"援华"。李济深、柳亚子、蔡廷锴等人联名写信给冯玉祥，高度评价他在美国进行的斗争和取得的成绩。旅美中国和平民主联盟还与国内的国民党民主派建立了密切联系，在反对国民党反动统治集团的斗争中互相配合，互相支持。

三、中国国民党革命委员会成立

随着革命形势的迅速发展，国民党内越来越多的爱国民主分子摆脱了国民党统治集团的羁绊，站到中国共产党领导的人民革命阵营一边。1947年2月，民联在上海举行第四次政治会议，呼吁国民党内爱国民主力量团结起来，组成一支争取和平民主的生力军，和工农群众结成民主联合阵线，同国际民主力量配合，集中打击反民主势力，并要求将来进行政治协商时，应有国民党民主派参加。民联、民促此前的文件，用过"国民党民主同志""民主进步分子""国民党革命同志"等术语，在这次政治会议上，第一次使用"国民党民主派"名称。4月27日，远在美国的冯玉祥就国民党民主派联合之事致信李济深，赞扬李济深、何香凝等人的反蒋立场，强调"我们该当联络一切国民党内渴望民主与和平的人士团结反蒋"，希望与李济深等人联合反蒋。

冯玉祥的海外来信，给国内的国民党民主派以很大鼓舞，更加坚定了他们尽快联合起来的决心。民联、民促首先成立了南方联合支部。李济深在《对时局意见》发表后不久，在香港召集民促、民联高级干部会议，共商国民党民主派联合之事。这次会议由李济深主持，参加会议的有何香凝、蔡廷锴、彭泽民、冯伯恒、李民欣、黄精一、云应霖、陈树渠、萧隽英、李朗如、李杜等。经过充分讨论，会议决定：（一）民联、民促仍各维持原有组织，分头进行活动，但为统一协调双方的行动，由两会代表共同组成一个联席会议，称南方联合执行部，推李济深为执行部主席，何香凝、蔡廷锴、李民欣、李朗如、黄精一、萧隽英、陈树渠、李杜、云应霖、陈此生为委员，萧隽英兼秘书长，执行部每半月开会一次；（二）反对内战，要求依据政协决议，实行民主政治，同时响应中共的各项言论及主张，策动民众团体，反对南京政府实行的各项反动政策；（三）派李杜赴东北、黄理存赴台湾开展工作，扩大国民党民主派的组织和影响；（四）设法与司徒美堂在香港合办渔业公司，以增加收入，作为开展反蒋斗争的经费；（五）组建国外总支部，积极争取海外华侨的支持，蔡廷锴等人负责召集第十九路军旧部，并在家乡设立联络处，组织"民主联军"。会议还决定，以上所制定的全部计划，由李济深在香港总负责。

国民党民主派越来越深切地感到，只有尽快联合起来，才能更好地适应新的形势和任务。1947 年 5 月 4 日，李济深邀集何香凝、彭泽民、李章达、陈其瑗、朱学范、陈此生、邓初民等人在香港居所聚会，再次商讨正式成立联合组织的问题。与会者一致认为，应当尽快团结国民党内的一切爱国民主力量，建立自己的革命组织，以便更好地与中国共产党合作，共同推翻蒋介石政府。大多数与会者还认为，民联、民促自成立以来，为争取和平民主做了大量工作，在全国有很大的影响，因此，尽管这两个组织都有联合的愿望和要求，但为了更有利于斗争的开展，应当继续保留这两个组织。与会者还认为，最好的联合方式是另外成立一个组织，让民联、民促的同志以个人名义参加这个新组织，并作为骨干力量来推动这个新组织的工作。由于与会者基本上都是民促的同志，因此会议决定尽快请上海民联的同志来香港，共同商议有关联合的事宜。会议委托即将赴欧洲参加世界工联理事会的朱学范去美国，向正在美国进行反蒋活动的冯玉祥征询成立国民党民主派统一组织的意见。

5 月 6 日，李济深再次在香港召集会议，讨论由李济深、何香凝联名写给在上海的谭平山、柳亚子、郭春涛、陈铭枢等人的信。由于这封信是用秘密通讯办法写在手掌大小的一块白绸巾上的，所以大家逐字逐句地斟酌，形成简明扼要、含意深刻的 36 字短信："国民党民主派，集中力量，

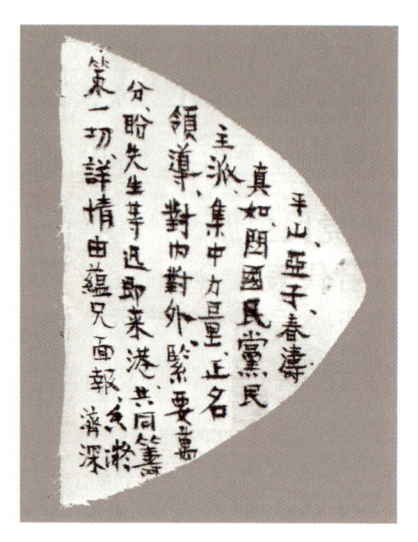

1947 年秋，国民党民主派积极筹建中国国民党革命委员会。这封写在绸子上的密信，是当时在香港的何香凝、李济深写给谭平山、柳亚子、郭春涛、陈铭枢四人的，请他们"迅即来港，共同筹策一切"。

20

正名领导，对内对外，紧要万分。盼先生等迅即来港，共同筹策一切。详情由蕴兄面报"其中，"正名领导"四字概括了三个层次的含意：（一）国民党民主派急需成立一个革命组织，才能正名（名正言顺地）领导开展推翻蒋政权的活动；（二）这个革命组织急需定出名称，才能对外联系，发展组织，开展工作；（三）民联、民促可以并入新组织，其成员也可以用个人名义参加进来，成立一个新的、能够领导推翻蒋政权的革命组织。

朱蕴山辗转设法将这封密信带给有关人传阅。民革成立时，这封密信藏在柳亚子家一个镜框里，正面是孙中山遗像，密信放在相片和背板之间。朱学范在前往欧洲的途中绕道美国，在旧金山面见冯玉祥，介绍了香港方面酝酿成立国民党民主派统一组织的情况。冯玉祥立即表示同意香港方面的意见，认为只有尽快建立这个组织，才能更好地联合民联、民促的同志，进而团结一切爱国的国民党军政人员，达到分化国民党、推翻蒋介石政权的目的。他主张"立即成立一个革命组织"，由李济深担任领导，并表示一旦这个组织在香港成立，他就尽快赶赴参加。

1947 年 10 月，民联领导人柳亚子从上海来到香港，带来了民联中央关于成立国民党民主派联合组织的意见。经过商议，决定由李济深、何香凝、柳亚子、蔡廷锴、王葆真、邓初民、张文、梅龚彬、朱学范、朱蕴山、陈此生等人组成中国国民党民主派联合代表大会筹备委员会，推举李济深、何香凝为筹委会召集人，柳亚子为秘书长。不久，谭平山、陈铭枢等民联领导人也陆续到香港参加了筹委会工作。在李济深、何香凝等的主持下，筹委会在香港坚尼地道52号举行了多次会议，起草了《中国国民党革命委员会组织总章》《中国国民党革命委员会成立宣言》《中国国民党革命委员会行动纲领》等重要文件，具体讨论了拟成立的组织名称、纲领和领导人选等重大问题。

（一）关于新组织命名。李济深等国民党民主派领袖早在酝酿成立组织时，就提出组织命名是筹备组的主要任务之一。大家也认为组织名称应该先定下来，以便对外号召，开展工作。但是，大家意见纷纭，分歧较大。蔡廷锴提出以"民主和平运动大同盟"命名。他认为，这个名称最能迎合当时反独裁、反内战运动之需要。李济深说："可惜这是一个民众团体，我们要建立的是一个革命的政党。"有人提出定名为"中国民主党"，认为新组织既然以民联、民促两个国民党民主派组织的同志为骨干力量，公开呼吁国民党内爱国民主力量团结起来，组成一支争取和平民主的新生力量，那么定名为"中国民主党"是最合适的。但是，当时中国已经有一个中国民主党。

柳亚子带来了上海方面的意见，提议这个组织定名为"国民党民主派同盟"。李济深会见柳亚子后，当天即召集筹备小组成员，专门讨论柳亚子带来的意见。许多人认为"国民党民主派同盟"比以前所有关于组织命名的建议都好，可以考虑，于是李济深分别征求宋庆龄、冯玉祥的意见。冯玉祥复信表示赞同。信上说："昨读赐电，敬悉为成立同盟，特别盼望成功，此间友人亦皆此意。"宋庆龄从上海捎回口信给何香凝，说："早年我与邓演达、陈友仁以'中国国民党临时行动委员会'名义发表《莫斯科宣言》（即《对中国及世界革命民众宣言》），以示继承孙中山的革命事业。后来，我曾想过，'临时行动委员会'之下一步，可以改为'革命委员会'……建议考虑。"何香凝即倡议这个革命组织可以命名为"中国国民党革命委员会"。

在筹备座谈会上，很多同志都嫌弃"国民党"三个字。何香凝说："当前南京政府在战场上已经败北，国民党内部人心惶惶，不少人对各自的前途正在抉择，形势需要我们这样做。"她还说："在当前的有利形势下，只有善于团结可以团结的力量，我们这个组织才会兴旺发达，才能在与共产党真诚合作中发挥分化敌人的作用。"她简单的几句话，使与会者对民革的性质和任务有了进一步的认识，于是"中国国民党革命委员会"的名称就这样最终确定下来。

（二）关于新组织的领袖。由于宋庆龄在国民党民主派以及全国人民中拥有很高的声望和影响，更由于宋庆龄一直都十分关心和支持国民党民主派联合组织的建立，因此李济深提出："民革是继承孙中山先生革命的三大政策的，孙夫人如能出来担任民革主席，则正名领导，民革的作用必将更大。"参加筹备工作的各方面人士都认为，孙夫人如肯南下领导，则民革更有威望。何香凝认为，孙夫人既然为民革定名，而且非常关心和支持国民党民主派的工作，如果用上书敦请的办法，孙夫人可能会接受。李济深怕宋庆龄不肯来港，为了更有把握，提出联名上书给宋庆龄。

于是，由柳亚子执笔，李济深、何香凝、彭泽民、李章达、柳亚子、陈其瑗六人亲笔签名，写成了《上孙夫人书》："我们深切盼望夫人命驾南来，主持中央，领导我们。内以慰全国人民暨各民主党派民主人士渴望；外以争取英、美、苏之同情。如因扼于环境，行动不便，不能于会前赶来主持开会，亦请顺应海内外同志一致之请求，接受拥戴，来函指示进行方针，并于会后以领导人之地位，发表谈话，宣示本党重建之必要，与同意大会之决议。"宋庆龄表示坚决支持民革的成立，但认为，以她当时的身份，留在民革之外从事革命活动，要比参加民革更为有利。她希望李济深

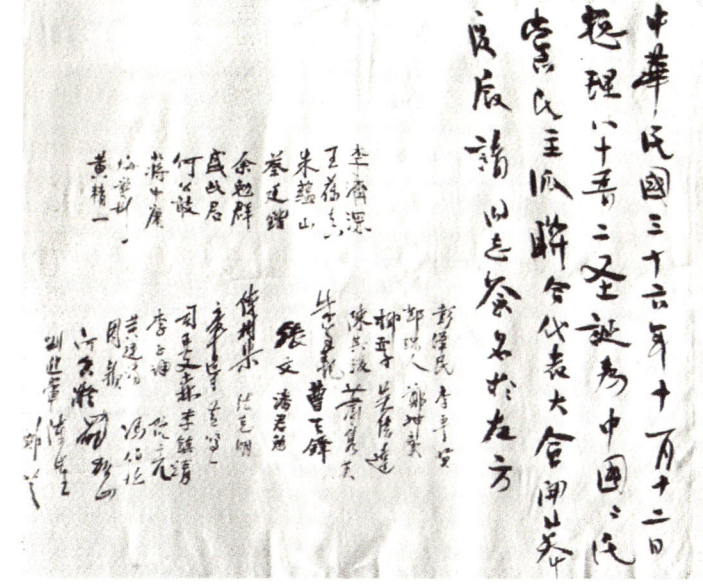

《上孙夫人书》。（上）1947 年 11 月 12 日，中国国民党民主派第一次联合代表大会在香港召开。图为参会者的签名。（下）

等人把民革尽快筹建起来，把国民党里一切进步和愿意革命的人士团结起来，为建立一个新中国而奋斗。

　　1947 年 11 月 12 日，中国国民党民主派第一次联合代表大会开幕，国民党民主派和其他爱国民主分子在坚持孙中山三大政策基础上实现了大联合。柳亚子手书的"一旅兴夏"匾额，高悬于会场正中。"一旅兴夏"是引用夏朝少康中兴，仅凭一成一旅的典故，象征着国民党民主派虽是国民党少数派，但联合起来，以"一旅兴夏"的信心，重树中山旗帜，实行三大政策就可推翻蒋家王朝。

11 月 12 日是孙中山先生 81 周年诞辰。李济深在这天的大会开幕词中指出，我们在这个日子召开大会，就是象征着中国国民党的再生。他简要介绍了国民党民主派联合的经过，阐明了即将成立的中国国民党革命委员会的政治纲领及主张。何香凝发表讲话指出，这次联合大会的宗旨，就是"要实现真正的三民主义"，"实行三大政策"。她还要求大家"真心实意地为继承孙中山未竟之志而努力"。

11 月 25 日，国民党民主派举行第二次会议，选举李济深、何香凝、谭平山、蔡廷锴、朱蕴山、陈劭先、李章达、陈其瑗、何公敢、张文、邓初民、朱学范、李民欣、郭春涛、王葆真、冯玉祥等 16 人为中央执行委员会常务委员。11 月 30 日，民革筹备会决定：由秘书长柳亚子负责修改民革的《成立宣言》和《行动纲领》两个重要文件；指定朱学范为组织工作委员会筹备主任，陈劭先为副主任；《组织总章》草案由朱蕴山和陈汝棠帮助拟定。

1948 年 1 月 1 日，中国国民党革命委员会成立大会在香港正式召开。大会通过了《中国国民党革命委员会组织总章》《中国国民党革命委员会成立宣言》《中国国民党革命委员会行动纲领》《中国国民党革命委员会告本党同志书》等重要文件，选举了由中央执行委员 54 人、候补中央执行委员 17 人组成的第一届中央执行委员会。大会推举宋庆龄为民革名誉主席，李济深为主席；选举李济深、何香凝、冯玉祥、谭平山、蔡廷锴、陈其瑗、陈劭先、王葆真、朱蕴山、何公敢、张文、郭春涛、朱学范、邓初民、李章达、李民欣等 16 人为中央执行委员会常务委员；选举柳亚子、李锡九、陈汝棠、冯伯恒等 18 人为中央监察委员和候补中央监察委员，

1948年1月，民革中央部分同志在香港合影。前排左起：朱蕴山、柳亚子、蔡廷锴、李济深、张文、何香凝。前排右一王葆真，右三彭泽民。中排左第二人起：郑坤廉、梅龚彬、刘遐羣、张克明、冯伯恒、李子诵、陈其瑗。中排右一周颖。

冯玉祥任中央政治委员会主任；柳亚子任中央监察委员会主任。

大会讨论了当时的国内外政治形势，全面阐述了民革的政治态度和政治立场。大会认为，近20年来，蒋介石及其把持下的国民党中央机关和政府，背叛孙中山在国民党一大所确立的新三民主义，已成为全国人民的公敌。蒋介石领导下的国民党，"实为国内一切反动力量——大买办、大地主、官僚、军阀、土劣、流氓之集合体"。因此，大会决定，脱离蒋介石劫持下的反动中央，成立中国国民党革命委员会。

大会宣布，民革的行动纲领是："以实现革命的三民主义，建设独立、民主、幸福之新中国为最高理想"，"以中国国民党第一次全国代表大会决定之对内对外政策为基本原则"。大会指出，"中国革命之成功或失败，决定于反帝反封建两大任务之能否完成，而反帝反封建斗争胜利之保证，又在于三大政策之是否坚决执行。"大会确定当前的革命任务为："推翻蒋介石卖国独裁政权，实现中国之独立、民主与和平。"大会还表示，"愿

民革成立地——香港坚尼地道 52 号今貌。

与全国各民主党派、民主人士携手并进，彻底铲除革命障碍，建设独立、民主、幸福之新中国"。大会主张：在普选产生之民主政府成立以前，联合组织各民主党派及各界民主人士代表之联合政府，为过渡时期之最高权力机关；召开国民大会，制定和颁布宪法；推行地方自治，废除保甲制度；实行"耕者有其田"，保障劳动者免于失业和饥饿；在肃清官僚化的前提下，有计划地促进国营企业之发展，在预防独占化的前提下，促进民族资本之繁荣；提倡合作制度，没收豪门资本。

最后，李济深在大会闭幕词中指出：大同盟、民联和民促、民革是三个不同历史阶段的三个进行反蒋斗争的组织，它们有反蒋的继承性和统一性；由于历史条件不同，又有各自不同的阶段性。大同盟的历史任务是逼蒋抗日；民联、民促的历史任务是促蒋召开政协，并于政协被蒋破坏后，促其重开；民革的历史任务是反对内战、推翻蒋政权。李济深认为，三个阶段都有推翻蒋政权的愿望，或者提出过类似的口号，但只有到了民革阶段才具备这种历史条件，得以付诸实现，所以大同盟和民联、民促都不是民革的前身，民革继承了三者联共反蒋的光荣传统。他指出，民革的成立，标志着国民党民主派与南京政府的决裂。他认为，"我们要和中国共产党紧密合作，共同打倒蒋政权"。他还特别强调，"本会同志应以本会政纲为准绳"，"应破除派系观念，团结一致"。他要求民革全体成员深入研究孙中山先生的遗教，"认真体认三民主义之正确性和本党革命任务"，不可过激也不可落后。

1月4日，民革举行第二次中央执、监委全体会议，通过了各部门负责人和委员名单：秘书处主任李章达、副主任吕集义；宣传工作委员会主任陈劭先、副主任梅龚彬；政治委员会主任冯玉祥、副主任郭春涛；组织工作委员会主任朱学范、副主任陈汝棠。会议还通过了邓初民提出的成立外交委员会、黄精一提出的"本党同志应精诚敬爱、巩固团结"等重要提案。

由于民联、民促已经有了一定的组织基础，民革成立以前，李济深等人又做了大量的准备工作，所以，民革中央机构和各地组织的建立比较迅速。政治委员会是民革中央的政治设计机关，由冯玉祥担任主任委员。由于冯在美国，因此，政治委员会的实际工作是由陈其瑗主持的。政治委员会工作大纲中规定："在争取民主阵线之扩大和巩固，打破反革命集团的阴谋，和促进卖国独裁政权动摇瓦解的原则之下，拟订各种政治合作与政治运动方案，提供常委会采择施行。"政委会成立后，即紧锣密鼓地起草了工作大纲、军事工作大纲等重要文件，并讨论提出了许多重大方针政策的意见和方案。冯玉祥作为政治委员会主任，虽然远隔重洋，但频繁通过信函、电报与在香港的李济深等民革同志交流看法，公开发表文章，在太平洋两岸彼此呼应，民革声势一时颇为壮观。

组织委员会负责民革的组织发展工作，由朱学范担任主任委员，

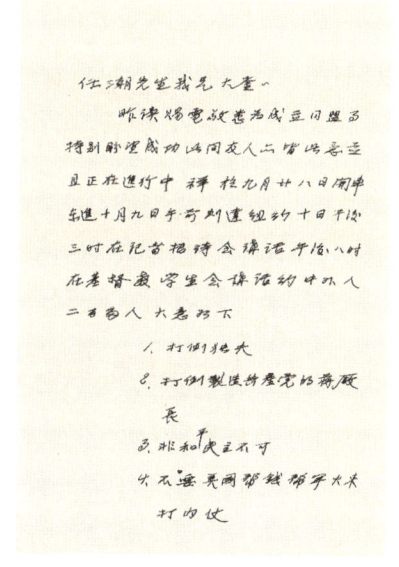

冯玉祥写给李济深的信函。

陈汝棠、冯伯恒、陈秋波、周颖、黄文、黄精一、李镇靖等人组成。由于朱学范经常在欧美各国奔波，参加国际劳工组织的会议，因此主任工作由蔡廷锴代行。组委会下设组织、训练、总务三个组，分别由陈汝棠、李镇靖（兼）、冯伯恒负责，并设秘书一人，由李镇靖负责。1月22日，组委会决定了各级组织的通讯符号：总会（民革中央）——总公司（即国昌公司，李济深化名陈天任担任董事长）；各委员会——行（组委会化名惠元行，宣委会化名德泽行，政委会化名天佑行，财委会化名福安行，秘书处化名远昌行）；各地分会——分公司；县、市民革组织——办事处、商店。组委会确定了民革的组织路线，并为防止投机分子混入民革组织、坚持会员标准，做了不少工作。如组织委员会第四次会议通过的吸收会员的标准明确规定：（一）入会会员必须同意本会主张，有坚决反帝反封建思想，赞成耕者有其田政策；（二）介绍人保证入会会员在政治上的可靠性。

鉴于当时民革在吸收会员和委派各地负责人工作中的实际情况，组委会第九次会议规定："凡主席交办接洽的对象，必须由本会派人，先行多次接洽后，将接洽经过提会审查，然后提交中常会。""一切组织应根据总章规定办理。"组委会在发展组织方面取得了一定成绩，自1948年1月22日第二次组织委员会会议起，由组委会提名、中常会通过委派，或中常会先决定、组委会后追认等方式，委派了国内外各级组织的负责人，在国内外建立组织和发展成员。到1949年3月，正式委派的组织有：海外总分会5个，省、市级分会11个，特别小组4个，共20个单位。直接吸收并按规定填写入会登记卡（当时曾规定国统区的组织和同志不填入会登记卡）的会员117人。到1949年6月，民革有国内基层组织18个，海外基层组织6个，共有党员2185人。

宣传委员会由李子诵、黄文、梅龚彬、陈此生、邓初民、陈劭先、林伦彦、张克明、胡守愚、陈其瑗、莫乃群、郑坤廉、萧隽英、吴茂荪等人组成。宣委自1948年1月9日召开第一次会议以后，针对时局的发展和中常会的决定，起草和发表了民革的各种文告、声明、谈话等，并积极筹办发行报刊，加强舆论宣传工作。

民革的成立，意味着国民党民主派在政治上、组织上与蒋介石把持下的国民党反动集团进行了彻底、公开的决裂，将国民党爱国民主力量的联合斗争推进了一步，促进了国民党内部的分化，使蒋介石政权从根基上发生了动摇。由于民革旗帜鲜明地提出了反对国民党反动派的内战独裁政策，并与中国共产党、各民主党派密切合作，使当时的政治格局和政治力量对比发生了显著变化。

四、国民党内各方势力的反应

民革是在蒋介石军事上迭遭失败、政治上众叛亲离、经济上步履维艰的情况下成立的。它成立后立即引起国民党内部的极大震动。国民党内许多党员本来就对蒋介石的独裁专制不满，民革的旗帜、民革的政治主张使他们看到希望和出路。有些人寻找、翻印民革宣言、行动纲领、告本党同志书，编印成《民革重要文献》进行秘密宣传。许多人千方百计地与民革取得联系，积极参加民革。

李荣康原任第十战区司令长官李品仙的机要秘书，1947年6月，安徽省保安司令部情报所长钟其元送来一份要李荣康转呈李品仙密阅的"内部参考"，里边说国民党民主派领袖李济深在香港邀请何香凝、蔡廷锴、彭泽民等人集会，酝酿实现民联、民促和国民党民主派其他人士大联合，成立国民党革命委员会，实行孙中山三大政策联共反蒋。看到这个消息，李荣康喜出望外，认为这是参加民主革命的好机会。他立刻去找最知心的两个朋友：省保安司令部警保处少将处长王汉昭、第八绥靖区司令部中将高参丘清英，进行密谈。三人发誓反对蒋介石独裁政权，反对内战，投身革命，永不反悔，并决定由李荣康代表三人到香港申请参加民革组织。由于

赖慧鹏

李荣康等人思想进步、为人正直，到香港后被民革组织接纳，受命由他三人组成民革小组，主要任务是反内战、反独裁，策动国民党军政人员起义，搜集军事、政治情报，吸收国民党民主派参加组织，积极吸收具有声望的民主派人士成立豫鄂皖边区领导机构。同时，决定由朱蕴山同他单线联系，朱蕴山化名汶山，李荣康化名李海。李荣康回到合肥后，立刻向丘清英、王汉昭传达了香港会谈的精神，并成立了民革小组。随后，他通过中共地下党员郑汉与中共中央华东局国区部上海工作组长方向明取得联系，先后以李品仙和李宗仁的机要秘书身份为掩护，积极开展民革工作。[6]

时任广西博白县县长的赖慧鹏原是李济深的老部下，得知民革成立的消息后立即赶往香港。李济深亲自介绍他加入民革，并交给他20多份民革《成立宣言》秘密带到广西进行宣传。李济深将自己的化名李锦江和邮政信箱号码告诉他，并商定了联络密码。李济深嘱咐他：（一）积蓄力量，待机起义，这是总的任务，一切做法都是为此目的；（二）外张内弛，不外张就不能取信于当局，站不住脚，甚至出危险；不内弛就不能保护好人，也可能伤害自己人；（三）结纳进步人士，逐步淘汰顽固分子，特别是带兵的人。赖慧鹏回到广西后立即秘密开展工作，并到桂林向桂系上层人士的黄旭初介绍了民革的情况，转述了李济深的口信，还送给他一份民革《成立宣言》，积极策反这位桂系首领。[7]

民革的建立不仅团结了与国民党决裂的国民党民主派人士，而且吸引

---

6 李海《香港参加民革工作回眸》，《文史春秋》2004年第8期。
7 赖慧鹏《民革指引我走上起义的道路》，广西黄埔军校同学会、民革广西区委会编《赖慧鹏文史诗词选集》。

1937年全面抗战爆发后，龙云（左）与朱德（右）同机从西安飞往南京，在飞机上亲切交谈。

着更多的国民党爱国人士参加民革工作，走入革命阵营，壮大了革命战线力量。龙云素有"云南王"之称，先后主政云南17年，努力革新，支持民主运动，坚持抗日，使云南的政治、经济和文化等各方面建设都取得了重大进步，云南昆明被誉为"民主堡垒"。当龙云在南京获悉民革在香港成立之后，立即给李济深写了一封热情洋溢的书信，表示志愿加入民革，并捐助民革经费。李济深收到龙云要求加入民革的书信后，为了保障龙云的安全，没有向民革常委会提出，而是与何香凝、谭平山、柳亚子、蔡廷锴、梅龚彬等讨论，一致同意龙云加入民革。1948年底，龙云乘南京国民政府混乱之机，化装秘密离开南京转赴香港。龙云一到香港，李济深就向他宣布，从通过之日起龙云即是民革党员。龙云在民革组织中感到温暖和支持，公开在香港报刊发表了反蒋声明，极大地鼓舞了国民党内的开明之士，使蒋介石和南京政府感到震惊。

　　正在美国的冯玉祥得知民革成立后，立即致电祝贺，并致函李济深说："敬悉革命委员会已于1月1日正式成立，所有宣言、纲领、各项文件，均皆收到，拜读之后，不但兄弟一个人欢喜，所有的朋友都大大的快乐了一阵。"他还告知："我们这里很多朋友，除了发表宣言外，正在研究我们怎么干，怎么实实在在的干，怎么能同工农大众站在一起来干，怎么把

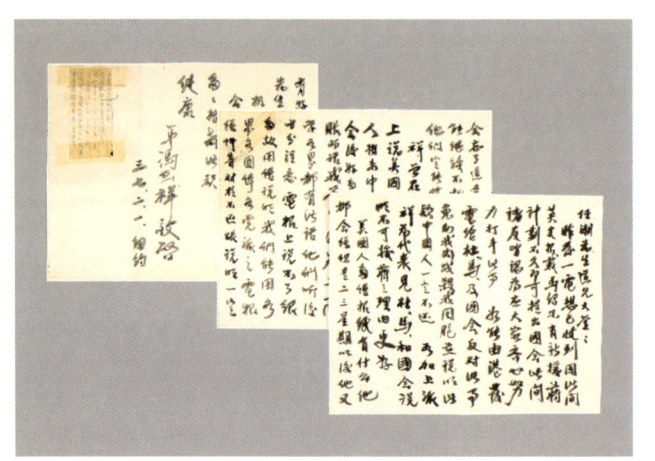

1948年2月1日，冯玉祥为反对美国援助蒋介石发动内战给李济深的亲笔信。

毛泽东的宣言，我们革命委员会的宣言、纲领和民主同盟的宣言、纲领，真正实行出来。""临发信时又收到您1月2日的信，此间同志们正在筹备本党革命委员会美洲总分会的组织，详情容下次再行报告。"

1948年1月21日，冯玉祥又致函李济深："这两天，国民党的同志为参加革命委员会的事，正在讨论办法，不日当有详细报告。""革命委员会把玉祥和李德全都加上了，这真是使我们两个人觉得特别光荣。"他对民革成立大会选举自己任中央常务执委兼政治委员会主任，李德全为中央执行委员表示接受，并具体商谈了军事策反、组织联合政府、防止国民党特务破坏、团结一切可以团结的人共同对敌、同志间建立互信等重大问题。2月初，冯玉祥、王昆仑、吴茂荪、赖亚力等人在美国纽约成立了中国国民党革命委员会驻美总分会，冯玉祥以民革驻美代表的资格向美国司法部作了正式登记。

国民党内一向派系林立，以蒋介石为首的国民党统治集团在军事上遭受打击之后，美国政府产生了"换马"意向，积极地寻找在中国的新代理人。国民党内的亲美派与国民党内最大的军事实力派——以李宗仁、白崇禧为首的桂系，都想取蒋而代之。李济深和民革中央对此洞若观火。1947年12月，李济深致函冯玉祥："据各方面情报，多谓美国政府有一种阴谋，要扶植宋子文、孙科、张群等人并诱致一部分民主人士，代替蒋政府，保存蒋的旧势力，以对抗革命力量，如陷入此圈套仍不能停止内战，仍不能使老百姓获得解放。"他请冯玉祥注意美国政府对华的动向，设法阻止此种阴谋之发展。

果然，民革成立后立即成为国民党各派争取的对象。除了陈果夫、陈立夫兄弟与陈诚以外，几乎所有的政治军事派系都派代表到香港与民革进行联系。何应钦的使者是他的哥哥何辑五，桂系的使者是黄绍竑。时任广东省主席的宋子文是国民党内的亲美派，派人到香港向民革游说，提议组织"和平统一大同盟"，"请蒋暂避"，"出国半年"，目的是国共停战，联合西南诸省的地方势力，组成"西南大联合"，以配合南京反动政府来阻止革命。[8] 李济深断然拒绝了宋子文的提议。1948 年 6 月，宋子文亲自到香港与李济深面谈，希望双方合作，由李济深疏通张发奎、余汉谋、薛岳、龙云以及原十九路军旧部和桂系地方势力，在广东另组政府，重举孙中山旗帜，推翻蒋介石，由广东政府直接与中共谈判。宋子文的这些主张，对部分民革成员产生了较大影响。因此，李济深试探说：这么重大的国事，必须由宋先生先在广东释放一切民主人士，并使中共尹林平领导的湘粤赣纵队与留下的东江纵队进入适当的防区，作为交换条件，才谈得上。宋子文当然不敢应承，此事不了了之。

以李宗仁、白崇禧为首的新桂系，是长期与蒋介石独裁统治相抗衡的政治军事力量。民革的成立对于桂系首脑也产生了很大震动。他们喜忧参半：因为他们历来反蒋，他们与国民党民主派曾几度联手倒蒋，在反对蒋介石的独裁统治的立场上是一致的；但是在反共内战问题上，他们又与蒋介石是一致的。民革本身也有不少成员就是桂系的高级军政人员，陈劭先是老同盟会员，在国民党元老派中有相当的地位，抗战期间他主持广西建

---

8 林伦彦《关于李济深的若干事》，《李济深纪念文集》第 217 页，广西人民出版社 1986 年版。

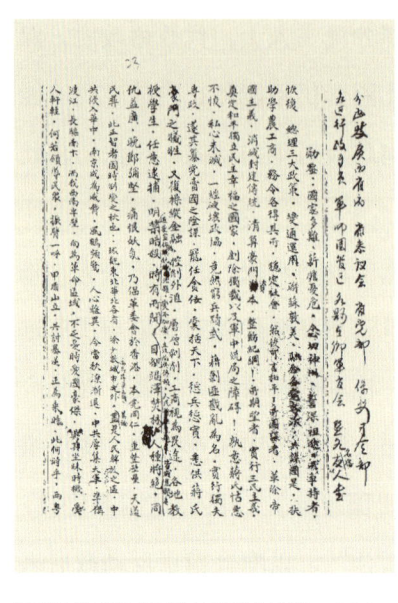

各方一致合作向所信迈进
——致蔡廷锴①

（一九四六年五月二十三日）

贤初先生惠鉴：

久违教范，驰念时殷。自反法西斯新民主革命胜利以后，举世和平民主之局大体已定，而前途曲折，正自难逆料，而前进与后转之间唯而已。目前在吾以武力统一方针之下，造成东北问题解决之困难，全国内战之危机严重存在，人民权利自由处处遭受极大之摧残。扭转危局，争取和平民主之实现，实为当前之急务。先生以抗日前者为争取和平民主之支援，力挽狂澜，举国瞩望。恩来与敝党代表团已于五月三日抵赴南京。在先生指导下，民主浪潮蓬勃发展，无任欣慰。今日华南反发民主内战，民主和平之声息，端赖各方一致合作，向所信迈进。愿桂粤早日发扬反蒋反独裁志士，必能在先生领导下更趋团结也。恩来现寓国府路梅园新村十七号，尚祈不时赐教，以匡不逮。专任翘企。

专白，恭颂
时祺！

周恩来敬启
五月二十三日
根据中央档案馆保存的底稿刊印

注 释
①蔡廷锴（一八九二—一九六八），字贤初，广东罗定人。曾任国民党政府军第十九路军总指挥。第十九军军长。一九四六年春与李济深、何香凝等组织中国国民党民主促进会。中华人民共和国成立后，曾任政协全国委员会副主席，国防委员会副主席、中国国民党革命委员会中央副主席。

民革发给广西方面劝其起义的函稿。（左）

《人民政协报》1988 年 3 月 4 日第 1 版所载周恩来 1946 年 5 月 23 日给蔡廷锴的信。（右）

设研究会，并任桂林文化供应社社长，他坚持团结、坚持抗战，反对蒋介石的独裁统治，深得李、白信任；李任仁是白崇禧的老师，长期担任广西教育厅长、参议会长，与白崇禧关系很深。而民革主席李济深与李宗仁、白崇禧、黄绍竑等新桂系领袖的渊源更深，关系更密切。

正是因为民革与新桂系有着深厚的联系，所以，民革有条件做好李宗仁、白崇禧的工作，并为此付出了很大的努力。民革中央起草了《关于反对蒋介石独裁成立革委会并邀请诸公加入致国民党广西省政府、省参议会、省党部等机构的函》，号召广大桂系军政人员毅然起义："此正智者因时制变之秋也：环观东北华北各省，除少数城市尚为蒋军占领之外，其余尽是人民解放之区，中共侵入华中，南京成为威胁。……而我西南半壁，向为革命区域，不乏忧时爱国豪杰，与其坐昧时机，受人轩轾，何若领导民众，振臂一呼，甲盾山立，共讨暴逆，正为乘时。"李济深也去函劝告李宗仁、白崇禧、黄绍竑等桂系军政要员，希望他们认清形势，当机立断，与美蒋决裂，靠拢人民。

五、美国的关注与蒋介石的惊恐

民革的成立，标志着国民党内部的公开分裂，使蒋介石独裁政府陷入了腹背受敌的境地。1948 年 1 月 4 日，国民党组织部长陈立夫在中央广播电台广播说："国民党不容分裂，并不容一群之无赖企图令中国人民沦为彼等之奴隶。"蒋介石在日记中也哀叹道："全国各战场皆陷于劣势被动之危境，榆林（陕西）、运城（山西）被围日久，无兵增援；石家庄陷落之后，北方之民心士气完全动摇；加之，陈毅股匪威胁徐州（江苏），拆毁黄口（江苏）至内黄（河南）铁路，而后进逼徐、皖（安徽）；陈赓股匪窜扰豫西、南阳，襄阳震动；江南各省几乎遍呈风声鹤唳之象；两广、湘、豫、浙、闽伏匪蠢动，李济深、冯玉祥且与之遥遥相应，公然宣告叛国，此诚存亡危急之秋也。"

1 月 5 日，蒋介石在国民党中央纪念周中提出"彻底清除党内不合宜分子"的口号，决定对民革采取镇压和瓦解并用的策略，派遣大批特务监视、恐吓、暗杀民革成员。民革筹备期间，蒋介石通过国民党军事委员会广州行辕主任张发奎，电邀民促负责人蔡廷锴赴南京与蒋介石见面，企图拉拢蔡廷锴来分化国民党民主派。蔡廷锴将计就计，先到上海会见了周恩来、李济深、沈钧儒、张澜等人，讨论了时局并研究了对蒋的办法，决定了"外圆中方"的态度，然后才到南京与蒋介石见面。蒋介石问蔡廷锴组织什么团体，蔡则回答："这是任公的事，我不太清楚。"随后，蒋介石派吴铁城以国大代表名额和官职利诱拉拢，但蔡廷锴不为所动。

民革美洲分会在冯玉祥的领导下，活动十分活跃，引起了蒋介石的忌恨。蒋介石派遣中国主教、牧师和宣传人员到美国，以美元拉拢某些大杂志和报纸的老板，蓄意篡改冯玉祥讲话内容，混淆视听，从各方面破坏我为什么与蒋决裂?

冯玉祥

一九四七年十一月五日于美国

作为一个行伍出身的中国士兵，我始终衷心赞赏美国独立立国，而如今又援引身领导全世界的伟大民主传统。因此，我十分高兴能有此机会通过《民族报》，向炎国人民讲话。

由于我贯于坦率地说，我希望美国传统的宽大精神不致于指责我一个士兵的粗鲁。

首先，我想说，除了国民党阵营中少数反动分子外，百分之九十的中国人民真心要求和平、民主与自由的。百分之九十的中国知识分子是不满中国的现状的。他们信仰孙中山博士所主张的三民主义，并愿意付之实现。我党全同意马歇尔将军的意见，我相信中国的希望是寄于这些自由民主因素的。

在外国观察家看来，这些因素似乎是软弱的、无组织的，因为蒋介石残暴的恐怖主义已将所有反对派都压到地下。我自不得不去保护我那些进步的国民党同志以及包括有影响的民主同盟在内的其他民主因素，我就不能公布他们的人数和组织了。但是，我可以说，他们在几乎所有的中国大城市中，都是十分活跃的。在中国的西南，非共产党人所领

· 114 ·

冯玉祥的名誉。冯玉祥为此写信给李济深，请他在舆论界澄清事实。冯玉祥信中说："前几天，为了国民党革命委员会，招待新闻记者，并且发有印好的英文稿子，它登出来的是，革命委员会，共产党也在内，像这样一连串的造谣，每天都有，写信叫它更正，它不理……无论怎么说，它是同蒋家的特务勾结在一起，专门造谣惑众。""就是弟和一些好朋友们，在美国的一言一动，小草将军和他的特务们，也是头痛的不得了。他们怎么办呢？用他们的钱，凭空里制造各种谣言……总而言之，他用借的美金，派来了四五百位宣传员，中国特务和外国特务合在一起……在那里制造片段的、连串的种种的新奇谣言，那是表现了他们惊慌失措、无路可走的实在情形。""这里不断地有人来问我，真的联合政府，是不是没有共产党在内，我说那是绝对不成，一定有共产党在内。……可是我们又没有英文报，吃的亏很大。好在我们有许多甘心乐意帮助我们民主前进分子的朋友，一面替我们解释，一面替我们宣传，若不是那样，那可费了大事！""以目前情形而论，中英文宣传实为万分紧要。"李济深将冯玉祥辟谣的信推荐到香港报刊发表，"以明真相，而释群惑"。

当得知冯玉祥到美国国会提供的证词使美国国会将援华贷款从六千万美元减为一千八百万之后，蒋介石大为震怒。他公开宣布了冯玉祥的"叛国行为"，并表示要"用尽办法迫使他无路可行"。1947 年 12 月 26 日，蒋介石下令让冯玉祥于 12 月底前回国并吊销了冯玉祥的护照。1948 年 1 月 7 日，蒋介石以冯玉祥行为不检、言论荒谬、违反纪律不听党的约束等罪

名，开除了冯玉祥的党籍。同时又电请美国，希望把冯玉祥驱逐出境。但冯玉祥不屈不挠坚持斗争。为此，李济深、彭泽民、柳亚子、蔡廷锴、邓初民等联名从香港写信给冯玉祥，赞扬他是"民主革命的热情的战士"，嘱咐他"万一美国不容再留，则回来香港，共策进行，亦为民主阵线增加大的力量"。冯玉祥先后发表了《我为什么与蒋决裂》《为被召回国事发表的声明》《对被开除党籍发表的声明》《致蒋介石的一封公开信》等犀利的战斗檄文，揭露了蒋介石的倒行逆施，表达了自己为和平民主献身的决心。

民革在西南地区的武装革命活动，声势相当浩大。蒋介石除责成各地驻军随时"进剿"外，还命令保密局尽力设法破坏和防止。西南特区从四川华蓥山区先后破获的民革武装组织的文件内，发现从事这些活动的主要人员中，有前国民党陆军大学校长杨杰，便准备在重庆将杨逮捕起来，进行公开审讯。因为杨杰在国民党部队内的人事关系很多，不少将领是他的学生，不除这个人，影响很大。国民党特务除了对杨严密监视外，还收买了他的秘书。

蒋介石统治集团在彻底失败前，开始策划疯狂的暗杀活动。民革中央主席李济深是其暗杀的重点对象。早在民革筹建时，国民党当局就曾派出特务去香港企图暗杀李济深，幸亏宋庆龄得到消息，派人送信给他，才使暗杀阴谋未能得逞。民革刚刚成立，就得到民革党员的情报："兹得南京友人密报，南京现派国防部赵中将冰谷率领人员七十余人赴港，一、暗杀李济深、彭泽民、周鲸群、邓初民、陈其尤、张文及华商报负责人；二、设电台；三、分批南下造成恐怖。"1948年底，特务头子毛人凤又指使混进民革的特务张序（化名何友芳）暗杀李济深。但在他们实施计划之前，李济深已经秘密离开香港北上东北解放区，这个计划被迫放弃。1949年，蒋介石在逃离大陆前，授意保密局开列了一张暗杀名单，有李宗仁、龙云、白崇禧、黄绍竑、刘斐、李济深、李任仁、李宗煌、朱蕴山等共计84人，其中有一半是民革成员。

司徒雷登。

　　民革的成立也引起了美国政府的高度关注。1948年1月4日，美联社发布电讯称：中国国民党民主派在香港成立革命委员会事，自由知识分子和国民党都极为注意。它认为，这个委员会的目的是推翻目前的国民党政府，组成联合政府。美国驻华大使司徒雷登在给美国国务卿的报告中认为，如果民革和李宗仁保持密切联系，那么，蒋介石从政坛上消失则是"指日可待"，而美国"必须谨慎地注意事态的发展"。他指出，由于蒋介石"没有能力认识中国最近的发展，并使自己适应这些发展、变化"，所以"民革得到广泛的支持"；李济深打算组织的是"联合政府"，并与中共进行了协商。司徒雷登认为，李济深如果作为新领导人出现，将会在国民党内受到广泛欢迎，因为"李济深被普遍承认是称职的行政官员，他的爱国精神和个人品格也无懈可击"[9]。司徒雷登说，如果他们在中国建立一个政府，这一集团的最基本方案是要求耕者有其田，立即停战，组成全国联合政府，这正与中共目前的政策相符合。

9《司徒致国务卿》，《被遗忘的大使：司徒雷登驻华报告》，第220页，江苏人民出版社1990年版。

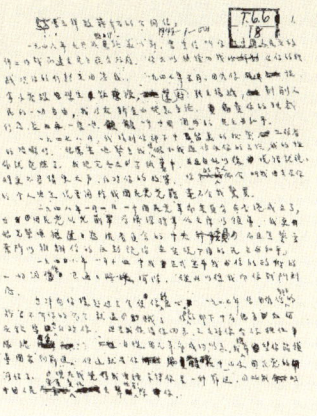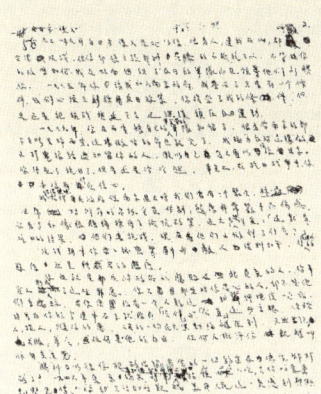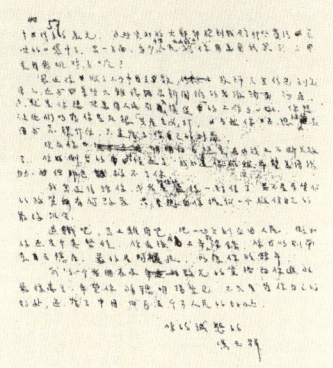

冯玉祥致蒋介石的公开信手稿

虽然美国寄希望于民革，但民革对于美国的对华政策及美蒋的关系有着清醒的认识。它在《成立宣言》中旗帜鲜明地指出：倒蒋与反帝不可分，只倒蒋而不反对美国反动派的破坏中国民主与和平之帝国主义政策，则蒋氏之反动独裁政权纵被推翻，美国反动派支持下的第二个反民主政权，仍有成立之可能。民革在《行动纲领》中提出：反对美国反动派干涉中国内政，助长中国内战之政策，号召人民一致起来，要求美军及顾问团退出中国，停止军事及财政援蒋；不承认蒋介石独裁政府之一切卖国借款及订定之中美商约；并展开国民外交，联合世界上以平等待我之民族，共同消除助长中国内战分裂因素，确保远东与世界和平。

1948 年 3 月初，美国领事与民革领导人李济深会面，就美国人最关心的问题进行了直截了当的谈话。美领事问："民革之反对南京政府，系反对个人，抑整个政权？"李济深答："当然是整个政权。"美领事问："是否用武力推翻？"李济深答："用政治、军事等一切可能的力量去推翻它。"美领事问："你认为美国如何帮助中国人民？"李济深答："帮助我们民主党派，就是帮助中国人民。在民主政府未成立之前，停止帮助南京政府，

新华社关于民革成立的报道。

40

一切救济物资不要交给南京政府处理，交给中国人民团体自己管理。"[10]

1948 年秋，美国政府派遣曾在国民党政府任职的蔡增基专程到港充当说客，想说动李济深出面组织一个新政府，由美国给予支持，以代替蒋介石政府，然后由李济深出面与共产党谈判，实行"划江而治"，以阻止共产党在全国范围内取得胜利。李济深表示，"中国应该统一，划江而治是将中国分裂"，并会造成"内战永无宁日，大好形势任人摆布，万万不能"。李济深对蔡说："作为朋友，欢迎以后有往来，但如谈此类事，则不必来了。"后来，美国总统还派人以记者身份找李济深，再次提成立"第三政府"的事，同样遭到拒绝。[11]

1948 年 3 月 9 日，美国政府官员找到冯玉祥，提出请冯玉祥回国去收拾局面，并说，只要你们不要共产党，美国政府就不要蒋介石，还要帮你们民主人士的大忙，要钱给线，要军火给军火。美国政府妄图以民主人士的力量阻挡中国共产党领导人民革命战争取得胜利。冯玉祥义正词严地回

10 转引自姜建、王庆华《李济深与中国国民党革命委员会》第 114 页，广东人民出版社 2004 年版。

11 马万祺《追忆任公留港二三事》，《李济深纪念文集》第 47 页，广西人民出版社 1986 年版。

答：孙中山先生手订的三大政策，是我们的标准，中山先生的民生主义，就是共产主义，这是我国同胞的宝典，谁更改了这个，谁便是叛徒。那位官员威胁道："给你们六个月的时间考虑。"冯玉祥说："我们的哲学是'天听自我民听，天视自我民视'，这就是：全国人民喜欢什么，我们就说什么，作什么。如果美国人喜欢我们说什么，我们就说什么，美国人喜欢我们作什么，我们就作什么，那就不单是三民主义的叛徒，并且是中国的卖国贼。"

六、中国共产党和各民主党派的欢迎

国民党民主派在长期的革命斗争中与中国共产党同舟共济、患难与共，建立起默契的合作关系和深厚的友谊。在重庆谈判期间，毛泽东特地拜访了宋庆龄、冯玉祥等国民党民主派领袖，对宋庆龄等人信守孙中山先生的革命的三民主义，同蒋介石的独裁统治进行不懈的斗争，不计个人安危，献身国家民族的革命气节表示由衷的敬意。

民革从酝酿到成立，得到了中国共产党的支持和帮助。中共中央南方局及广东省委、香港工委做了大量工作，周恩来、董必武、廖承志、潘汉年、方方等共产党人也对民革的成立直接或间接地进行过帮助。这些支持和帮助，是民革得以顺利成立的重要原因，也是民革坚持与中国共产党合作、赞同成立联合政府，并制定出与新民主主义纲领原则基本一致之政治纲领的重要原因。

民革成立后，中国共产党立即表示支持。1948年3月8日，中共中央发言人评论："国民党革命委员会今年元旦发表的宣言与行动纲领，这些文件表示反对美国帝国主义与蒋介石反动统治集团的民族民主运动的统一战线，是何等广阔；表示反对美帝国主义，打倒蒋介石集团没收官僚资本，实行土地改革，建立民主的联合政府的纲领乃是一切爱国者所公认的唯一道路。这一纲领在解放区一万万六千万人口中已经实现，或者正在实现中。人民解放军进攻的继续胜利，将使这一纲领在全国范围实现。中华民族一切爱国的儿女，必须以一切方法帮助人民解放军坚决、彻底、干净全部消灭蒋介石匪军，把中华民国从美帝国主义与卖国独裁的蒋介石匪帮手里挽救出来。……我们欢迎中国国民党革命委员会的成立，我们愿意在新民主主义的革命事业中和所有一切反帝反封建的民主团体一道为共同的目的而携手前进。"

民革刚一成立，正在香港召开的民盟三中全会立即致电李济深，表示祝贺。贺电指出：蒋介石劫持党权、政权，实行独裁，背叛三民主义，推翻三大政策；外投美帝国主义，内依封建买办势力，屠杀良善人民。凡我国人莫不痛愤；兹欣逢贵会宣告成立，秉承中山先生遗教继续奋斗，不仅足以恢复贵党之革命光荣历史，更可以加强全国民主力量加速反动独裁统治崩溃。本同盟于此时召开三中全会坚持斗争到底，甚愿与贵会携手并肩共同努力，促成民主、和平、独立、统一之中国早日实现。

农工民主党中央委员会在致民革成立的贺电中说："当兹岁首，万象更新，贵会以继承孙中山先生的革命传统而宣告成立。遂听佳音，无任欣贺，从此，凡忠于中山先生遗教的国民党人，必望风景从，团集于贵会反独裁、反卖国号召之下，为实现中国的民主伟业而奋斗，南京反动集团将为之丧胆，全国人民各民主友党则更增加团结与取得胜利的信心。……国民党革命委员会在反独裁斗争过程中与本党有历史的渊源。……本党应尊重这种历史关系，重视当前的革命要求，对这一民主战友粉碎国民党反动集团的工作，加以热烈的支持，并同为中国人民争取胜利。"

在各民主党派中，不少成员是交叉党员，李济深、宋庆龄、何香凝、谭平山等人同时兼任多个党派或民众团体的领导，相互之间联系密切。1947 年 5 月，中国致公党在香港召开第三次代表大会，李济深出席会议并被推选为主席。李济深表示，"中山先生都参加了致公党，我也一定参

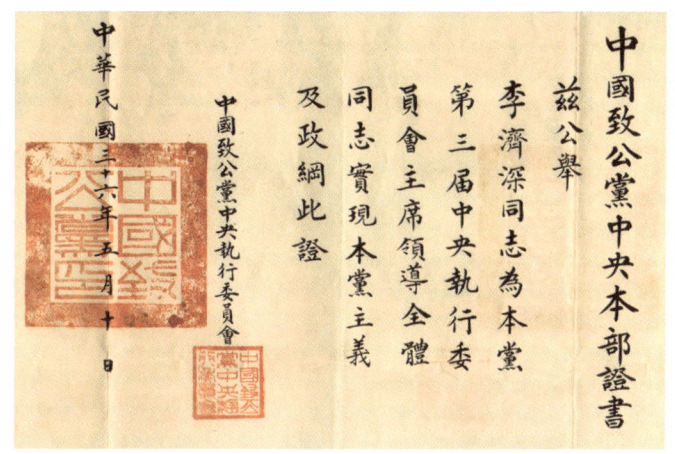

李济深任致公党主席的证书。

加致公党"。但是，此时国民党民主派正酝酿成立联合组织，李济深向当时致公党的副主席陈其尤表示，他将把全部精力放在筹建民革方面。民革成立后，致公党向民革发致贺专函指出："当此举国惶惶，忧愤交并之日，幸有贵党革命委员会之成立，适应时势，救党救国，于焉是顿。"明确表示："今闻盛举，益感欣跃！此后携手并进。"人民救国会给民革的祝贺称：贵党革命委员会的成立是 1948 年开岁第一件大事，值得欣喜鼓舞，贵党革命同志在这时候团结起来遵奉中山先生遗教，负起当前的革命任务，以贵党的革命历史及诸先生数十年来的奋斗经验，一定能够把中国的革命运动很快地向前推进，所谓顺风而呼，声非加疾其势激也。本会于十年前号召全国同胞奋起救国，现在又面临救国的新阶段，愿本精诚团结之旨，在反帝反封建及实现孙中山先生耕者有其田主张的原则之下与全国各民主党派在民主的大道上携手前进，为完成革命的使命，建立民主的新中国而奋斗。

从成立起，民革与各民主党派就建立起不同程度的合作关系，并在斗争实践中逐步发展了这种合作关系。1948 年 2 月 3 日，民革、民盟、救国会、农工、民进、民联、致公等民主党派，在香港联合发表声明《不承认卖国条约》，严厉谴责美国政府援助南京政府、助长中国内战、干涉中国

李济深（后排右三）等爱国人士在香港合影。

内政的行为。3月20日至5月1日，"行宪国大"在南京召开，选举蒋介石为国民政府总统，通过了《动员戡乱时期临时条款》。各民主党派在香港纷纷发表声明，声讨"行宪国大"，否认伪选举。民革与各民主党派一起商讨对策后决定：（一）由各民主党派负责人及民主人士向新闻记者发表谈话；（二）由各民主党派发表宣言；（三）由地方团体个别的或联合的发表文章；（四）由各界个人联名发表文章。民革与民盟、民联、民促等8个民主党派联合发表《告海内外同胞书》，号召全国人民团结起来，推翻国民党政权的反动统治，指出："南京独裁政府的丧钟响了"，"全国各阶层各党派的人民大团结，一致奋起打倒民族敌人的时候到了"，"每一个爱国的有正义感的同胞都要参加这一个共同的历史事业"，这就形成了一个揭穿"行宪国大"反动本质的声讨运动，有力地声援了中共领导的人民解放战争。

第二章
提出鲜明的政治主张，接受中国共产党领导

　　民革的《成立宣言》《行动纲领》等文件，是全面阐述民革政治主张的重要文件。通过这些文件，民革公开表明了自己反对国民党蒋介石集团独裁统治、反对美国援助蒋介石集团进行反革命内战的政治态度，表达了自己决心继承孙中山的革命精神和坚持三大政策的基本立场，并且明确表示了拥护中国共产党关于成立联合政府的主张，初步提出了自己反对封建剥削和官僚大资本的经济纲领。这些内容表明，民革的政治纲领和经济纲领，具有鲜明的反帝反封建性质，与中国共产党所制定的新民主主义革命纲领，在基本原则上是大体一致的。在关系中国革命前途的革命方式和领导力量问题上，民革的认识经历了一个过程。随着革命形势的发展，民革内部取得了一致看法，公开宣布接受中国共产党的领导，积极投入打倒蒋介石、解放全中国的革命洪流中。

一、高举革命的三民主义旗帜

在起草和通过民革《成立宣言》《行动纲领》和《告本党同志书》等重要文件时，李济深表现出了政治家的豁达风范。李济深认为："写文件要有兼容并包的胸怀。"民革所号召的对象是国民党人士，尤其是正在掌握军政大权的人物，一定要根据当前的政治局势、力量对比以及他们的思想认识水平来提出相应的主张，如果换上他们难以理解和接受的要求，就会事与愿违。民革《成立宣言》和《行动纲领》的起草、修改，就是根据李济深的这种"兼容并包"思路进行的。

《成立宣言》和《行动纲领》开始由梅龚彬、陈此生二人起草，后来民联领导人柳亚子在修改时把《上孙夫人书》中"一旅兴夏" 观点吸收进来，贯穿进了中山先生不断进步的革命精神。这样一来，在《成立宣言》和《行动纲领》讨论中就出现了分歧。对此，李济深仍然坚持"兼容并包"原则，认为只要民革能够尽早成立，便有利于团结一切国民党爱国军政人员联合起来反对内战，推翻蒋介石政权，其他党内分歧都是小事，容后徐图统一。因此，他嘱咐梅龚彬在改稿时适当保留不同意见，力争做到能保留的要尽可能保留，博采众议。

正因如此，《成立宣言》对国民党民主派在各个历史时期的功绩作了充分肯定，照顾了各方面的意见。它对于长期坚持革命的三民主义、进行反蒋斗争的国民党左派做了充分肯定；对于坚持抗战、坚持团结的国民党各民主派别和其他爱国民主分子也有系统的表述；对于反对内战要求和平的国民党军政人员也有阐述。《成立宣言》公开宣布：远在蒋介石开始背叛总理、背叛革命之日，党内同志坚持两大任务、三大政策之革命的三民主义者，即已与叛徒作坚决斗争。邓演达领导组织之中国国民党行动委员会，孙夫人领导组织之民权保障大同盟，李济深领导组织之民族革命同盟，冯玉祥领导组织之抗日大同盟，均为其最显著者；十九路军光荣的淞沪抗

48

发表于 1948 年 1 月 4 日香港《华商报》上的《中国国民党革命委员会成立宣言》。（上）

《告本党同志书》。（下）

日战争，西北军有名的察哈尔抗日战争，西安之双十二事变，更为本党同志针对蒋介石不抵抗政策之英勇行动表现。迨至国共合作实现，庐山会议召集，七七抗战正式开始，蒋介石在全国民众一致督促之下复有国民参政会之召集与抗战建国纲领之颁布。本党革命同志不念旧恶，支援政府抗战政策，以保证抗战之最后胜利。但随后蒋介石"反对民主、破坏抗战团结之阴谋日益显露，党中央之政策亦随个人之意志以为转移。而党内不满中央指导，坚持民主与团结之同志，乃日渐增多，党内民主派之组织，更陆续兴起，遍布全国各地。吾人鉴于抗战结束以来，蒋介石及其劫持下的党中央机关与政府，其反动性与日俱增，已成为全国人民的公敌，不能再缄默无所表示，同时更深切感到全国所有党内民主派组织与民主分子，有更进一步团结与提出共同行动纲领之必要，爰有此次中国国民党民主派联合代表大会之召开，与中国国民党革命委员会之组织"。

这样全面的表述，既充分肯定了国民党民主派内部各种势力在反蒋民主革命中的功绩，也阐明了国民党民主派统一起来共同反蒋独裁内战的合理性。

张克明、周颖、冯伯恒三人负责起草的《中国国民党革命委员会告本党同志书》，同样是本着"兼容并包"原则起草的。它指出：

本党数十年来之革命历史，实与中国政治发生血肉之关系，本党之荣枯，影响中国前途甚巨，本党革命同志，不忍总理艰难缔造之国民党毁于少数反动者之手，爰召集同志举行本党民主派联合代表大会，组织中国国民党革命委员会，誓以行动贯彻吾人之主张。本党不乏忠贞之士，诚能团结一致，与各民主党派共同奋斗，必可汇成强大之革命洪流，冲涤一切封建反动之遗毒。"至于蒋氏控制之下本党进步同志，亦深望其早日脱离蒋氏，参加本会革命工作。盖目前全国人民对蒋氏反动势力已无妥协余地，本党同志允宜率先起义，以铲除此一穷凶极恶政权之前锋自任，为天下倡，庶几稍赎罪行，以谢国人。"这样的文字表述，有利于最大限度地团结国民党内一切可以团结的人，有利于孤立和瓦解国民党反动派。

《成立宣言》旗帜鲜明地提出了民革的政治主张。它公开表明："本党革命之目的，在实现革命的三民主义，建立民有、民治、民享之中华民主共和国"；"三民主义之理论，仍为今日中国革命之正确指导理论，中国国民党仍为中国革命之领导政党，三大政策仍为实现三民主义反帝、反封建之必要手段"；它还指出："吾人始终认为三民主义为救中国之唯一良方，吾人更深信在目前中国民族民主革命阶段中，坚持两大任务与三大政策的中国国民党，仍不失其革命领导地位。"何香凝等人表示反对把这种意见写入《成立宣言》这个重要文件之中，但柳亚子、梅龚彬、陈此生在最后修改《成立宣言》时，仍然作了折中：一方面仍保留这样一段文字："今日之革命任务，即辛亥以来尚未完成之反帝反封建的三民主义革命任务。故三民主义之理论，仍为今日中国革命之正确指导理论，中国国民党仍为中国之领导政党，三大政策仍为实现三民主义反帝反封建之必要手段"；另一方面出于对何香凝意见的尊重，又加上了如下文字："所不同者，今日之三大政策，已随国际与国内革命环境之演变，必须加以充实与发展耳。"

这就表明了民革既高举孙中山以三大政策为核心的革命的三民主义旗

帜，又提出了三大政策需要充实与发展的问题，体现了不断进步的革命精神，从而使国民党民主派内部在革命奋斗目标和方针政策上达成了共识，起到了很好的团结起来共同奋斗的作用。

尽管民革成立时的四个重要文件在内容上看似有些矛盾，但在坚持革命的三民主义、进行反帝反封建的民主革命的政治主张上则是统一的。革命大目标、大方向和总方针政策的一致，保障了民革作为国民党民主派组织的统一和团结。在创建民革的过程中，李济深为首的民革领导人善于顺应时代潮流，在错综复杂的形势下，将国民党民主派聚集在革命的三民主义旗帜下，保障了民革政治路线的正确。

二、建立舆论阵地，宣传政治主张

李济深、冯玉祥、谭平山等民革领导人非常重视报刊在革命斗争中所发挥的独特作用。李济深认为，开展民主运动应先从办报入手，民革必须通过报刊媒体，阐述本党的政治纲领、宗旨、主张，解释本党的方针、决策，介绍本党的组织体系，扩大党的影响，团结国民党内爱国军政人员、团结广大人民群众共同前进。因此，民革成立前后，李济深等民革领导人利用中共华南分局主办的《华商报》发表了很多文章，进行反蒋宣传。民盟主办的《光明报》复刊后，民革又多了一块宣传阵地，冯玉祥在纽约街头演讲的照片，就是由该报刊出的；邓初民、陈此生、张文等民革成员也在该报上发表了许多反蒋文章。但是，作为一个独立的政党，这些显然是远远不够的，民革必须创办自己的刊物，进行独立的舆论宣传。

1948 年 1 月 9 日，民革中央召开常委会，决定在香港创办《自由》半月刊，推举章导、李子诵、林伦彦、张克明、黄文等人为设计委员。24日，民革中央再次召开常委会，提议在《自由》半月刊的基础上再办一份报纸，定名为《现代日报》。正当民革中央为办报注册时，上海《文汇报》

被国民党当局查封，《文汇报》总主笔徐铸成来港求见李济深，商讨合作事宜。3月17日，民革中央常委会继续讨论办报事宜，认为《文汇报》在国内外已打开局面，若能与其合作，比创办《现代日报》更为便利，于是一致同意民革与《文汇报》合作的方案，公推陈劭先、李民欣、梅龚彬、陈此生与徐铸成洽谈合作事宜。

4月3日，民革成立后李济深召开了创办香港《文汇报》筹股会议。邓瑞人、陈劭先、李民欣、吕集义、陈

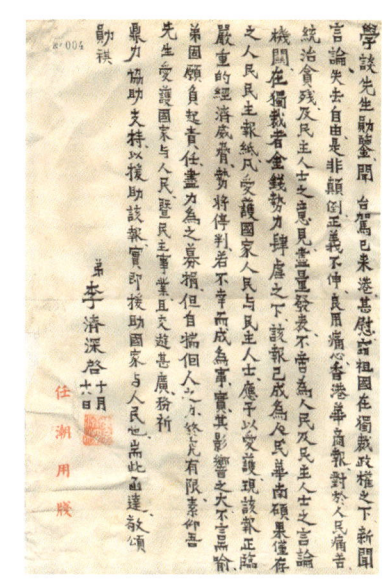

李济深为《华商报》筹款的信函。

此生、梅龚彬提议:（一）近来本会与国民党军政人员联系日增，应根据孙中山先生的《三民主义》《建国大纲》《建国方略》及一切重要文献进行重新整理，以适应形势所需;（二）据以研讨在新形势下的实施方案;（三）鉴于《文汇报》一时尚不能复刊，拟先出一本宣传小册子。会后，李济深把他自己在桂林的一所住宅卖了，作为股款。蔡廷锴、冯玉祥及其他民革同志也纷纷认股，但主要股款，还是虞洽卿的儿子虞顺懋投的资。同时，民革经常与中共南方局沟通，得到潘汉年、宦乡等人的支持和帮助。

9月1日，民革中央主办的香港《文汇报》正式出版。该报大力宣传召开新政协、成立联合政府的政治主张，发表民革的政见，号召国民党内爱国军政人员认清形势，做出明智的抉择，同时密切关注形势发展、舆情动向，及时做出反应。这些宣传，对于推动民主运动的发展，分化国民党政治势力，孤立国民党反动派起了积极的作用。在办报过程中，民革宣传委员会经常分析舆情，对紧急情况迅速提出对策。到1948年底，香港《文汇报》日发行量突破2.5万份，影响不断扩大。

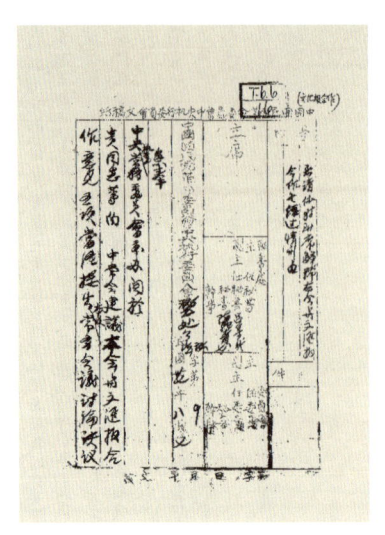

民革与《文汇报》合作的有关文稿。

与此同时,《自由》半月刊的筹办工作也在紧锣密鼓地进行中。民革中央将《自由》定位为:"《自由》改为通讯版,以更压缩、更精纯的形式,负担起沟通本会中央与地方,团结本会同志与本党民主同志的桥梁。"作为民革的党刊,《自由》半月刊针对政治形势的变化,发表了许多文章,在统一全党的思想,引导党员的行动方面,充分发挥了党的喉舌作用。李济深在《自由》创刊号上发表题为《同志们,是奋起救国自救的时候了》的代发刊词,明确指出:"国民党革命委员会,除了对于加入党内非民主派别而无表现悔过与赞助民主运动的事实的叛徒之外,对于'笃守三民主义,三大政策及第一次全国代表大会宣言、决议的同志',都恳切的寄以极大的期待。"

《自由》半月刊着重分析近期国内外形势,为完成思想上的统一,以及为接受中共领导做好了思想上的准备。第2期上,刊登了《答ＸＸ同志:关于"应当做什么"与"怎样做"》的文章,具体回答了民革党员心中的一些困惑:"说到我们当前应当做些什么?我们认为首先便是我们最方便最有效的做些什么。同志们,现在中共是领导数百万的人民解放军,摧枯拉朽的扫荡反动派;民盟及其他党派在领导知识分子与一部分工商业者,

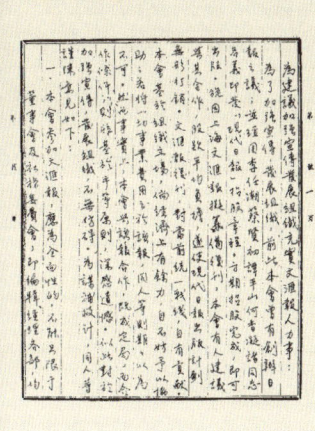
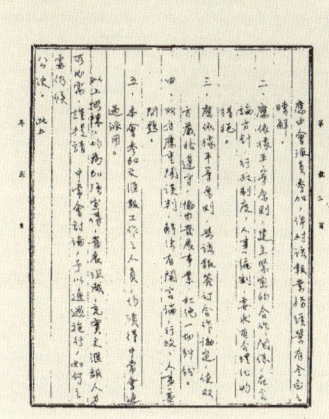
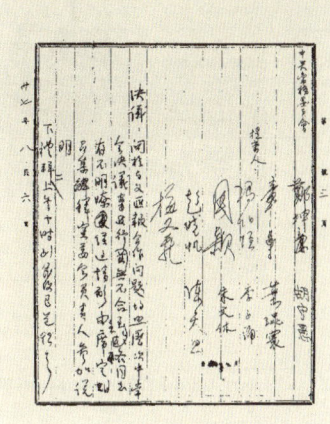

从内部与他们搏斗；我们的革命的三民主义者，除了在海外公开的作艰苦斗争之外，现在还有许多隐忍负重地潜伏在反动派的内部，担负更艰苦的工作，我们深知他的军事计划，我们深知他的卖国罪行，我们随时都在作有效的揭穿、阻止与破坏的工作。我们要在适当的时机，发动起义瓦解蒋军。我们经营工商业或与工商业接近的同志，要揭露反动派豪夺的欺骗方法，自己或告诉别人设法保存资金以为建设新中国之用。我们要用一切方法鼓励或默许公教人员对反动派不合作或怠工以瘫痪他们的行政系统，使它更迅速的崩溃，缩短革命的时间。"文章还指出："怎样做呢？我们的同志知道得很清楚，自从反动的独夫篡夺了党权之后，国民党的组织意见被官僚豪劣所劫持，我们的同志，要广泛的联系，并且周详的布置，在适当的时机行动起来。对于党内外的良善的专家与技术人才更要加意的保护，与慎重的联络，使他们在民主政权建立时，能安心的工作，使各种业务圆滑的推进，对于为了生活曾助纣为虐的党内外不肖分子，如果是有良好的工作能力的，我们容许他戴罪图功，但必须检查他的觉醒的动机与程度。"这样完整周详的阐述，对解决党员思想困惑，指导党员革命行动起了积极的作用。

1947 年，冯玉祥、李德全与女儿冯理达在美国太平洋西岸留影。

《自由》半月刊的创办及《文汇报》在香港的复刊，为民革提供了很好的舆论宣传平台，民革的政治主张在更大范围内得到了传播，社会各界对民革的了解也不断加深。国民党各派政治势力或出于对民革政治主张的认同，或者其他目的，通过各种途径与民革接触。面对急剧变化的国内国际形势，不同政治群体的政治诉求也在不断发生变化。以李济深为首的民革领导人敏锐地看到这一点，开展了多层次、多方面、富有针对性的舆论宣传。这种宣传，因为具有较强的针对性，所以更容易为宣传对象所接受，影响也更大，起到了事半功倍的效果。

1948 年 3 月 13 日，在孙中山逝世 23 周年之际，民革发表了《为纪念孙总理逝世 23 周年告本党同志及全国同胞书》，指出：孙中山制定的革命主张"早为总理叛徒蒋 XX 所全部抛弃"，"今天蒋 XX 勾结美帝国主义，出卖民族利益"，国民党员和全国同胞都应"为打倒蒋 XX 卖国政府而奋斗到底"！这份宣言对那些不满蒋介石独裁内战政策的国民党爱国民主人士产生了很强的震撼作用。

为了影响西方的对华政策，民革中央十分重视对欧美国家的宣传，冯玉祥领导的民革美洲分会在这方面做了很多工作，取得了突出成绩。民革刚刚成立，冯玉祥立即个人出资，将民革成立大会上通过的 4 个文件付印 500 册，分送马歇尔、美国国会、华侨商会、各图书馆、各大学等。冯玉祥还应美国基督教组织美以美会的邀请，经常到美国各地教会演讲，以促使更多的热爱和平的美国人民认清中国的现实。美国各教会相继掀起了反对政府援蒋的运动，号召各界人士参加对华政策大会。美国宗教界著名人士，联合发表宣言，号召各界人士踊跃参加即将举行的美国对华及远东政策大会，以共同督促政府改变目前的政策。

民革美洲分会的对外联络组织以留学生为基础，经常邀请美国学生举行座谈会，介绍蒋介石政权的贪污、腐败、独裁、卖国，在美国大学生中产生了很大影响。冯玉祥在哥伦比亚大学做完反蒋演讲后，国民党政府驻联合国代表顾维钧也去该校演讲，结果有200多名美国学生手执标语，高喊口号，弄得顾十分狼狈，只说了几句话就匆匆离去。冯玉祥的夫人李德全发挥自己长期从事妇女运动的特长，以自己主持的妇女协会为平台，多次找有一定社会地位的妇女写信给美国国会及美国总统，借此影响美国的对华政策走向。

由于缺乏自己的舆论阵地，冯玉祥多次遭受美国记者诬陷，但没有合适的渠道加以澄清。为了改变这种被动局面，冯玉祥入股余仁山创办的《纽约新报》，力图将它转变成为自己的报纸。此外，他还筹办《国劳》刊物，以扩大宣传阵地，有力地反击国民党反动势力的舆论进攻。

在中国近代革命舞台上，华侨一直扮演着十分重要的角色。孙中山说："华侨是革命之母。"民革从酝酿之初就致力于在华侨聚集的东南亚、澳洲、美洲发展组织，针对华侨开展宣传。民革发表宣言指出："海外华侨们，今后应认清南京独裁政府摧残人民的真面目，更当进一步的团结起来，抵抗南京独裁政府的压迫，以图自救，以过去努力于国民革命的精神，努力于民主运动。独裁政府不打倒，民主政治不实现，你们是决得不到国方保障的。"民革美洲分会在给民革中央的报告中，对美国华侨对中国革命的态度进行了深入的分析，为民革制定合理的方针政策提供了有益借鉴。

由于国民党政府对中共领导的解放区实施新闻封锁，同时大肆污蔑中共的路线政策，把解放区的经济与人民的生活说得"一团漆黑"，使得蒋管区和世界人民并不了解解放区的真实情形。国统区不少民族资产阶级和工商业者深受国民党反动宣传的影响，感到担忧害怕。中共"五一口号"的发布，使社会各界人士知道了中共发展生产、繁荣经济、公私兼顾、劳资两利的保护工商业的经济政策，但还无法对中共未来的经济政策作出判断和预测，迫切需要进一步介绍和阐述。在民族工商业者和西方人士看来，民革对解放区和中共政策的阐释更为可信。为此，民革利用自己独特的政治影响力，以香港《文汇报》和《自由》半月刊为舆论阵地，大力澄清事实，配合中共作了许多介绍工作，在宣传中共保护民族工商业政策方面发挥了独特的重要作用。

1948年12月16日出版的《自由》第4期针对美国向中国派兵保护美国侨民、干涉中国内政的行为，刊登了由民革、民盟、民促、民联、农工、救国会、致公党、民建、民社党革新派联署的《为保护产业保障人权告国内同胞及各国侨民书》，指出："保护私人工商业和保障人权的政策，在未来的统一的联合民主政权之下，必然会更贯彻的继续执行。为着建设新国家的需要，一切有利于国计民生的私人工商业，不但要保存，而且要扶助其发展，外人投资只要符合平等互惠的原则，不但旧的可以继续存在，而且欢迎新的增加。只有那些利用特权损害国家人民利益以自肥的官僚资本，才会被没收；但对于原有的管理技术等员工，则一律欢迎其继续工作，并给以合理的待遇，除了少数罪恶昭彰的战犯恶霸，应受正式法庭的裁判外，所有本国同胞，以至外国侨民，都会得到充分的人权保障。我们必须指出，土地改革不但为着改善农民生活和发展农业生产，同时，提高农民的购买力，也正是为着工商业的顺利发展。分配土地和保护工商业，是相助相成的两种政策，那中间并没有任何矛盾。"它呼吁："我们希望所有未解放都市的同胞以致各国的侨民，都安心继续自己的事业和工作。而且希望大家更进一步的团结起来，为保护自己的产业和保障自己的人权而奋斗，坚决抵抗南京独裁政权的一切迫害产业和迫害人民的暴行。……我们

朱学范到达东北解放区后，在佳木斯举行的五一劳动节纪念大会上讲话。

以万分的热情，期待你们为自己和新国家的利益，坚决执行这个光荣的任务！"

民革领导人也利用各种机会发表文章和讲话，进行有针对性的宣传。朱学范到解放区后在黑龙江的一些城乡及重要矿区进行参观，他十分留意生产、市场、生活等经济问题，特别是土地改革，将在东北看到的土改后工人、农民为恢复和发展生产而忘我劳动以及支援解放战争的生动事例，写成《新东北的新气象》在报上发表。这篇文章在国统区产生了很大影响，许多民族工商业者开始相信，解放区的经济政策对私营经济的工商业是有保障的。在《自由》第4期中，刊登了《李主席对法国新闻记者谈时局》的文章。李济深面对法国新闻记者的提问，回答了新中国将保护私人财产、保护工商业、外交政策等不明朗而又十分敏感的问题，消除了西方国家对中国共产党的担忧。

民革中央还号召党员积极行动起来，广泛开展各种社会宣传，并在《自由》半月刊上发表文章。此生撰写的《"五一"以来的民主运动》，是比较有代表性的文章。文章指出，中国的民主运动，已由区域的民主政权逐步向全国性的民主政权发展；由民主阵线与反民主集团的斗争逐步发展为全国人民与独裁卖国政府的斗争。它号召民革党员要细心研究民革中央发表的《对于新政协的意见》，"并根据这文件的内容，对各界人士，独裁卖国者控制下的本党同志和文武公务员，陈以是非，动以利害，劝导他们毋'中立徘徊'，毋'苟且偷安'，站到民主革命方面"。"这一来，平日不敢多事的资本家、工商业者，都对蒋政府绝望，而不得不寄希望于民主阵线的胜利，不得不寄希望于人民民主联合政权的建立了。"文章的最后，号召民革党员必须根据李济深主席的意见，向各界同胞尤其是工商业者，鼓励其自求生存。

以李济深为首的民革中央看到，国民党内的部分党员关心国家前途，对和平民主十分向往，只不过受限于环境而未能公开反对蒋介石政权。在国内外局势发生重大变化的情况下，如果能争取这些党员加入民革，或者为革命阵营做力所能及的工作，显然有利于革命的顺利进行。在这种思想的指导下，李济深领导民革利用各种宣传形式，屡次号召国民党员认清形势，与蒋介石集团决裂。民革成立伊始发表的《中国国民党革命委员会告本党同志书》指出："本党革命之目的，在实现革命的三民主义，建立民有、民治、民享之中华民主共和国。数十年来，本党同志，前仆后继，在总理领导之下，卒能推翻清朝，建立民国。并一再团结革命力量，于民国十三年，加以改组，实行三大政策，继续努力，以期根绝封建残余，巩固民主之基础。""今日国人最迫切之要求，无过对内民主和平，对外独立自主，欲达此鹄的，拔本塞源，端在蒋氏政权之瓦解与铲除，本会必将尽其最大之努力以赴，始终无渝！本党不乏忠贞之士，诚能团结一致，与各民主党派共同奋斗，必可汇成强大之革命洪流，冲涤一切封建反动之遗毒。至于蒋氏控制下之本党进步同志，亦深望其早日脱离蒋氏，参加本会革命工作，盖目前全国人民对蒋氏反动势力已无妥协余地，本党同志允宜率先起义，以铲除此一穷凶极恶政权之前锋自任，为天卜倡，庶几稍赎罪愆，以谢国人。"这个重要文告，对瓦解国民党的专制统治、促进国民党内爱国民主人士的觉醒起了重要作用。

民革军事小组把号召国民党军政人员脱离蒋介石反动阵营作为重要的工作。他们先后发表了许多文告，号召国民党将士站到人民解放战争一边

《告蒋管区内本党同志书》。（左）

《告前南京国民党系统党员书》。（右）

来。1948 年 9 月，民革与中共方面密切合作，成功策反了吴化文起义，加速了济南的解放。在策反工作取得初步成效之后，为进一步号召全国数百万国民党军队起义，民革中央公开发表《告国民党将士书》，向国民党将士指出：顺人民者昌，逆人民者亡，蒋介石的独裁卖国统治注定是要灭亡的，尤其是到了今天，人民的觉悟如此之高，力量如此壮大，蒋政权绝无存在的可能，跟蒋政府走则身败名裂，跟人民走则建功立业。它同时号召：一切属于国民党的军人，都应该毫不犹豫地脱离蒋政府，和人民解放军并肩作战。

1948 年 11 月 16 日，民革中央发表《告蒋管区内本党同志书》，号召国民党"忠贞之士，坚强团结，与各民主党派共同奋斗；尤其在蒋氏控制之下本党进步同志，允宜率先起义，早得挣脱魔掌，参加本会革命工作以铲除独裁，光复本党，共同完成民主革命之伟业。"它还为国民党内部的爱国民主人士指明了方向：蒋管区内本党忠贞同志和革命的三民主义信徒，现在应该立刻站起来，应该行动起来，彻底消灭蒋介石反动政权及其凶顽集团。它号召：在军队方面工作的同志发动起义；在政治方面工作的同志，尤其是在地方上工作的同志，应当号召民众，组织民众，作政治起义，脱离反动政权，建立人民的革命政权；在经济与工商方面工作的同志，应一方面加紧瓦解豪门资本的经济体系，一方面加意保护工厂，使其勿遭破坏；在文化教育工作的同志，对于学校及文化机关，尤须加意保护与维持，勿使反动政府予以毁坏或迁移。[1]

　　1949 年 4 月渡江战役打响后，人民解放军继续向西北、西南、东南、华南进军，以全部歼灭国民党残余部队。为进一步瓦解国民党军队和军政人员的斗志，6 月 4 日，民革中央发表了《告前南京国民党系统党员书》，指出，解放军所到之处，老百姓无不箪食壶浆以迎；即在蒋介石集团仍然统治的地方，各界民众亦无不盼望解放军快点到来。这些事实，说明了蒋介石集团的残余势力很快就会被完全消灭，说明了蒋介石集团企图在广州、重庆、台湾或其他地方作偏安的小朝廷，也绝无可能。蒋介石集团早就背叛了孙中山先生和全国人民，广大国民党员应该赶快觉悟过来，不应该跟着即将灭亡的蒋介石集团走进坟墓。这场战争是"觉悟了的人民大众起来挣脱封建主义和帝国主义的枷锁的战争，是觉悟了的人民大众起来要求自己翻身与生存的战争"。人民大众的觉悟是愈来愈普遍，人民大众的力量是愈来愈雄厚，因而被打倒的独裁卖国的蒋介石集团将永远变为"死灰"，绝不可能"复燃"的了。在解放大军以破竹之势直趋广州，反动残余指日就可彻底肃清的形势下，民革中央号召广大的国民党党员投到人民的队伍来，投到民主革命的阵营来。它呼吁道："我们很诚恳地希望你们赶快彻底觉悟，深切地理解到革命的三民主义的发展，应该是已经到了与新民主主义的一致的阶段。你们只有站在革命的三民主义亦即是新民主主义的旗帜之下，接受我们的号召，全心全意为人民服务，共同为彻底肃清残余反动势力，建设独立、自由、民主、统一、繁荣的新中国而奋斗！"[2]《告前

---

1 《告蒋管区内本党同志书》，《华商报》1948 年 11 月 16 日。

2 《中国国民党革命委员会发表告前南京国民党系统党员书》，《人民日报》1949 年 6 月 5 日。

南京国民党系统党员书》不仅在报刊上登载，电台上广播，而且还在国统区大量散发，起到了瓦解国民党军队士气的作用。

为了配合人民解放军进军华南、西南，解放全中国，民革继续策动国民党军政人员起义。1949年10月10日，李济深在北京新华广播电台发表广播词《告华南西南反动统治下的军政人员》，向华南、西南待解放区的军政负责人员和国民党将士作"最后的忠言"，为他们指引一条必须走的光明道路。他诚恳地说：我念及你们当中，不少以前和我从事革命共过事，甚至有和我一道参加过反蒋斗争的友谊，更为着希望华南和西南的人民早脱离苦海，特从现实的观点上，最后一次为你们剖陈利害。他分析道：人民革命胜利的大势，有如排山倒海。尽人都知道蒋匪帮的前途只有毁灭。作为军人，不应该再继续充当美帝和蒋匪帮的"马前卒子"，来做殉葬鬼了。"只要你们能从此认清时势，究明利害，趁早投向人民来，人民是不咎既往的。"他指出：你们也许又因为过去曾作过反共反苏的言论，或有过反人民革命的行动，或不免心怀疑虑，徘徊却步，想起义后，不知是否能获得宽恕。这点并不需要我多费唇舌说明。你们只要看程

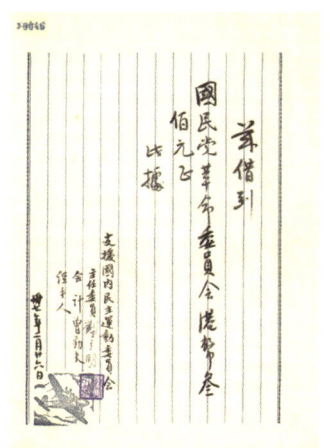

1949年10月10日，李济深到北京新华广播电台向华南西南在国民党统治下的军政人员广播时，在电台门口留影。（上）

民革支援国内民主运动的有关资料。（下）

潜、傅作义、张治中、董其武、陈明仁等将军及其他共同起义的人们，投向人民阵营以后，中共和人民是怎样优待他们的实例，便完全明白了。中共毛主席再次声明过，只要不是罪大恶极的首恶，凡悔悟前非投向人民队伍来的，人民都会伸出欢迎的手，中共不仅说到而且实际做到了。许多投到人民队伍来的蒋匪帮统治下的军政负责人员，只需他诚意悔悟前非，衷心为人民服务，一样能获得服务机会。他满怀激情地向国民党军政人员发出呼吁："是时候了，向全国人民特别向华南、西南人民赎罪罢！拿出理智和勇气来，举起义旗，走向新生罢！"³

三、支持爱国民主运动，反对美国援蒋

在解放战争胜利形势的鼓舞下，国统区人民民主运动有了新发展，学生运动在"反迫害"的旗帜下更加高涨。1947 年 5 月，毛泽东为新华社撰写的评论《蒋介石政府已处在全民的包围中》宣告："中国境内已有了两条战线。蒋介石进犯军和人民解放军的战争，这是第一条战线。现在又出现了第二条战线，这就是伟大的正义的学生运动和蒋介石反动政府之间的尖锐斗争。"这给当时正在筹备民革的国民党民主派以很大的启示。李济深、何香凝等人认为，国民党民主派的反蒋运动也属于"第二条战线"，应坚决参加并支持国统区爱国民主力量的斗争。民革成立后，李济深多次要求民革成员全力支持爱国学生运动，并积极参加第二条战线的斗争。

1948 年 1 月底至 2 月初，上海同济大学生和申新九厂工人，为反迫害、反饥饿而举行罢课罢工，遭到了蒋介石独裁政府的严厉镇压，造成了同济血案和申九血案。国民党当局的镇压政策激起各地工人、学生的反抗斗争，民革也投入这场反迫害运动中。2 月 16 日，何香凝等 42 人在《华

---

3 李济深《告华南西南反动统治下的军政人员》，《人民日报》1949 年 10 月 12 日。

商报》上联名发表了《声援上海抗暴运动宣言》。宣言强调:"在卖国独裁的反动政府统治下的中国人民早已被迫得饥寒交迫,无以为生,而妇女的生活尤其悲惨。据官方统计,上海一市即有八万多妓女,这是最突出地表现了国民党统治下城市妇女的悲惨命运。最近上海发生二千多舞业姊妹和申九纱厂七千多劳动姊妹的抗争行为,她们虽然职业不同,处境不同,但同样都是站在饥饿线上,勇敢地向反动统治者作争生存的斗争。和这同时,还有同济大学学生被军警特务殴打摧残的'一·二九惨案'。在申九女工中,有三位姊妹当场死在反动派的枪弹下。在这三次行动中的学生、女工和舞女至今还有许多受伤的未出医院,还有许多被捕的仍被牢禁在监房里。"这次抗议活动声势浩大,使国民党政府陷入被动。

除了进行道义上的支持之外,民革成员也纷纷表示,应在经济上支持处于困境中的爱国学生。为此,蔡廷锴等人向各民主党派建议,应该成立救济委员会进行筹款,以支援学生。这个提议立即得到各民主党派的赞同,决定成立统一的救济组织,各党派一致参加。民革中央还专门召开会议,朱蕴山报告了救济上海学生的工作情况,号召大家努力筹款。会议决定举办画展筹款,因一时不能实现,而救济事急,于是举办茶舞会募捐。虽然当时民革的经费相当困难,但仍然将捐款半数支援各地学生。其中平津学生得到 1000 万元捐助,京沪学生得到 1200 万元捐助,有力地推动了国统区学生爱国民主运动的高涨。

美国政府出于自身利益的考虑,在中国内战一触即发的时刻,没有采取中立的立场,转而支持蒋介石独裁政权。正是得到了美国军事上的支持,蒋介石才在短时间内把他的嫡系部队从后方运送到前线;正是有大量的美元作后盾,蒋介石才能购买大量武器装备,有恃无恐地挑起全面内战。在反对内战独裁运动中,民革的国内组织与海外分会互相声援,积极地在世界范围内开展了反对美帝国主义侵犯中国主权、援助蒋介石集团进行反革命内战的斗争。

身处美国的冯玉祥，积极开展反对美国政府援助蒋介石集团打内战的宣传。他在各人民团体、华侨团体、学校、教会的集会上发表了数以百次计的演讲。他指出："中国现在已成人间地狱"，蒋介石的南京政府"是个屠杀政府，把人民当牛、当猪、当羊一样来任意屠杀"，"只有和平民主才是出路，要和平民主就得制止美国援蒋"。冯玉祥对美国人民主要阐述了如下重要观点：美援助长了蒋介石及其各级官僚贪污；蒋介石为自己开脱罪责，把内战失败的责任都推到美国身上；今天中国的实际情况是"共产党大得人心，共产党的军事力量迅速壮大，共产党在中国即将取得胜利"。他指责蒋介石是"屠宰公司总经理""运输大队长"和贪污中饱的"无底洞"。这些鲜明的观点引起了美国各界民众的极大震动，使他们对美国政府援蒋内战的本质有了一定了解。冯玉祥还多次举行记者招待会，撰写了大量文章，拜访主持正义的美国国会议员，及有影响的大法官、前副总统华莱士、前内政部长伊格司、英国和苏联的驻美大使等等，向他们说明中国内战的真实情况，进行反对蒋介石集团和反对美国政府援助蒋介石集团打内战的宣传。

1947 年下半年，人民解放军向国民党军队展开战略反攻，国民党为挽回败局数次派人赴美乞求军事援助。1948 年初，冯玉祥获悉美国政府正拟定一项新的援蒋计划、准备向国会提出的消息后，立即发电向李济深建议："由香港发电给杜鲁门、马歇尔及美国国会，反对此事。"李济深立即与何香凝、蔡廷锴、彭泽民、李章达、邓初民、陈其瑗、陈其尤等 11 人联名就美国对华贷款问题，致电警告美国政府。

这封措辞严厉的信函郑重指出："中国人民对于造成普遍饥饿的内战，实在是忍无可忍。任何国家有助长中国内战的行动，皆足以引起中国人民极大的反感。现在，在国民党独裁派控制下的政府，又迫切地要求你们予以大量的借款了，我们希望你们断然拒绝，因为目前情况之下，无论以任何方式援助中国，都变成助长内战的资本。这样的债务，中国人民绝对不能承认，必将实现的民主联合政府，绝对不负清偿之责。我们还希望你们注意，只有与中国为友，远东市场才会繁荣，远东和平才有保障。"

1948年2月3日，民革与民盟、农工、救国会、民促、民联、致公党等各民主党派发表联合声明，严厉谴责美国政府援助蒋介石集团、助长中国内战、干涉中国内政的行径。同时，民革与其他民主党派又联名致电反对美国政府援蒋的前副总统华莱士，表示："我们响应你的争取世界和平的号召，尤其热烈赞同你所提出的美国撤退驻华军队，停止一切对蒋援助，以及不干涉中国内政的具体建议，希望你继续努力，为中美两大民族的和平共处与全世界的和平民主而奋斗。"希望华莱士能够继续反对美国政府支援国民党集团。

为了防止美国国会通过援蒋法案，冯玉祥亲自到美国国会众议院拨款委员会调查组作证，郑重警告美国政府："如果借钱帮助蒋介石杀中国人，中国人民要把这笔血债记在美国政府账上，至于借款，中国人民是一定不还这笔账的。"冯玉祥的作证和演讲起到了相当大的作用。在他演讲两个小时之后，美国国会将原拟批准援助蒋介石6000万美元大幅减少到1800万美元。

1948年4月2日，美国国会通过总额为4.63亿美元的援华计划。次日，经杜鲁门签署而成为1948年《援华法案》。针对美国继续援蒋内战的行径，民革、民联、民促与其他民主党派继续在香港发表联合声明，严正地指出美国政府继续援助国民党蒋介石政府就是助长中国内战，就是干涉中国内政，美国政府的所作所为只能加深中国人民的痛苦。"我们坚决反对此种加深中国人民痛苦之对华借款，同时，绝不承认南京独裁政府所签订之任何损害中国主权之卖国条约。"谭平山撰文指出，美国政府积极援助国民党蒋介石集团，只不过是"想用输血的方法来挽救蒋介石垂死的命运"，这是毫无希望的。

第二次世界大战结束后，美国有关人士组织了一个"美国民主远东

李济深接受记者采访，批驳魏德迈有
关讲话。（左）
各民主党派给联合国的控诉书。（右）

政策委员会"，批判美国政府错误的远东政策。当美国国会批准《援华法案》之后，该委员会发起举行"中国周"活动，反对美国政府支持蒋介石打内战。民革对此积极支持。1948 年 4 月 20 日，李济深致电美国民主远东政策委员会，表示坚决拥护美国反战人士举行中国周活动，指出中国周活动反对美国政府援助国民党蒋介石集团，促进了中国人民解放的新生，"愿永恒地与贵国民主人士合作，共同致力于打倒一切违反人民利益的反动政策，为谋求世界人类永久和平康乐的基业奋斗到底。"冯玉祥受李济深的委托，以民革中央代表身份，在中国周开幕大会上发表了演说。6 月2 日，民革中央领导人李济深、何香凝，民联领导人谭平山，民促领导人蔡廷锴及其他爱国民主人士联名致电华莱士指出，大量美军驻在中国，是中国人民不能忍受的侮辱，中国人民的反美反蒋斗争，也是"争取世界和平的斗争"。他们表示热烈支持华莱士"为争取美国民主和世界和平而进行的斗争"，热烈赞同他提出的撤退驻华军队、停止援蒋、不干涉中国内政的具体建议，希望他继续努力，为中美和平共处与全世界的和平民主而奋斗。李济深还特别为华莱士在伯灵顿演讲时遭到反动派污辱一事致电慰勉，表示中国人民"皆愿为阁下后盾"。同时，李济深还多次会见外国记者，批评美国政府的援蒋政策，呼吁美国政府尽快改弦易辙，放弃援蒋内

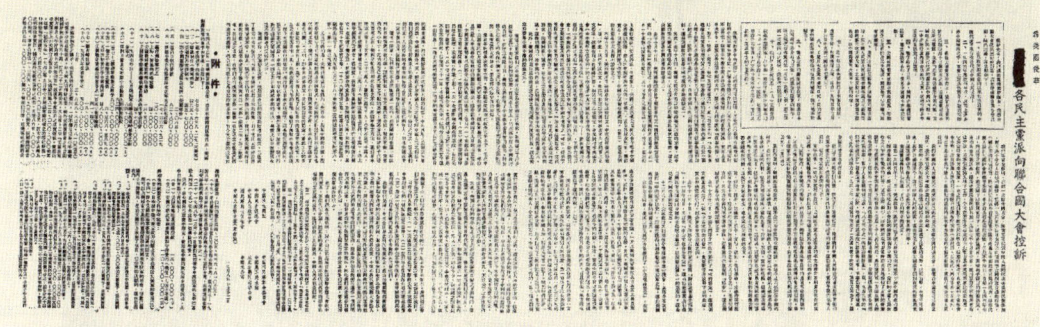

战政策。

　　1948 年 10 月 22 日，民革、民联、民促和民盟、民进、农工、救国会、致公党等民主党派联合向联合国大会提出《为美帝侵华向联合国大会控诉书》，揭露了美国对华政策的侵略实质。《控诉书》列举了 9 个方面的事实，按《联合国宪章》有关条款的规定，向大会提起诉讼，强烈要求美军立即撤出中国，放弃美国一切在华的海陆空军基地；立即停止援蒋，废除美国与蒋介石政府签订的一切不平等条约；要求联合国将控诉书转发各会员国讨论，希望各国一起纠正美国现行侵略政策的错误。这次行动，在国际范围内扩大了中国人民反美援蒋内战斗争的影响。

　　冯玉祥及民革在美国的活动取得了积极的成效。美国电讯工会、白领工人工会、交通工会的会长联合发表宣言，申明美国工人阶级坚决反对美国援助中国政府当局压迫人民的政策。美国基督教美以美会的教友原来不了解中国内战真情，支持蒋介石（蒋是美以美会教友），听了冯玉祥的演说后，很多人改变了立场。该会一位神父对冯玉祥说："以前我们由于蒋介石是美以美会的教友而引以为荣，听了你的演讲以后，我们都引以为耻了。"美国圣公会主教毛尔顿、神德学院院长保迪特博士以及其他宗教界牧师、神父等著名人士，联合发表宣言，公开反对美国政府援蒋打内战屠

1948 年初，美国企图扶持战败国日本，以日本作为干涉东亚事务的跳板，引发了中国各界民众的"反美扶日"运动。图为 1948 年 5 至 6 月，在国民党统治区反对美国扶植日本侵略势力复活的爱国运动中，北平学生示威游行。

杀中国人民，呼吁各界人士踊跃参加美国对华及远东政策大会，共同督促美国政府改变目前执行的对华错误政策。

1948 年初，美国企图扶持战败国日本，以日本作为干涉东亚事务的跳板，引发了中国各界民众的"反美扶日"运动。5 月 15 日、21 日、29 日，民革中央接连召开三次会议，讨论民革在这场全国性"反美扶日"运动中的态度、立场和作用问题。朱蕴山、梅龚彬、陈此生等人认为，全国各大都市的青年学生、文化界、工商界人士都积极投入此次运动，民革不能坐视不管，应该积极投入这场爱国运动中。有些同志进而分析说，美国在此时扶植日本，因眼看蒋政权崩溃无可挽回，为免中国人民真正站起来，所以用日本人对付我们。中华民族抗战八年，流血牺牲，备受日本侵略之苦，决不允许历史重演。会上群情愤怒，大家一致认为，美国援助蒋介石内战是以华制华，扶植日本是以黄（黄种人）制黄，民革必须坚定地参加这场反美爱国运动。5月20日，上海2万多学生举行大示威，各界人士组成的"反美扶日联合会"，在全市发起了十万人大签名运动。民革中央监察委员、上海分会筹委会召集人潘震亚与各民主党派人士一起，先后应邀到圣约翰大学、交通大学、《观察家》杂志社进行演讲和座谈，积极进行"反美扶日"活动。6月4日，美国驻华大使司徒雷登发表书面声明，否认美国扶助日本恢复经济和军事侵略势力，诬蔑中国人民反美扶日是"阴谋""被利用"等，潘震亚与各民主党派14人分别致函司徒雷登，提出严重抗议，坚守反美扶日的爱国立场。

四、公开宣布接受中国共产党领导

在关系中国革命前途的革命方式和领导力量问题上，民革的认识经历了一个发展演变的过程。随着革命形势的发展，民革抵制和批判"第三条道路"，逐渐向中共靠拢，并最后达成共识，公开宣布接受中国共产党的领导。

1948年2月19日，美国驻华大使司徒雷登发表《告中国人民书》，重唱"第三条道路"的老调。民革领导人对此进行了有力批判。3月5日，民革中央常委谭平山在香港《华商报》发表《巩固统一战线，粉碎和平阴谋》一文指出：在美蒋导演下，无论打起"自由主义""中间路线"的臭旗子，还是"高唱'第三条路线''再起和平运动''要求国共两党息战'"的滥调，其主要目的，就是"分化革命力量，争取中间势力，改善孤立状态，

谭平山1948年在香港留影。

借以获得喘息时间"。他要求革命派除揭露和打击"自由主义"和"中间路线"之外，还要"整顿我们的革命队伍，清除一班苟安妥协的动摇分子，巩固革命的统一战线，把革命战争进行到底"。随后，民革与其他民主党派均发表文章和宣言，批判当时社会上流行的"中间道路"思想。民联《宣言》指出："今后因民主运动高潮的来临，反动统治的垂死挣扎，美蒋将仍旧本其一贯伎俩，继续不断玩弄其新花样，以欺骗中国人民。凡是坚决地站在民主统一战线方面的，凡是希望今后新政协顺利成功者，不独不应该有着丝毫第三条道路的幻想，而且应该积极起来揭露这种第三条道路的阴谋。"

1948 年 11 月 14 日，李济深对美国《纽约邮报》记者马丁发表谈话指出，在"帝国主义与反帝国主义之间，没有中间路线或第三条路线"，如果美国还执行帝国主义政策的话，"我们不能既反帝又反苏，我们也不能既反帝又联美"，中美关系问题的关键是要看美国"是否能放弃帝国主义政策"，只要美国"变更政策，我相信新中国的民主联合政府，是可以考虑与美国合作并维持商务关系的。当然是在平等互惠的基础上"。

民革成立初期，在中国革命的领导核心问题上意见并不一致。一些人虽然赞成与中国共产党合作，但认为"三民主义之理论仍为今日中国革命之正确指导理论，中国国民党仍为中国革命之领导政党"。由于民革领导人大多受过欧风美雨的洗礼，有些人对西方民主政治抱有不切实际的幻想，希望能走国共之外的"第三条道路"，而美国政府、国民党内各派政治力量又都极力拉拢民革为己所用。这样，以何种方式加入中共领导的人民民主统一战线，是否接受中国共产党的领导，成为民革必须正视的重大政治问题。

1948 年初，朱学范借到西欧参加国际劳工大会之机，认真考察了美国、英国、法国、苏联等国后，联系中国的现实，认识到：中国没有中间道路可走。为了尽快统一民革内部的思想，朱学范与李济深远隔重洋，通过信函就中国革命的领导核心问题进行了具有前瞻性的沟通。2月，朱学范转道莫斯科到达哈尔滨。4月初，他收到由伦敦及莫斯科转来李济深于2月份发出的复电、复信各一件。李济深在信电中委托朱学范代表民革向中共中央表示愿意与中共合作、共商国是，并希望尽早就成立新政协和民主联合政府问题交换意见。朱学范立即在哈尔滨将电、信一并交给李富春，并请他转呈中共中央，同时致函李济深，对"中间路线"及民革接受中共领导等重大问题作了阐述。他在信中说："中国的中间路线，自从政协被破坏，中共代表被逼退出以后，已经死去了。这次民盟被解散，蒋介石已经发了疯狂。中间路线已经死定。"因此，他建议："我们如果认清了中间路线已经死去的话，那么我们要选择我们革命同伴。国民党革命委员会无疑的要选择一个民主阵容和革命集团来做我们同伴，这个民主阵容就是苏联，这个革命集团就是中共和民主党派之统一战线。"朱学范到东北解放区之后，再次致函李济深，旗帜鲜明地提出了民革接受中共领导的问题。他指出："在今天民主革命斗争中，站在领导地位，只有由中共坚决领导才能得到革命最后的胜利，不但如此，将来革命胜利后，在民主建设中，中共是第一大党来领导建国工作。"李济深在复函中表示赞同朱学范的看法。[4]

1948年9月至1949年1月，随着三大战役的结束，人民解放战争的全面胜利已成定局，国民党蒋介石的统治濒临覆灭，中国共产党与民主党派的关系从共同反独裁、反内战、争取和平建国，进入到在中国共产党领导下彻底推翻蒋介石政权和三座大山、建立新中国的新阶段。新民主主义革命形势的发展，使民革的领导成员对于新政协和民主联合政府的认识有了进一步的提高并逐渐趋于统一，公开表明了接受中国共产党的政治领导和拥护并参加新民主主义革命的立场。1948年12月26日，经过周密筹备和策划，李济深这位列于中共邀请名单首位的民主人士，北上东北解放

4 朱学范《我与民革四十年》，第108-117页，团结出版社1990年版。

朱学范到东北解放区后，
写给李济深的信。

区。1949 年 1 月 7 日，李济深到达大连，然后到达沈阳，与先期抵达的朱学范、谭平山、蔡廷锴、李德全等人汇合。解放区的新气象，中共的热情招待，使李济深等人对中国革命有了更为直接的认识。

为了阻止人民解放军的猛烈进攻，蒋介石于 1949 年元旦发表《新年文告》，宣称愿意与中共进行"停止战争恢复和平"的谈判，发出"求和"声明。1 月 14 日，毛泽东发表《关于时局的声明》，指出蒋介石的"求和"是虚伪的，但为了迅速结束战争，实现真正的和平，中共愿意在八项条件的基础上与南京政府进行和平谈判：惩办战争罪犯；废除伪宪法；废除伪法统；依据民主原则改编一切反动军队；没收官僚资本；改革土地制度；废除卖国条约；召开没有反动分子参加的政治协商会议，成立民主联合政府，接收南京国民党反动政府及其所属各级政府的一切权力。他指出：如果国民党不同意这些条件，"就证明他们的所谓和平，不过是一个骗局"。中共提出的和谈八项条件，使蒋介石以"和平"为手段与中共周旋到底的阴谋难以实现。1 月 21 日，蒋介石被迫引退，李宗仁代理总统职务。

1949 年 1 月 22 日，针对蒋介石的元旦"求和"声明，李济深、沈钧儒、马叙伦、郭沫若、谭平山、朱学范、彭泽民等 55 人代表各民主党派和无党派民主人士联名发表《我们对时局的意见》，拥护毛泽东关于时局

1949 年 1 月 17 日，李济深（左三）、沈钧儒（左二）、郭沫若（右一）等到达沈阳，受到中共及各界人士的热烈欢迎。

的主张及所提出的八项和谈条件："这八项条件，正是对于蒋介石所提无耻要求的无情反击，我们是彻底支持的。"它还明确表示，关于召开新政协会议、建立民主联合政府问题："愿在中共领导下，献其绵薄，共策进行，以期中国人民民主革命之迅速成功，独立、自由、和平、幸福的新中国之早日实现。"[5]这是民革第一次公开表明接受中国共产党领导的政治态度，标志着民革的重大政治转变。从此，民革与各民主党派一致承认了中国共产党在中国革命中的领导地位。

1 月 26 日，东北解放区为李济深、谭平山、蔡廷锴、李德全等民主人士举行盛大欢迎会。李济深发表演说。他首先谈到他对中国共产党的看法，认为中国人民民主革命之所以有今天这样伟大的成就，乃由于中共领导正确，措施恰当，真正符合了全国人民大众的需要。其次说到他对解放区的观感。他说："看到一般平民真正享受了民主自由的幸福，生产建设突飞猛进，特别是动员人民的力量有了最大的成功，以及中共党员领导人民工作的艰苦努力和解放军的无比英勇，令人钦佩不已。"他再次重申：毛泽

5　《李济深沈钧儒等五十余民主人士抵达解放区，声明彻底支持毛主席八项和平条件》，《人民日报》1949 年 1 月 24 日。

东的声明及提出八项和平条件，代表了各革命的民主党派、民主团体、民主人士和全国人民的公意，南京政权惟有接受这八个条件，真正的民主的和平才能实现，全国人民也惟有促进实现这八个条件，真正的民主和平才能保障。中国国民党民主促进会负责人蔡廷锴发表演说道：毛泽东对时局声明的八项和平条件，是达到真正永久民主和平的基本条件，也正是全国人民所要求的和平条件。各民主党派应该紧密地团结合作，为实现这些条件，为求永久和平，建立新民主主义的新中国而奋斗到底。民革中央委员许宝驹说：现在我们面临着一个新时代，工人、农民、妇女及一切被压迫人民翻了身。这都是由于中共及毛先生的领导正确。他号召主张民主革命的同志应一心一德紧紧追随，配合中共路线，把革命进行到底。[6]

　　1月27日，民革在沈阳发表了《对于时局的声明》，进一步阐明了民革的政治态度：（一）革命必须进行到底，不可姑息养奸，重蹈辛亥以来革命失败之覆辙；（二）完全独立与彻底民主是中国真正永久和平实行的先决条件，而反帝、反封建、反官僚资本三项目标的贯彻，又是完全独立与彻底民主实现的前提；（三）革命的三民主义必定是与新民主主义同其内容，而反帝、反封建、反官僚资本斗争的进行又必须在中国的无产阶级政党——中国共产党领导之下，才有不再中途夭折的保证；（四）蒋介石妄言维持伪宪法、保存伪法统，甚至还要保存反革命武装等"和平"条件的提出和最近李宗仁通电高喊"相忍为国"、救国救民"保存元气"，并派代表团要求与中共进行和谈，都是在美帝指使之下的反革命阴谋的公开表演；（五）对于美帝国主义及其卵翼下的南京国民党反动派的破坏革命之阴谋，不能不加以无情的打击和揭露，坚决拥护中共主席毛泽东针对南京和平攻势阴谋而提出之实现真正民主和平的八项条件，完全同意新华社对于蒋介石下野李宗仁上台，只是蒋犯退居幕后另换一种姿势的和平攻

---

6 《各民主人士在东北欢迎会上演说，痛斥南京伪政府假和平阴谋》，《人民日报》1949年2月2日。

势的看法。⁷

为了贯彻上述政治主张，李济深给在香港和上海的民革中央执行委员和监察委员发出指示："任何同志不得以分会或个人名义，在本会时局声明及民主人士 55 人对时局意见两文件范围以外发表政治主张"，"务须依照上述二文件所定之政治方向进行工作"，"一切有关政治军事策动及党派联络工作，均须事前请中央核准"，"请即转各中委各同志，务须依照此两文件所定之政治方向，指导干部，扩大宣传，并与中共及其他民主战友共同行动。"这样，民革逐渐将全党的思想认识统一到《我们对时局的意见》和《对于时局的声明》上来开展政治工作。

2 月 26 日，李济深在北平欢迎会上的演说词中，肯定了中国共产党的正确领导，称赞中国共产党领导革命路线的正确。他说："他们所提出的反帝、反封建、反官僚资本的三大主张，正是全国各民主党派一致的要求，也是全国人民一致的要求。在为实现此三大目标而采取的方法方面，中国共产党能本于过去中国历次革命失败的教训，而有恰合实际需要的措施。全国各民主党派，也都能本于过去革命失败的教训，而认定中国革命的胜利，只有这一条道路。因之，全国各民主党派都衷心地愿在中共主席毛泽东先生领导之下，团结在中国共产党的周围，而贡献其可能贡献的力量。"他表示："中共主席毛泽东先生更提出了实现真正永久的和平的八项条件，这是针对着美帝国主义和南京国民党反动集团的攻势的阴谋所必需的，也是达到民主新中国的建立所必需的。这不仅是中国共产党一党的意见，而是全国人民的公意，也是各民主党派、民主团体和民主人士的公意。毛先生的八项和平条件，是反帝、反封建、反官僚资本三大主张的具体表现。这八项条件是整体的，是缺一不可的。"他号召民革成员更进一步努力，"坚持三大主张，八项条件，以打击美帝国主义和南京国民党反动派的和

7《国民党革命委员会号召各界，拥护毛主席八项条件》，《人民日报》1949 年 2 月 2 日。

平攻势阴谋"。[8]

4 月 21 日，国共和平谈判破裂，毛泽东和朱德发布《向全国进军的命令》，命令中国人民解放军"奋勇前进，坚决、彻底、干净、全部地歼灭中国境内一切敢于抵抗的国民党反动派，解放全国人民，保卫中国领土主权的独立和完整"。李济深与民联、民促负责人发表谈话，痛斥国民党反动政府拒绝国内和平协定，认为这是国民党反动集团决心将他们所发动的反革命内战进行到底，死心塌地与人民为敌的表现。李济深痛心地说："我听到南京国民党反动政府拒绝其所派遣的代表团与中国共产党代表团经过长时间谈判所拟定的国内和平协定的消息，非常愤慨，同时又深深惋惜南京政府内部主和派之缺乏'走向光明'的勇气。中共代表团在毛泽东主席的八项条件之下所提出二十四款实现国内和平的具体办法，是反映全国人民的公意，既公正而又宽大的。"他表示，"我们拥护中国人民革命军事委员会毛主席与中国人民解放军朱总司令四月二十一日对人民解放军发布之奋勇前进，坚决、彻底、干净、全部地歼灭全中国境内国民党反动派之指令。同时我们亦希望南京反动政府阵营中真有和平诚意者毅然决然脱离美蒋的羁绊和我们站在一起。"

何香凝也发表谈话说："全中国的人民和毛主席都想和平，反动派还想继续专政，他们这种行为是不会成功的，我们是一定胜利的，我们全国人民都一齐起来，帮助毛主席这个命令的实现。"谭平山则指出："南京国民党反动政府拒绝国内和平协定，证明南京国民党反动政府还是受美帝国主义领导之下的战争首犯蒋介石所控制。李宗仁在向中共求和的时候，公开承认以中国共产党主席毛泽东先生八项条件为谈判的基础，现在证明他都是虚伪的，都是秉承美蒋的意旨而故作缓兵之计的。今日毛泽东主席

---

8 《在中共领导下革命必然成功，民主新中国必然实现——李济深先生发表演说》，《人民日报》1949年 3 月 1 日。

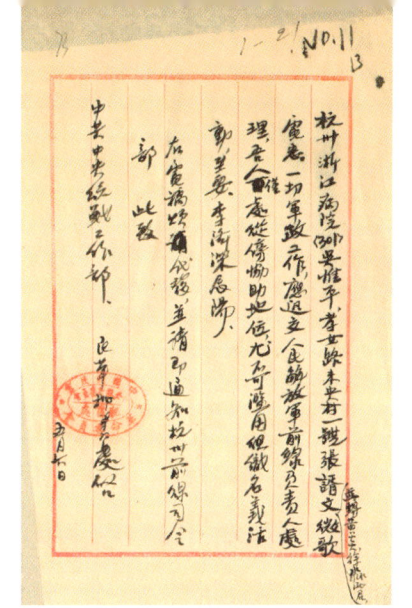

民革中央要求地方组织将武装移交解放军的文稿。

朱总司令发出的命令，除命令解放军野战军彻底干净全部歼灭敌人外，并严正指出南京反动政府之所以拒绝国内和平协定的理由，词严义正，揭破了反动派阴谋。所有冥顽不灵的战争罪犯，必将受人民大众的惩办。"蔡廷锴说："毛主席朱总司令下的进军的命令，完全代表了全国人民的意志，答复了人民的要求，华南的人民早已等待着人民解放军渡过长江，解放华南，解放华南人民，我代表中国国民党民主促进会完全同意这个命令，要以最大的努力来支持实现这个命令，以便人民解放军迅速渡江，逮捕一切怙恶不悛的战争罪犯，尤其是捉拿魔王蒋介石由人民审判，把一切反动残余扫得干干净净，及早开新政协，成立真正代表人民的联合政府。"9

4月23日，民革与其他民主党派发表联合声明，对毛主席和朱总司令发布之进军命令完全表示赞同，并竭诚拥护以求迅速彻底消灭一切负隅抵抗之反动力量，完成解放全中国之任务。声明指出："中国各民主党派深信前此中共代表团与南京代表团所进行之和平谈判，及其所达成之国内和平协定，为公允合理，有利于人民与国家，而对于南京反动势力下有正义

9 《在平民主党派民主人士发表谈话，拥护毛主席朱总司令命令，一致表示全力支援解放军渡江》，《人民日报》1949年4月23日。

感之爱国人士，尤使能获得参加民主和平新中国建设之机会。然而，南京政府负责分子，竟不能放弃依赖美帝国主义之政策，甘受蒋介石之命令，断然拒绝接受双方代表所拟定之和平协定，徒使江南人民增加痛苦，其所负之战争责任，实无可宽待。"声明郑重宣告："在一切解放区，全体人民，必须加紧生产，服从法令，动员支前；在解放军作战之区域及将进攻之区域，所有各民主党派及各界人民，必须努力动员，迎接解放大军，协助杀敌，并保护一切重要物资，免受破坏。"最后，声明呼吁国民党内忠贞爱国、明晓利害之人士"依照毛主席朱总司令所发布命令第三第四两项原则，进行局部和平解决之方法，以减少人民之灾难，而不与蒋介石共招同一灭亡之命运"。[10] 民革在关于时局的重大问题上，与中共和各民主党派保持高度一致，共同为推翻国民党反动政权而努力。

78

　　从成立初期的联共反蒋，发展到拥护中国共产党的领导和新民主主义革命的路线，是民革历史上的一个重大转折，是民革顺应历史发展潮流的必然选择，也是民革继承和发扬孙中山爱国、革命和不断进步精神的显著体现。接受中国共产党的领导，是民革最终成为中国现代史上一支进步政治力量的标志，也是民革继续前进的重要政治基础。

---

10 《中国各民主党派联合声明，竭诚拥护进军命令》，《人民日报》1949 年 4 月 24 日。

第三章
秘密开展策反工作，为新中国而奋斗

　　民革是从国民党中分化出来的国民党民主派组织，民革领导人及成员与国民党军政人员有着密切的联系，在国民党军政界有着较大的影响力。在人民解放军进行战略反攻之际，民革把策动国民党军政人员起义和组织革命武装作为推翻蒋介石反动政权的主要手段，配合解放军胜利大进军，为建立新中国做出了贡献。民革前辈先后参与策动了吴化文、王晏清、刘昌义、张轸、裴昌会等国民党高级将领阵前起义；积极参与推动和平谈判，促成了北平、湖南、新疆、绥远等地和平解放；参与组织了川康起义和云南起义，给国民党集团以致命打击，缩短了人民解放战争的进程。同时，民革前辈还策动了资源委员会起义、上海政权和平移交，为新中国的经济建设巩固了基础；策动了国民党驻外使馆起义，为新中国外交工作开辟新局面做出了努力。

一、成立军事小组，秘密开展策反

李济深非常注重军事斗争，重视从军事上瓦解以蒋介石为代表的国民党反动派，积极进行军事倒蒋活动。1948年1月4日，民革第二次中央执监委全体会议秘密成立军事小组，由李济深兼任组长，成员有冯玉祥、龙云、蔡廷锴、谭平山、杨杰、王葆真、朱蕴山、梅龚彬等人。军事小组是开展策反工作的最高领导机构。

民革军事小组虽然组成于民革成立之后，但相关军事策反活动则在抗战之后已经开始，并取得了突出的进展。抗战胜利之初，李济深、黄炎培、冯玉祥、梁漱溟、刘文辉、龙云等人就看到了蒋介石准备发动内战的企图，商议采取行动，积极联络各方来制止战争。1946年1月的较场口事件之后，李济深等人在重庆聚兴诚银行秘密聚会，除决定团结起来、打倒蒋介石外，还做出了一项重要决定，这就是要把政治和军事两个力量并用，首次提出了反蒋军事策动（也称策反）工作，公推冯玉祥领导。冯玉祥当场应允，成立了以冯玉祥为组长，李济深、黄炎培、梁漱溟、刘文辉、龙云等五人为组员的军事策反小组。这是民革成立前秘密组织的第一个军事领导小组，全权负责国民党民主派的秘密军事策反活动。冯玉祥秘密筹划，派朱蕴山、陈铭枢、余心清、李一平等人分头进行各方面的联系工作。

1946年5月底，李济深与冯玉祥、谭平山等人一起乘"民联"号轮船由重庆前往南京时，在四川万县作短暂停留。李济深约见黄埔毕

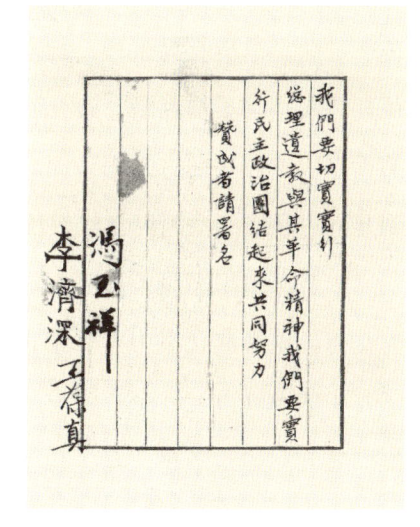

李济深、冯玉祥、王葆真三人于1946年6月在南京共同签下的约言。

业生、驻防当地的国民党青年军第二〇四师师长覃异之谈话，对其进行秘密策反。李济深说：蒋介石对和平解决国共争端的任何意见，根本听不进去，他说了算，独裁制度是我国的祸根，"我们今天必须反对内战，反对独裁。只有和平、民主，国家才能复兴，人民才能休养生息。"但目前时局紧张，看来内战不可避免，因此目前"你首先必须设法避免参加内战"。[1] 李济深的谈话对覃异之产生了巨大的影响，使

覃异之。

其深受教育，产生了反战意识。覃以后虽升任军长、兵团副司令、首都卫戍副司令等职，但对蒋介石发动的内战始终抱消极态度，并在民革的策动下最后于 1949 年率部起义，投入人民革命阵营。

1946 年 6 月，在冯玉祥赴美考察水利之前，李济深邀集国民党内一些民主人士聚会，决定在冯玉祥赴美之后，国内反蒋军事策反工作由李济深领导，西南各省由龙云负责，北平方面由余心清负责，朱蕴山驻沪负责各方面的联络工作。这是民革成立前秘密组织的第二个军事策反小组。组长是李济深，组员有冯玉祥、刘文辉、龙云、陈铭枢、余心清、朱蕴山、王葆真等人。冯玉祥判断，蒋介石发动内战一定先北后南，故军事策反工作的重点应该放在北方。李济深对于冯玉祥的判断非常赞同，专门派刘子衡到北方去联络一些国民党将领反对蒋介石发动内战。

李济深组织军事策反小组进行武装反蒋的举动，得到了中共方面的大力支持。董必武代表中共驻南京代表团送来 700 万元活动经费，王葆真拿了其中的 500 万元，余心清拿了 100 万元，到北方去进行策反活动。王葆真到北方后通过各种关系，找了国民党第四十军军长李振清、副军长李辰

---

1 《李济深纪念文集》，第 58 页，广西人民出版社 1986 年版。

熙，第十九兵团司令张轸，第三路军总指挥张岚峰，郑州绥靖公署副主任兼第四绥靖区司令官刘汝明等人，开展策反工作。他们都是冯玉祥西北军的旧部，所率的部队都被认为是杂牌军，待遇比蒋介石嫡系部队差得多，而且始终不被信任。他们既担心被蒋介石施展阴谋加以分割肢解，又怕在作战中被解放军消灭，始终提心吊胆，战战兢兢，因而都对蒋介石不满。但此时人民解放军在全国战场上还处于劣势，对率部起义又顾虑重重。王葆真与中共地下党员针对他们的这种复杂心理，向他们晓以大义，劝他们给自己留一条后路，等待时机举行起义。这种工作后来显出了效果，1949年5月，在王葆真等人的策动下，李辰熙和王锡龄率领第四十军举行起义，地方武装随之也放下武器，新乡获得和平解放。

被派到北平进行军事策反的余心清，为取得合法身份以便开展工作，首先应冯玉祥老部下、河北省政府主席和第十一战区司令长官孙连仲的邀请，担任了战区政治设计委员会副主任。随后，余心清以北平为活动基地，在中共地下党的帮助下积极开展策反活动，重点是争取孙连仲率部起义。在余心清的策动下，孙连仲表示愿与共产党进行洽谈。余心清当即发电报给周恩来说："孙决心合作，请速派负责人员来商。"周恩来、叶剑英对此事非常重视，随即对北平地下党作出指示。

1947年9月，中共在北平的秘密电台被国民党特务侦破，中共领导人的电文记录稿及其他一些电稿未及销毁，余心清和中共大批秘密党员被捕。余心清在狱中与国民党反动派做了坚决斗争。1949年，经民革和中共地下党大力营救，余心清终于脱离虎口，取道香港回到解放了的北平。

民革的军事策反工作开始后，迫切需要大量活动经费。当时中共驻南京代表团要在南京找房子，李济深打算把他的房子租给中共代表团，国民党政府就出了1亿元法币高价来租李的房子。当年1亿元相当于20万元港币。李济深在征得中共方面同意后，将南京的寓所租给国民党政府，将所得房租作为民革策反活动的经费。

余心清。（上）
余心清的回忆录《在蒋牢中》。（下）

为了反对蒋介石打内战，李济深曾打算亲自去北方，策动一些国民党部队起来反对内战。但由于他是国民党中央委员、军事委员会委员，又是军事参议院院长，目标太大，行动不便，只好放弃这种设想。但李济深决不放弃任何策反机会。他秘密约见上海警备副司令刘昌义，劝他设法掌握一些部队，伺机起义。这次谈话给刘昌义留下深刻印象。1949年5月解放军进逼上海，刘昌义率部走上了阵前起义的道路。

由于民革与国民党军政当局有着密切的关联，具备军事策反的条件，故李济深特别强调民革要在军事策反上多下工夫，为建立新中国多做贡献。他说："民革不在策反方面做出成绩，将何以交待新政协？何以交待联合政府？"他认为，民革的当务之急是"尽力瓦解蒋介石的军队，来配合中共的军事进攻"。他利用自己在国民党军政界的崇高声望，通过各种关系，积极策动国民党军政人员投身到革命阵营中来。在香港的两年间，李济深领导民革有组织、有计划地给各地各派的国民党军政人员，包括国民党实力派人物傅作义、阎锡山、程潜、李宗仁、白崇禧、黄绍竑等人写信，做说服工作，劝告他们转变立场，与美蒋决裂，向人民靠拢。1948年5月，李济深给阎锡山写了一封亲笔信，恳切地对他说："兄公忠体国，素所钦仰"，"今蒋公之颓势已成，纵可苟延负隅"，"战乱必蔓延无已"，且最终必遭失败。"而太原方面不及百里，必首蒙其祸，望兄起来反对内战。"他还说："倘能登高一呼，则响应者不知凡几，全国局面定可改观"，"今日若能立刻停止内战，则今日政府保有之实力，尚可与共党作为谈判之资本，否则，异日俯首降心，亦不可能。"[2]

1948 年秋，随着解放战争的不断胜利和民革策反工作的开展，越来越多的国民党军政人员和地方实力派人物看清了蒋介石的失败命运。他们有的本人来港，有的派代表来港，与民革进行秘密联系，为自己寻找出路。李济深虽然工作很忙，但对这些人都亲自接见，耐心加以劝导。1948 年底，何应钦派代表陈又新来港面见李济深，称何"不愿再帮助蒋介石"。李济深让陈又新转告何应钦："如能适时联合反蒋的同志反正起义，立功赎罪，将来不独可免为战犯，还可以参加新政协。若此着做不到亦应及早罢手，不要再做帮凶。"[3] 李济深尽管没有能够策反何应钦、阎锡山等国民党高级将领，但对瓦解国民党军政人员的斗志却有很大的影响。

李济深主持的军事策反工作，是在严格保密的情况下进行的。当时民革中有人要求经常通报这方面的情况，但李济深出于安全方面的考虑表示不同意。他说："迄今为止，我们的军事小组不仅对外保密，对内也不是每个同志都知道，我们没有公开过。策反工作，牵涉对方之安全，更应绝对保密。有的甚至只我一个人知道，不便告诉别人。"李济深根据朱蕴山的建议，在华中方面暂时设立军事行动小组，加强对华中地区国民党军队的策反工作，以配合人民解放军的南进。在华东方面，李济深指派王葆真担任京沪一带军事特派员，负责南京和上海地区的军事

85

1939 年至 1941 年，王葆真任国民参政员、战地党政委员会委员及华北分会副主任时在重庆留影。

---

2 姜建、王庆华《李济与中国国民党革命委员会》，第 117 页，广东人民出版社 2004 年版。
3 朱学范《我与民革四十年》，第 207 页，团结出版社 1990 年版。

第三章 秘密开展策反工作，为新中国而奋斗

策反工作。

李济深将军事策反作为民革的重点工作亲自抓，而且抓得很紧。他这样做，得到了民革中央多数人的支持，但也有人提出异议说："当前应把工作重点放在与共产党合作，迅速达成协议，召开新政协和组织联合政府上来。策反工作固然重要，可责成军事小组的同志去做，不必事必躬亲，分散精力。"李济深听后感叹地说："当年军事小组公推冯玉祥将军领导，由于他赴美，托我负责，如今工作已大有进展，岂有中途而废之理。且当前南京政府将要竞选总统，李宗仁可能参加竞选副总统。我与他旧谊颇厚，如能遥相配合，瓦解蒋政权，则指日可待了。"他认为，军事策反工作是推翻蒋介石政权的一项重要工作，也是促进新政协召开、成立民主联合政府必须做的一项重要工作，所以，尽管中共中央多次邀请他尽早赴解放区商谈政治协商会议事宜，但他都以"瓦解蒋军工作为重"而屡屡推迟。

民革军事小组除了进行军事策反和舆论宣传之外，还开展了其他两方面工作：

（一）收集军事情报。民革及其成员非常重视情报收集工作，他们把收集到的大量情报提供给人民解放军或中共地下组织，在配合人民解放军作战和中共开展对敌斗争方面，发挥了重要作用。1948年11月中旬，时任国防部第三厅厅长的郭汝瑰将蒋介石于11月9日召开的高级将领会议绝密军事文件9份交给任廉儒，请其转交中共情报部门。这时任廉儒的上级联系人正好离开了上海，任与梁佐华商量后，决定将这批文件交由王葆真转交中共组织。王葆真受此重托后表示："郭汝瑰把生命都交出来了，我拼着这把老骨头不要了，也要保证他的安全！"郭汝瑰后来在四川率部起义。

上海民革成员利用担任淞沪警备司令部作战科长之便，向中共提供了国民党政府"保卫大上海"作战计划的内容和兵力部署等重要情报，他们还利用各种工作上的便利，截取了奉化、广州和香港之间的电报稿，取得

杨杰（左）
万保邦（中）
吴信达（右）

上海郊区 500 个堡垒的部署图纸，抄录了国民党军统特务的名单。这些情报都先后交给上海中共地下组织城市工作部，配合了人民解放军解放上海的工作。

（二）组织反蒋武装。除策反工作外，李济深还派人在四川、云南、贵州、广东、广西、福建、浙江等国民党统治区组织反蒋武装，积极开展游击战争，配合人民解放战争。民革成立后不久，李济深、龙云从香港带信给居住在昆明的挂职国民党军事委员会顾问杨杰，任命刘文辉为民革川康分会主任委员，杨杰为川康滇黔西南四省民革总负责人，要他们积极建立民革地方组织，开展反蒋军事活动。杨杰接受这项任务后，派人在川东、云南、贵州等地积极联络军界人物，组织反蒋武装，力图将西南四省反蒋实力派刘文辉、潘文华、邓锡侯、龙云的武装联合起来，"构成一个强大的能和蒋介石分庭抗礼的力量"，搞"保川拒蒋"。后因蒋介石调派国民党军队主力进入西南，并亲自去四川加强对反蒋势力的镇压，杨杰的军事活动未能成功。刘文辉接到李济深的任命后，派人在川西、川南、川北地区的国民党军政人员中发展民革组织，同时争取各地方武装和保安团队，组织民革武装，打击国民党军队。由于声势浩大，"使国民党反动派为之震动"。

李济深还派人在广东东江和韩江地区，在云南各地，在湘桂交界地区，在闽浙沿海地区组织了一些大小不等的反蒋武装，开展游击战争。这

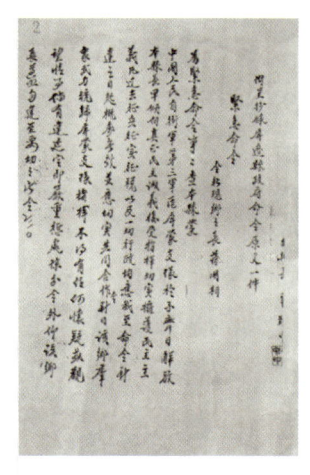

云南屏边县国民党政权"围剿"
滇黔人民自卫军的命令。

些地方武装多与中共地下组织及中共领导的游击队取得联系，互相策应，开展斗争。在民革组织和领导的地方武装中，势力较强、规模较大的是云南的滇黔人民自卫军。1948年初，李济深派吴信达回云南与杨杰、万保邦等筹组反蒋武装事宜。1949年1月，吴信达等人在云南蒙自成立了人民自卫军指挥部，共有兵力约8000人。2月，人民自卫军发动了攻打蒙自县城的武装起义，但由于举事仓促和国民党军队的镇压，起义失败。此后，人民自卫军分成小股转入地下打游击，后来编入了中共滇桂边区纵队。

为了加强对这些反蒋武装的领导，在中共南方局的帮助下，民革中央在香港罗便臣道创办游击训练班。训练班共举办三期，每期训练数十人，训练一个月或两个月，李济深、蔡廷锴等人亲自讲课，学员受训后，派回各地游击队，成为各地游击队的骨干。各地反蒋武装的活动，破坏了国民党后方的统治秩序，打击了反动分子的气焰，瓦解了国民党军政人员的士气，给国民党统治以不小的打击。

1949年2月19日，各民主党派与中共达成五点协议，其第四条规定："对个别民主党派掌握的武装，原则上应一律由人民解放军加以整编和改造，而对于任何假借名义掩护的反动武装，则须坚决加以解散。" 4月25日，民革、民促南方发言人联合发表声明指出："蒋介石发动全国内战后，本党部分同志激于爱国义愤，曾先后在华南各地自动进行军事活动工作，并在若干地区组织了各种不同名称的地方部队，他们曾将活动情形，分别向本会作过详细报告。本会认为为配合中国人民解放军作战，在人民解放军力量所一时未及的地区，利用一切关系和可能，发动群众，组织起来，展开军事活动，是有必要的，所以当时本会曾同意他们的做法，并派出了一些干部去协助他们工作。现在目的已经达到，自无再行另立系统、分散革命力量之必要。为此，本会领导人李济深与蔡廷锴分别通令本会各级干部与各地同志：着将各地部队分别并入当地人民解放军，接受人民解放军的统一指挥与统一领导，并按照人民解放军的制度与编制加以改编。此项工作在中国共产党华南分局与华南人民解放军的同意和协助之下，业已开始，尚望各地同志，依此指示与当地的人民解放军及游击部队接洽进行。"[4]

对于这一点，9 月 22 日，周恩来在中国人民政协会议上所做的《共同纲领草案起草的经过和纲领的特点》的报告解释道："将以这种新民主主义的军事制度来统一全国的军队，这里边包括一切从国民党反动统治方面起义过来的军队。这种做法显然不同于军阀制度的吞并排挤，而是不分彼此帮助他们改造为人民的军队。"10 月 7 日，民革中央举行座谈会，讨论由中共中央提出、与各民主党派协商制定的《前线党派关系调整方案》。之后，民革与中共中央正式达成协议，将民革的军事策反工作中的所有关系一律转中共有关部门。从此，民革不再进行这项工作。

二、参与策动吴化文、傅作义起义

经过不懈努力，民革中央的军事策反工作取得了成效，对推动国民党军官率部起义发挥了作用。1949 年 9 月，在济南战役中，担任国民党济南西线指挥官的国民党九十六军军长吴化文率 3 个旅举行战场起义，打乱了蒋介石的军事部署，动摇了蒋军坚守济南的信心，减轻了对城市的破坏，加速了济南战役的胜利。

民革负责人李济深、冯玉祥等事前对吴化文起义做了大量工作。1946

4《民革、民促南方发言人联合声明》，香港《华商报》1948 年 5 月 18 日。

年 7 月，吴化文到南京参加紧急军事会议，拜访了冯玉祥。冯玉祥对吴化文说："杂牌军历来是得不到蒋介石信赖的，你看看南京的情况就知道了。蒋介石嫡系部队待遇比杂牌军高得多。他们还搞五子登科，老百姓深受其害。你们是受歧视的，当然不舒畅。"冯夫人李德全也劝说：我们要爱国，爱人民，就要反对他们，否则早晚会被他们吃掉。

当时冯玉祥被国民党特务监视，行动不自由，便介绍吴化文去找李济深。当晚，吴化文到李济深家拜访。李济深当面嘱咐他以后"不要打中共，遇到中共可把军队撤到别的地方去"。吴化文在湖南路大同新村九号，又与李济深的代表陈铭枢及章伯钧等会见。章转达了周恩来的意见：吴先生愿意到人民方面来，我们欢迎。共产党对他既往不咎，现在可保存实力，待机而动。

吴化文回到兖州后，根据李济深的指示派人与鲁南军区联系。鲁南军区向吴提出三条希望：一是马上起义，可以主动受奖，待遇不变；二是撤出兖州，使我军打通津浦线，方可帮助解决给养；三是建立联系，待机起义，方可指定一定地域筹粮。经再三商议，吴化文定下三条：马上起义有困难，要有相当长的准备时间；约束部队不危害人民群众利益可以做到，恳请解放军划出一定区域补充给养；同意建立联系，待时机成熟，相机起义。与此同时，李济深还与中共驻南京代表团董必武商妥，派人去徐州策反张岚峰起义。但因徐州附近战事复杂，被派去联系者没能找到张岚峰。事后，张岚峰被解放军俘虏。

1948 年 9 月 16 日，华东野战军发起济南攻坚战役。王耀武企图凭借手中 11 万重兵，据险坚守。吴化文任济南西守备区指挥官，指挥所部第八十四师、第二师、独立师、保安第八旅及青年教导总队等，担任北起洛镇南至马鞍山的西守备区防御任务。他向中共联络人员表明了扣押王耀武，举行起义的打算。次日，他主动向攻城部队提供了国民党整编第二师师长晏子风率 6 个团增援的情报，使该敌被解放军围歼。19 日晚，吴化文召开

人民解放军第三十五军入驻南京国民党"总统府"。

紧急军事会议，会上宣布举行战场起义，率2万余人撤离战场。25日，吴化文向全国发表通电，呼吁国民党官兵：应知我辈参加蒋贼内战，已属不义，若再作无益之抵抗与无谓之牺牲，更为不智。唯一出路，即为起义加入人民解放军，痛改前非，以求将功赎罪。

吴化文起义加速了济南解放的进程，毛泽东、朱德和陈毅等人致电祝贺，给予高度评价。毛泽东在贺电中说："贵军长等此次举义，符合人民的愿望，深堪庆贺。尚望团结全军，力求进步，改善官兵关系，军民关系，为革命战争在全国的胜利而奋斗。"朱德指出：吴化文的起义对我们打下济南起了相当作用。今后的作战，就是需要有这样的起义。10月，吴化文部改编为中国人民解放军第三十五军。次年4月，吴化文领导三十五军参加了渡江战役，攻入了国民党政权首都南京。

淮海战役中，国民党第五十九军副军长孟绍康起义，第八十五军一一〇师廖运周起义，李济深和民革成员都做了大量工作。廖运周早在刘邓大军挺进中原时就派人与中共联络，邓小平曾指示："目前还没到时机，不能起义。起义要在军事上、政治上起最大作用，不光是万把人、几千条枪的问题，你们要考虑到全局，不应计较局部得失。"1948年11月，黄

国民党一一〇师起义后开往解放区，走在最前边的为廖运周。（左）

1943 年夏，邓宝珊途经延安时，八路军列队欢迎。（右）

维兵团于安徽宿县双堆集陷于解放军的重重围困。在黄维兵团强行突围的关键时刻，被指派为突围先锋的一一〇师在廖运周率领下突然宣布起义，从精神上对国民党军的斗志起了瓦解作用。

平津战役开始前，李济深派彭泽湘带着他给傅作义的亲笔信到北平，以极其挚诚的言辞，劝傅速作决断，"脱离反动政府，反对内战，同中国共产党及各民主党派合作"。彭泽湘通过傅作义的老朋友侯少白转交了李济深的信件，傅作义则委托侯少白作为他与彭泽湘之间的联络人。经过几次交换意见，傅作义表示愿意考虑李济深所提出的问题。随后，彭泽湘与中共地下组织联系，将掌握的情况及傅作义动态通报给中共方面。

为了保护北平这座文化古城免遭战争破坏，中共中央力争以和平的方式解放北平，通过邓宝珊、马占山牵线搭桥，继续耐心地做傅作义的工作。邓宝珊是参加过辛亥革命的国民党元老，与傅作义关系甚密。1948 年12 月 28 日，他乘傅作义派去的专机从包头飞到北平，与傅作义彻夜长谈，分析了傅部和北平其他国民党部队的情况，设想了和平起义过程中可能发生的各种事态及应付之方，对促成傅作义下决心起义起了重要作用。傅作义下定和平起义的决心后，请邓宝珊作为他的全权代表赴平津前线司令部商谈和平解决条件，邓宝珊接受了谈判任务。1949 年 1 月 14 日，邓宝珊、周北峰等人到通县五里桥村，与林彪、罗荣桓、聂荣臻等解放军代表进行谈判。经过3天谈判，双方达成了和平解放北平的协议。1月22日，傅作义正式宣布起义。

4月1日，傅作义向全国发出北平和平解放的通电，声明其政治立场，表示愿在毛泽东领导下实行新民主主义，建设新中国。他指出：国民党的"戡乱"政策是完全错误的，共产党的新民主主义是完全正确的，我们必须公开反对所谓"戡乱"政策，真诚地实现和平。他声明："北平的和平，就是遵从人民的意志与愿望，勇于自觉，勇于负责的认识和行动，符合于正确的政策，符合于毛泽东先生所提出的八项和平条件，这种和平是真正的和平。一切有爱国心的国民党军政人员，都应该深切检讨，勇于认错，以北平和平为开端，努力促使全国和平迅速实现，然后国家才能开始建设。今天，中国人民民主事业，是以中国共产党的领导，工农联盟为基础，团结全国各民主党派，国民党的进步人士，和全国各民主阶层，共同奋斗。这已经是大势所趋，人心所向。作义本此认识，今后愿拥护中共毛主席的领导，实行新民主主义，和平建设新中国。"次日，毛泽东复信傅作义，认为执行蒋介石内战政策的国民党文武官员，"只要他们认清是非，幡然悔悟，出于真心实意，确有事实表现，因而有利于人民解放事业之推进，有利于用和平方法解决国内问题者，不问何人，我们均表欢迎。北平问题的和平解决，贵将军怀有劳绩"。[5]

在北平和平解放过程中，民革前辈何思源贡献突出。1946年10月，何思源调任北平市市长。他虽然身居高位，但始终怀有知识分子的爱国情怀，不满于国民党统治集团的日益腐败，同情和支持反饥饿、反内战、反迫害的民主运动。1948年底，何思源被免去北平市市长职务后，置自己的身家性命于不顾，不但毅然拒绝去台湾，还多次劝说傅作义放弃武力对

---

5 《毛主席电复傅作义》，《人民日报》1949年4月3日。

1947年，何思源一家在中南海西花厅（时北平市政府住宅）合影。前排：何思源夫妇。后排左起：何鲁丽、何宜理、何理路、何鲁美。

抗的想法，积极为北平的和平解放奔走呼号，被华北七省市参议会推举为和平谈判首席代表。蒋介石恼羞成怒，直接下令毛人凤派军统特务暗杀他。

1949年1月18日凌晨2点多，特务在锡拉胡同何思源家屋顶放置的定时炸弹有两颗先后爆炸，何思源的小女儿何鲁美被炸死，全家其他5人都被炸伤。第二天，何思源不顾伤痛和失去幼女的悲哀，义无反顾地率和谈代表团按照规定时间出城商谈，促进了有关方面的互相了解，从民间有力地助推了北平的和平解放。

继北平和平解放之后，邓宝珊随同傅作义为推动绥远起义做出了重要的贡献。当傅作义公布《关于和平解决北平问题的协议》时，绥远省政府主席董其武来北平会晤傅作义，请示绥远下一步行动。傅作义明确指出："我们要跟上历史的潮流，走人民的道路。"随后，傅作义先委派王克俊负责联系绥远准备起义的事情，后又派总司令部办公室副主任刘庸笙和原第一〇四军军长安春山到绥远传达毛泽东的指示："有了北平的和平解放，绥远就不用兵了，告诉董其武主席，先做好内部工作，在他认为适宜的时候举行起义。"5月28日，董其武的代表与中共代表签订了《绥远问题协议》，内容包括：划定军事分界线，双方停战，和平共处；铁路通车，贸易往来，交换货币，由华北人民政府派驻归绥联络处协助董其武实施协议。原绥远省的军队和政府均保持现状，保持社会安定。8月24日，傅作义和邓宝珊从北平前往绥远，与董其武、刘万春等人商谈起义事项，进行说服工作。

9月19日，傅作义、董其武召集高级将领开会，通电宣布起义，脱离

何思源一家遇刺发生地——北京市东城区锡拉胡同 19 号院今貌，现为幼儿园。

国民党统治集团，坚决走到人民方面来。毛主席和朱总司令致电祝贺称：
"自从傅作义将军领导北平和平解放后，人民表示欢迎，反动派表示反对。
反动派还企图破坏绥远军民和平解放的努力，但是终归失败，你们已经率
部起义，脱离反动派，站在人民方面了。希望你们团结一致，力求进步，
改革旧制度，实行新政策，为建设人民的新绥远而奋斗。"次日，傅作义
和邓宝珊、孙兰峰返回北京，出席了中国人民政治协商会议第一届全体会
议。为北平和绥远和平解放作重大贡献的邓宝珊不久加入了民革。[6]

三、组织京沪暴动及阵前起义

1948 年 6 月，王葆真以民革中央常委兼华中军事特派员身份赴上海主
持策反活动。他在很短时间内建立起了民革上海临时工作委员会，吴荣（上
海特别市财政局田赋科科长）、刘云昭（立法委员）、许志远（行署专员）、
李国珍、许卜五、林涤非、张克强等为委员。他们紧锣密鼓地开展起发展

6 《邓宝珊将军谈感想》，《人民日报》1949 年 9 月 24 日。

组织、搜集情报、对外宣传等工作来，而中心工作则是进行军事策反。

9月，由民联成员田竺僧介绍，南京首都卫戍司令部北区指挥部少将指挥官兼首都警察厅北区警察局长刘海亭、中区警察局长马广运和上海市驻卫警察总队代总队长崔恒敏加入了民联。北区警察局副局长江任、北郊警察局长蒋堤等也由田竺僧介绍加入了民联。经民革上海临工委委员许志远介绍，王葆真秘密吸收张正非参加民革，布置他以师生关系到江浙一带策反。经张正非策动，国民党第二三〇师副师长许照、李景贤率部向解放军投诚。11月，王葆真通过刘云昭的关系，介绍第一绥靖区副总司令刘昌义参加民革组织，策动其在合适时候举行阵前起义。王葆真给他的指令是："相机起义，迎接解放。"1949年1月，青年军整编第二〇二师团长李泽龙由族兄李国珍介绍加入民革。随后，李泽龙介绍第三十七军军官队上校队长赵北辰、中校营长黄长明加入民革，并对浦东川沙地区司令部少将参谋长谢元良、青年军第二〇九师中校营长刘俊等进行了策反。在此期间，王葆真主持建立起了民革南京分会。他任命老部属、东北旅京同乡会负责人孟士衡为民革南京分会主任委员，副主任委员则由河北旅京同乡会常任理事兼秘书胡勤业担任，夏琫瑛、周臣千、冯子厚、吴士文、萧俭魁、马骏名等人为委员。孟士衡按照李济深和王葆真的指示，秘密来往于徐州与安徽阜阳、河南商丘等地，以同事、同学、同乡等关系积极发展国民党政府行政院、司法院、各部会及军、警、宪内部不满蒋介石独裁统治的有识之士加入民革，开展军事策反工作。当时驻防南京的宪兵七团多为东北人，孟士衡便以同乡关系积极活动，发展了相当数量的官兵加入民革。后来，南京民革地下组织掌握了5000多人的武装力量。

1949年初，为了尽快结束战争，迎接解放军渡江，刘海亭、马广运和在上海的崔恒敏秘密计划仿效张学良、杨虎城的西安事变，将李宗仁、何应钦等国民党军政首脑扣押起来，逼迫他们接受中共和平条件。他们具体策划了以南京燕子矶为据点，由管辖该地的北郊警察局长蒋堤负责迎接解放军渡江，必要时将停在江南的船只全部放到江北为解放军摆渡；马广运负责控制明故宫机场，以防李宗仁外逃；派军警占领清凉山、挹江门、鸡鸣寺三个制高点；逮捕首都卫戍司令张耀明、首都警察厅厅长黄珍吾等；南京方面起义打响后，崔恒敏等人在上海立即响应，争取北站警察局长吴励控制北站铁路交通要道。

民革南京分会副主任委员胡勤业听了刘海亭的计划后，向孟士衡做了汇报。孟士衡认为此项计划可行，立即派吴士文到长江北岸与解

1949年3月3日《中央日报》刊载京沪暴动的消息

当时报刊上关于王葆真因发动京沪暴动被捕的报道。

放军江淮军区进行接洽，决定发动武装起义。2月5日，孟士衡提出了具体行动计划：（一）控制南京明故宫飞机场，防止国民党首脑人物乘飞机逃跑；（二）策动首都国民党军警起义，切断南京主要干线交通及对外联系；（三）扣留代总统李宗仁以下军政首脑；（四）成立人民解放委员会，维护社会秩序，保护人民生命财产；（五）成立南京人民政府；（六）接应解放军渡江。

2月12日，孟士衡带着行动计划到上海向王葆真汇报。但不幸的是，南京的暴动计划被国民党特务获悉。国民党军警特务逮捕了沪宁两地的民革主要成员王葆真、孟士衡、夏琫瑛等40余人。王葆真在狱中受尽酷刑，但坚贞不屈，保障了有关同志的生命安全。王葆真、孟士衡等人被捕后，李济深亲自出面，致电黄启汉转李宗仁说："王葆真先生（号卓山）在沪被捕，当德邻兄力主和平，解决国是，并释放政治犯以取信于国人之时，尚有此违反人民意志之行动，闻之不胜愤慨，望即电知德邻兄即饬上海军政机关迅予释放。"李宗仁随后采取措施，将王葆真及其他被捕民革成员陆续释放。但孟士衡和萧俭魁、吴士文三人因营救不及在上海宋教仁公园被杀害。民革策动的"京沪暴动"流产了，但仍在当时引起轰动，影响巨

大。上海《申报》称此事件为"关系整个政局颠覆政府之阴谋计划，此一计划如得实现，则今日政局面目已非，京沪可能已入暴动分子之掌握"。[7]

1949年3月24日，在民联的策动下，国民党南京警卫部队第四十五军九十师少将师长王晏清、上校参谋长李宗琳等人，率领部分官兵在南京外围江宁镇起义，并于当晚渡过长江天险，安抵解放区，对南京守军产生了一定影响。解放军渡江战役打响后，民革的许多地方组织对国民党军队进行了大量策反工作，筹划阵前起义。上海战役刚打响，驻守在上海虹桥的国民党军第十六师，在民革朱蕴山等派人劝说下撤离阵地；刘昌义以上海警备副司令（代行司令职）兼北兵团司令、第五十一军军长身份率领3万多人举行起义，使解放军顺利地开进了苏州河以北的上海市区，使上海这一中国最重要的工商业城市未遭重大破坏而获得解放。时任国民党上海市驻卫警察总队副总队长、代总队长的民联地下成员崔恒敏，管辖着全市重要机关、工厂、企业、学校、码头、仓库、里弄等单位的驻卫警察8000多人。他在中共地下党员田云樵、任百尊领导下举行武装起义，为人民解放军顺利接收上海做出了贡献。

四、参与策划湖南、新疆的和平解放

华中地区是桂系李宗仁、白崇禧的势力范围，李济深和民革利用与桂系深厚的历史渊源关系，对李、白等人做了很多策反工作。李济深给国民党华中地区副司令、湖南省主席程潜写了亲笔信，后又派李世璋、郭春涛、陈铭枢等人配合中共对程潜、陈明仁、张轸等人做了许多工作。民革中央委员李

张轸

---

7 《京沪治安机关破获恐怖阴谋暴动》，《申报》1949年3月1日。

世璋和民革湖北地方组织，对华中"剿总"副司令、河南省主席兼第十九兵团司令张轸进行了策反。在他们的影响下，张轸派人到香港会见李济深，协商和平起义事宜。1949年5月15日，在李世璋等人和中共地下党的策动下，张轸率该兵团所属官兵2万多人在武汉

刘昌义（左一）与民革上海市委会领导赵祖康（右二）、武和轩（右一）、陆大公（后立者）亲切交谈。

附近的金口举行起义，并在贺胜桥一带击退白崇禧军队的包围和截击，配合了解放军在武汉下游渡江的军事行动，策应了武汉解放。

5月23日，张轸致电毛主席、朱总司令："今天我们后悔了，我们觉悟了，我们毅然决然要脱离反革命阵营，并于5月15日当白匪撤退武汉时，我们在贺胜桥，以后又在郑家店、马鞍山各处施行截击。这是我们要坚决投向人民怀抱的行动，这是我们热烈响应毛主席号召的行动。现在我们集中鄂中待命，誓以至诚在你们领导之下学习、进步，作一支人民的队伍。拥护中国共产党一切主张和政策，临书不罄欲言。"6月16日，毛主席、朱总司令复电张轸称："希望贵部官兵团结一致，努力学习人民解放军的军事政治制度，改进官兵关系和军民关系，参加中国人民解放斗争的行列。国民党军的残余力量现已为数甚少，欲图抵抗，势将迅速被消灭。我们号召国民党军残余力量中凡属有爱国心的将领如贵将军一流人物，愿意率部脱离反革命营垒，加入人民解放军方面者，我们均表欢迎。"[8]该部随后被改编为人民解放军第五十一军，由张轸任军长，杨春圃任政委。

8 《张轸将军电毛主席朱总司令致敬，毛主席朱总司令复电对张部举义表示欢迎》，《人民日报》1949年6月17日。

1948 年 7 月，国民党元老程潜回湖南任长沙绥靖公署主任兼湖南省主席，极力扩充军队，与蒋介石、李宗仁等人的矛盾日渐加深。蒋介石企图利用程潜牵制桂系，白崇禧拥重兵驻武汉对程潜施加压力。李济深和民革组织对处于夹缝中的程潜作了大量的说服工作，劝说他认清形势，投向人民怀抱。民革成员李世璋在北伐战争期间担任程潜任军长的第六军的政治部秘书，是程潜的老部下。民革中央秘密派他到湖南策动程潜起义。

坐镇武汉的白崇禧想把湖北、湖南、广西连成一片，担心程潜不与他合作，便想让刘斐出任湖南省主席，而让程潜到广州去任考试院院长。后来参加民革的刘斐坚决推辞，并趁机向白崇禧进言，说程潜有意与桂系联合主和反蒋，只是因为缺乏本钱而比较消极，故建议白崇禧将陈明仁的第一兵团调到湖南。这样，陈明仁率国民党军第一兵团回到湖南，为湖南后来的和平解放创造了重要条件。程潜与陈明仁进行密谈，表示要与共产党合作，走和平起义的道路。陈明仁考虑再三，默许与程潜暗中联系，共谋和平大业。

人民解放军发起渡江战役后，程潜在中共湖南省地下组织和民革组织的帮助下，决心和平起义，并进行了秘密准备。5 月中旬，白崇禧从武汉仓皇败退长沙，立即改组湖南省政府，企图削弱程潜的军事力量。这些举措更促使程潜坚定了起义决心，加快了和平起义的步伐。程潜与中共地下党秘密签订了《起义备忘录》。7 月 4 日，毛泽东复电程潜："先生决心采取反蒋反桂及和平解决湖南问题之方针，极为佩慰。所提军事小组、联合机构及保存贵部予以编整教育等项意见均属可行，此间已派李明灏兄至汉口林彪将军处，请先生派员至汉与林将军面洽，商定军事小组、联合机构及军事处置诸项问题。为着迅赴事功打击桂系，贵处派员以速为宜。如遇桂系压迫，先生可权宜处置一切。只要先生决心站在人民方面，反美反蒋反桂，先生权宜处置，敌方均能谅解。诸事待理，借重之处尚多。此间已嘱林彪将军与贵处妥为联络矣。"[9]

8月4日，程潜、陈明仁领衔38名国民党高级将领在长沙举行起义，湖南全省获得和平解放。他们在通电中表示："今后当依人民立场，加入中共领导之人民民主政权，与人民军队为伍，俾能以新生

1950年，李世璋（右）与程潜（中）、陈明仁（左）。

之精神，彻底实行革命之三民主义，打倒封建主义，官僚资本主义与美帝国主义，共同为建立新民主之中国而奋斗。"8月16日，毛泽东再次电复程潜等人："诸公率三湘健儿，脱离反动阵营，参加人民革命，义声昭著，全国欢迎，南望湘云，谨致祝贺。尚望团结部属，与人民解放军亲密合作，并准备改编为人民解放军，以革命精神教育部队，改变作风，力求进步，为消灭残匪，解放全国人民而奋斗。"[10]

程潜在长沙起义后，李济深、谭平山、蔡廷锴、陈其瑗、陈劭先、李世璋等人通电祝贺："阅报欣悉兄等长沙起义，脱离反动集团，投我人民队伍，此举益令残匪寒心，独夫褫魄，曷胜佩慰！蒋贼篡党叛国，于兹廿稔，独裁自私，嗜战好杀，荼毒生灵，不可胜计！赖我人民解放军夺起挞伐，声罪致讨，三年苦战，渐就诛夷，近虽负隅西南，思作困兽之斗，然革命胜利之局已定，渠魁授首之日非遥，兄等当机立断，弃罪取功，义声所播，薄海同钦！尚望益加淬励，麾师南指，配合人民解放军作战，早平残虏，观厥功成。谨电驰贺，伫候明察。"程潜接获李济深等人贺电后复

9 中共中央文献研究室编《毛泽东年谱（1893—1949）》下卷，第 526 页，中央文献出版社 1993 年版。
10 《程潜、陈明仁等发表起义通电，毛主席朱总司令电勉力求进步》，《人民日报》1949 年 8 月 17 日。

电致谢说："湘省为反对独裁专断、匪军压迫，及帝国资本主义之侵略，奋然起与人民解放军合作。两旬以来，军民诉合，秩序井然。现正整编军旅，以期共歼残匪，早拯西南人民于水火。诸公率先倡义，久切景从，远承策励，感奋弥深。专电奉复，并希亮察。"[11]

1949 年秋，在解放军进军广西时，李济深致函广西国民党军政界和参议会，号召他们认清形势，向人民靠拢。他在写给广西省主席黄旭初的信中说："解放军仁者无敌，得民者昌，大势如此，抗拒无益，只能生灵涂炭，不如从中起义，桂省可不抗而定，既能立功，又可免战祸，地方亦不至糜烂。"在李济深的布置下，民革成员广西第六行政区专员兼保安司令赖慧鹏于年底在靖西举行起义，扣押了白崇禧委派的督导团少将团长梁津等 20 多名国民党军官。11 月，解放军攻入桂系大本营广西并占领桂林后，李济深、李任仁、陈劭先、陈此生、吕集义等人致电林彪表示祝贺。电文指出："欣悉我军以神速的行动，克复了李、白盘踞二十余年的桂林，粉碎了残匪欲在柳、邕负隅反抗的企图，全省一千四百万水深火热的人民快要获得解放，佳讯传来，欣欣鼓舞。李、白一向自负为反人民的强有力者，美帝国主义亦寄其最后的希望于他们，我军此次胜利，实足以澄清国际的视听。"

人民解放军进军大西北过程中，张治中、屈武等与西北国民党军政上层关系密切的民革领导人发挥了重要作用。

1949 年 7 月，刘孟纯、屈武、刘泽荣等人，积极劝说国民党新疆省警备总司令陶峙岳和省政府主席包尔汉起义。由于张治中曾担任过国民党西北行营主任和新疆省主席，长期主政西北，对新疆政局有着重大的影响，因此毛泽东专门约见了张治中，表示了对新疆的关切。9 月 10 日，张治中按照毛泽东的吩咐致电新疆的陶峙岳、包尔汉，希望他们"及时表明态

---

11 《程潜将军电谢李济深先生等》，《人民日报》1949 年 8 月 26 日。

度，正式宣布与广州政府断绝关系，归向人民民主阵营"，并要求他们"当机立断，排除一切困难与顾虑，采取严密部署，果敢行动"。9月17日，陶峙岳和包尔汉联名复电张治中，表明了和平解放新疆的原则立场，说明他们"无时不审慎筹议，在保障国家领土、维护本省和

1946年，张治中在新疆。前排右起为刘孟纯、赖希木江，后排右起第二人为艾肯木拜克和加、第三人为张治中、第四人为阿合买提江、第六人为刘泽荣。

平及避免军队无谓牺牲之三项原则下，选择时机"，一旦条件成熟，宣布与广州政府脱离关系，依照《国内和平协定》接受人民革命军事委员会之领导。他们表示："职等自信，深明革命大义与本身职责，个人对政治上绝无企求，只期全省和平获得保障，人民不受涂炭，军队不致牺牲，则对国家、对各族人民应尽之责任，即已达成，亦即有以负毛主席及钧座之期望也。"

9月25日，新疆警备总司令陶峙岳领衔，会同各师旅长联名发出起义通电："自即日起，与广州政府断绝关系，竭诚接受毛主席之八项和平声明与国内和平协定。全军驻守原防，维持地方秩序，听候人民革命军事委员会及人民解放军总部之命令。"[12] 次日，国民党新疆省政府及其所属单位，在新疆省主席包尔汉、秘书长刘孟纯、委员屈武等人的带领下也通电全国，表示接受中央人民政府的领导，并郑重宣布："自即日起，和广州

12 《陶峙岳包尔汉率新疆军政人员通电脱离广州匪帮归向人民民主阵营》，《人民日报》1949年9月29日。

反动政府断绝关系，竭诚接受毛主席的八项和平声明和国内和平协定，并将省政府改组为新疆省临时人民政府，暂时维持全省政务，听候中央人民政府的命令。同时邀请留在伊宁的省委们回到迪化，共同合作。深信本省在中国共产党和伟大领袖毛主席的英明领导之下，必能迅速地走上光明灿烂的和平建设大道。"[13] 至此，新疆宣告和平解放。

9月28日，毛泽东、朱德复电陶峙岳、包尔汉等人，对他们的义举进行了肯定："你们声明脱离广州反动残余政府，归向人民民主阵营，接受人民政治协商会议的领导，听候中央人民政府及人民革命军事委员会的命令处置，此种态度符合全国人民的愿望，我们极为欣慰，希望你们团结军政人员，维持民族团结和地方秩序，并和现正准备出关的人民解放军合作，废除旧制度，实行新制度，为建立新新疆而奋斗。"次日，张治中致电陶峙岳、包尔汉，对他们的义举表示欢迎，并号召新疆起义官兵"坚决地诚挚地在中央人民政府和毛主席的正确领导下，加紧学习，努力改造；改造自己，并改造部队全体官兵和全省公教人员；搞通思想，争取新生"。[14]

五、组织川康滇举行武装起义

早在抗战时期，刘文辉与李济深、冯玉祥等就频繁接触，讨论政治形势。民革正式成立后，朱蕴山受李济深嘱托，到成都与刘文辉商谈筹建民革组织。1948年夏，李济深任命杜重石为民革西南工作区中央特派员，携带自己写在白绸条上的密信，由港经沪到成都，将信交给刘文辉，并与刘面商筹建民革川康分会地下组织及民主联军军事机构等事。1948年9月15日，民革川康分会正式成立，刘文辉被推选为主任委员（在蒋管区化名

---

13 《陶峙岳包尔汉率新疆军政人员通电脱离广州匪帮归向人民民主阵营》，《人民日报》1949年9月29日。

14 《张治中电复陶峙岳包尔汉，望加紧改造争取新生》，《人民日报》1949年9月30日。

杜重石晚年。

为杨宗文），李宗煌为副主任委员。

1949 年 4 月，民革川康分会在成都举行秘密会议，着重讨论建立民主联军进行武装斗争的问题，推刘文辉任军事委员长，李宗煌为副委员长，由李代行主任委员及军事委员长职权，具体负责领导地下活动。不久，李宗煌以民革川康军委会名义，邀请民革成员王蕴兹从澳门回成都，就任军委会参谋长兼民主联军川西军区司令员，李宗煌兼川南军区司令员，川北十余县由寇幼樵负责。王蕴兹以在崇宁家乡担任县参议长的合法身份，联络当地哥老会及部分警察，组成武装部队千余人，秘密筹划起义事宜。刘文辉表示必要时可派驻在双流及武侯祠的各一个营支援掩护，但必须稳慎从事，不要打出民革民主联军旗号，以免影响全局。

5 月初，温江专员冯均逸率领保安团赴崇宁视察，王蕴兹误以为民革

四川成都十二桥烈士墓。

武装被冯察觉，仓促起义，因众寡悬殊而失败。李宗煌在成都被国民党特务逮捕，解往重庆被杀害；曹立中、王建昌、黎一上等民革成员也被杀害于成都市郊十二桥。民革川康分会地下组织，因崇宁事件而受到严重打击。刘文辉收容整顿民革川康地下队伍，把王蕴兹撤退到雅安地区的部队加以休整。他对民革川康地下组织活动，采取了新的行动方针：活动范围以大城市为主；尽量保存实力，等待人民解放军入川，避免过早受到蒋介石集团的镇压。

1949 年 10 月 30 日，重庆解放，蒋介石仓皇逃到成都。12 月 2 日，蒋介石派张群到成都，命令刘文辉和邓锡侯率部配合胡宗南部作战。12 月 9 日，刘文辉、邓锡侯、潘文华等人通电全国，宣布起义。通电称："兹为适应人民要求，决自即日起率领所属，宣布与蒋李白阎反动集团断绝关系，竭诚服从中央人民政府毛主席、朱总司令与中国人民解放军第二野战军刘司令员、邓政治委员之领导。所望川康全体军政人员，一律尽忠职守，保护社会秩序与公私财物，听候人民解放军与人民政府之接收，并努力配合人民解放军消灭国民党反动派之残余，以期川康全境早获解放。"刘元瑄、伍培英、刘元琮、黄隐、潘清洲等将领亦发出拥护起义通电。24 日，朱德复电，对其起义行动表示佩慰和嘉勉，号召他们遵守解放军总部颁布的各项纪律，"改善军民关系与官兵关系，为协助人民解放军与人民政府，肃清反动残余，建立革命秩序而奋斗"。[15]

刘文辉联合邓锡侯、潘文华等在彭县起义，为解放西南实现全国胜利立下了功劳。在刘、邓、潘起义的影响下，四川地区的国民党军内部开始分化。刘文辉乘机向驻川的部分国民党军队进行策反工作。他与川鄂绥署副主任董宋珩是保定军校同学，平时关系较好，经数度商谈，策动董宋珩

---

15 《刘文辉、邓锡侯、潘文华发表起义通电，朱总司令复电表示佩慰》，《人民日报》1949 年 12 月 30 日。

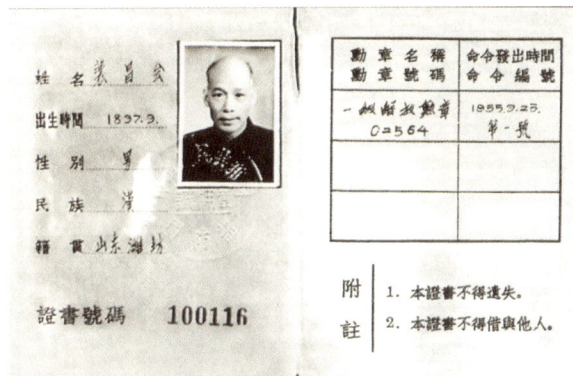

1955 年，中央人民政府授予裴昌会一级解放勋章。

于 12 月 21 日率所部 3 万余人在金堂、广汉地区宣布起义。刘文辉多次派人做第十五兵团司令罗广文的工作，促使罗于 12 月 24 日在郫县通电起义。刘文辉和邓锡侯还向陈克非、喻孟群、刘兆黎等部进行工作，促使他们最后走上了起义的道路。

此外，在中共地下党和民革组织的策动下，裴昌会率领第七兵团在川北起义，投向了人民阵营。随后，他在南充参加了民革，负责组建民革川北组织，先后担任民革川北地区和四川省委会主任委员、民革重庆市委会副主任委员、民革中央副主席。

李济深非常重视云南的策反工作，曾派吴信达去策动卢汉起义，意欲把云南作为反蒋根据地。龙云抵港后，李济深便委托龙云负责卢汉（后任民革中央常委）的策反工作。龙云先后派龚自知、安恩溥、卢志远等民革成员前去活动旧属，并直接与卢汉联系，积极推动云南起义。龙云的旧部、原南京国民政府立法委员安恩溥，由卢汉推荐赴任云南省府民政厅厅长，绕道香港去看望龙云。龙云对安恩溥说："蒋介石节节败退，会退到云南顽抗，但最终失败是肯定的。这样一来，云南作为最后战场，大家和百姓的苦难不堪设想。并且等待人家来解放，大家的罪恶账是算不清的。唯一的办法只有起义，才能自救。"他认为，起义时间越早越好，以解放军渡

1950 年 1 月，贺龙在成都与刘文辉（中）、邓锡侯（右）亲切交谈。（左）
卢汉（右）

长江以前为好，太迟了搞成马后炮，政治意义就谈不上了。

安恩溥回到昆明后，向卢汉转达了龙云的意图：拥护卢汉在省内进行军事反蒋活动，龙云负责在省外与共产党和各党派联系，争取在解放军未渡长江前举行武装起义。但卢汉感觉事关重大，一时拿不定主意。1949 年初，龙云再次派跟随他多年的英文秘书刘宗岳持亲笔信与卢汉接谈。卢汉反复考虑后提出了三个办法：（一）卢汉称病辞职，安恩溥代理云南省主席职务，然后由龙云直接指挥安恩溥等人进行起义；（二）龙云回来，卢汉到香港，走马换将，由龙云领导起义；（三）如果仍要卢汉负责起义，就请龙云令龙绳曾、万保邦、龙奎恒等龙云旧部听从指挥，否则搞烂地方不好办。

1949 年 5 月初，龙云让秘书赵鼎盛到昆明游说卢汉。不久，他又将其夫人顾映秋和五儿子遣返昆明。1949 年秋，香港报纸登出了"云南在龙云的策动下，已准备成熟，即将举行起义"的消息，行政院长阎锡山获悉后主张以武力解决云南问题，李宗仁也下令指派桂系部队入滇，蒋介石害怕云南落入桂系之手，电召卢汉赴渝，并令余程万第二十六军由开远向昆明移动；李弥第八军由泸州向云南前进；刘伯龙第八十九军由贵阳向云南前进，形成对昆明的包围之势。11 月，人民解放军向大西南进军，贵阳、重庆相继解放，云南起义的时机成熟。在中共及民革多方面努力下，卢汉于

12 月 9 日在昆明通电起义，宣布脱离国民党阵营，成立云南人民临时军政委员会，接受中央人民政府领导，维持地方秩序，保护公私财产，听候接管。12 月 12 日，卢汉致电中国人民解放军第二野战军司令员刘伯承和政治委员邓小平请求指示，并欢迎解放军早日进入云南接管军政。

卢汉宣布起义后，毛泽东致电嘉勉：云南宣布脱离国民党反动政府，服从中央人民政府，加速西南解放战争之进展，必为全国人民所欢迎。解放军第二野战军司令员刘伯承、政委邓小平给卢汉复电，指出欢迎国民党中央或地方起义人员，军队各级官长一律仍就原职，准备按人民解放军方式整编。1950 年 3 月，云南军政委员会成立，卢汉任主任，后任西南行政委员会副主任。4 月 11 日，邓小平在中央人民政府第六次会议上所作《关于西南工作情况的报告》中指出："西南作战从战役发起到结束，为时不过 57 天，前进约 3000 华里，提前两月完成战役计划，消灭蒋胡残余部队约 90 万人，其中包括投降俘虏 40 余万，起义 40 余万。西南战役之能获得如此胜利，是由于毛主席领导的正确，全国胜利形势的影响以及人民解放军无坚不摧的力量，同时卢汉、刘文辉、邓锡侯、潘文华诸将军于 12 月 9 日宣布起义，亦起了良好的配合作用。"[16]

六、为北平和平谈判奔走

毛泽东在《关于时局的声明》中提出的八项和平条件，表明了中国共产党决心将革命进行到底的决心。从时局的发展看，将革命进行到底、夺取全国胜利有两种方式：一是战争方式，即解放军向全国进军，彻底消灭国民党反动派，解放全中国；二是和平方式，即如北平和平解放那样，通过和平谈判使国民党军队放下武器，接受改编，从而早日结束战争，减少

---

[16] 《中央人民政府委员会委员邓小平关于西南工作情况报告》，《人民日报》1950 年 4 月 13 日。

1939年底，李济深在桂南会战前线作战前动员，身后左起第一人为白崇禧。

人民痛苦。对于第二种方式，蒋介石集团是不可能接受的，但国民党内的地方实力派，如1949年初执掌南京政府的桂系，就与蒋介石有一定区别。因此，中共希望争取桂系站到人民一边。李济深和民革中央坚决支持中共中央的主张，并利用民革与桂系上层人物较为密切的关系，积极开展了对桂系的策反工作，为北平和平谈判而奔走。

110

早在民革成立后不久，李济深就托人带信给李宗仁和白崇禧，劝他们认清形势，与蒋介石决裂，向人民靠拢。1948年底，李济深利用蒋桂矛盾加剧之机，派桂系立法委员黄启汉携带自己的亲笔信赴武汉见白崇禧，争取桂系与蒋介石决裂。对蒋介石强烈不满的白崇禧也乘蒋介石在军事、外交上连遭失败之机，要求停止国共间的军事行动，逼蒋下野。他感到自己在政治上难于与蒋抗衡，而李济深一贯反蒋并与中共关系密切，遂派与李济深私交甚好的黄绍竑赶赴香港，邀请李济深到武汉举起民革旗帜，进行联共反蒋活动。

1949年1月初，当黄绍竑奉命由武汉飞抵香港时，李济深刚刚离港秘密北上解放区，故未能联系上。此时，黄启汉已抵达武汉，并将李济深写在白绫上的信面交白崇禧。李济深在信中恳切地说：革命进展至此，似不应再有所徘徊观望之余地，希望健生兄当机立断，改变态度，站在国民党革命委员会立场，依反帝、反封建、反官僚资本主义、反独裁、反战乱主张，赞成开新政治协商会议，组织联合政府，并立即采取行动，为推翻独裁统治和建立新中国做出贡献。李济深还让黄启汉转告白崇禧，不要因为过去曾反对过共产党而有所顾虑。

为打消白崇禧的思想顾虑，李济深还解释说，他自己也反对过共产党，"但此一时彼一时也，过去不认识，今天认识了，只要现在的所作所为有利于人民，有利于建立一个独立自主的富强的新中国，就会化敌为友。"他强调："过去是过去了，历史是向前发展的，我们也要向前看，莫要向后看。"他在信中诚恳地说：我自己并不懂得什么是共产主义、社会主义，但我相信共产党、毛泽东是真正为国家民族、为人民谋利益的，一切稍具正义感、民族感的人，都应该赞成拥护他们。

李济深语出至诚，对白崇禧的思想有所触动。他给李济深回信说：任公托黄启汉带来的手示"语重心长，至深感奋。禧对于革委会反帝、反封建、反独裁、反官僚资本主义等革命主张，素表赞同，建立真正民主共和之中国，尤早具决心。只以过去处境困难，未能完成志愿。去岁，华中军民曾数以坚强语气电蒋建议和平停战，并请其早日引退，以谢国人，旋更联络各方施以压力，以扫除和平之障碍。兹蒋已去位，德公继承艰危，决以最诚恳态度与中共进行和平谈判，以坚确决心，扫除独裁祸根，将来国是全由国人公意抉择。务恳我公鼎力协助，共奠和平，千万生灵，民族生机，在此一举。尤望大驾及革委会诸同志，早日莅临武汉或南京，指导一切。余托启汉同志面报"。随后，白崇禧介绍黄启汉到南京面见李宗仁。

李宗仁托黄启汉带回信给李济深，希望李济深从旁协助"和谈"。他在复信中说："去岁迭奉惠书，弟因处境困难，未获裁复，实深抱歉。然对吾兄反独裁、反封建之主张则极表同情。兹者蒋已引退，弟勉支危局，愿以最大努力促和平之实现，中共方面亦已表示愿商谈。除由政府派定人员与中共进行和谈外，兹派黄启汉同志趋前承教，其盼和平能早日实现，弟亦得早卸仔肩也。未尽之怀，统由启汉同志面陈。"[17]

17 黄启汉《一九四九"和谈"的回忆》，《文史资料选辑》第67辑，中华书局1980年版。

1月23日，黄启汉与李宗仁的参议刘仲容飞抵北平，找到叶剑英，向中共表示"求和诚意"，桂系开始与中共建立起直接联系。叶剑英向黄、刘表明了中共对和谈的诚意，并指出："我党愿与国民党任何高级官员或军事将领进行和谈，不咎既往，实现真正的团结统一，共建新中国。"

2月3日，李济深致电李宗仁，劝他与美蒋彻底决裂，站到人民方面来，实现全国和平。他说："中国人民所要求之和平，为真正的民主的和平，而其实现，又以彻底驱逐帝国主义在中国之侵略势力，和推翻国内封建主义、官僚资本主义制度为先决条件，中共主席毛泽东先生之八项和平条件，即本此主张而提出者。此为全国人民之公意，亦为各民主党派、民主团体、民主人士所一致坚持者。先生如确有觅取和平途径之诚意，即应全部接受，并自动取消蒋记之伪宪法，伪法统，逮捕首要战犯，严令部队停止抵抗，以示对美蒋及四大家族绝缘之决心。否则先生之和平呼吁，不仅徒劳无功，且有与蒋犯合唱'和平攻势'双簧之嫌。此不独济深不敢苟同，即全国民主党派、人民团体、民主人士，亦将视先生之行动为美蒋指使下之政治阴谋而反对到底也。"同日，李济深致电正为和平谈判奔走的桂系重要人物黄绍竑，劝他站到人民一边来，并帮助敦促李宗仁、白崇禧接受中共的八项和平条件。

2月14日，邵力子成立上海人民和平代表团，以颜惠庆、章士钊、江庸三位名流为代表，邵力子以个人身份飞抵北平。他们向叶剑英转告了李宗仁要求和平谈判的意向，要求中共尽快派出代表举行和谈及确定和谈的日期和地点。2月22日，颜惠庆等四位老人由刘仲容陪同前往石家庄，就和平谈判、南北通航、通邮诸问题与毛泽东、周恩来等人交换意见。

2月25日，李济深等一行35位民主人士从沈阳抵达北平后，黄启汉到北京饭店拜望李济深，陈述了到武汉面见白崇禧的经过及李宗仁谋求和谈的情况。李济深对黄启汉说："你告诉德邻和健生，要他们一切听毛主席的，就什么事情都好办了。"黄启汉将李济深的意见及时电告李宗仁和

1949 年 2 月，上海人民和平代表团于南京机场合影。前排左起：童冠贤、吴铁城、于右任、邵力子、颜惠庆、章士钊、江庸。

白崇禧。27 日，李济深、沈钧儒、李德全、章伯钧等人分别会晤了邵力子、颜惠庆、章士钊、江庸四位老人，商讨和平谈判事宜。3 月 28 日，李济深召开会议，传达了他与中共负责人谈话的情况，谭平山、蔡廷锴作了补充。他们说，现在南京有百余万军队，长江防线太长，实在不能守。邵力子到石家庄求和，中共亦谓"和为贵"。和谈如无结果，证明南京政府求和是假的；和谈成功，自然甚好；如谈成，南京国民党分子必有一部分要求加入本会，我们应有所准备。

4 月 1 日，李宗仁派出以张治中为首席代表，邵力子、黄绍竑、章士钊、李蒸、刘斐为代表的国民政府和谈代表团飞抵北平，与中共以周恩来为首席代表，林伯渠、林彪、叶剑英、李维汉、聂荣臻为代表的代表团开始谈判。次日，毛泽东将李济深请到香山双清别墅，单独与李济深就与南京代表团的和谈问题、筹备新政协会议和外交等问题交换了意见。4 月 2日，毛泽东邀请李济深、沈钧儒、章伯钧、黄炎培、谭平山、马叙伦、蔡廷锴、彭泽民、陈其尤等各民主党派领导人在双清别墅聚会，就国内外形势发表了看法，并就与国民政府的和平谈判方针进行了交流。毛泽东说，邵、章、颜等来时曾带来八项"和谈"，提出战犯问题暂时不谈，将来由联合政府办。联合政府由中共与南京政府商量决定。我们认为战犯要谈，

1949 年 4 月 1 日，国民党和平代表团赴北平谈判登机前的合影。右起：张治中、黄绍竑、刘斐、邵力子、李俊龙、章士钊、李蒸。

联合政府由中共与民主党派决定。拖不行，必须迅速决定。南京政府是六亲不靠，美蒋和地方势力都靠不住，和平攻势也靠不住，靠中共走北平道路是上策，广西道路是中策，跑到广东是下策，现在该下决心了。

4 月 4 日，李济深召集会议传达并讨论毛泽东和周恩来的讲话。他认为，蒋介石在幕后操纵，和平的实现有赖于解放大军的渡江。但是现在和谈也是实现和平的一条渠道，中共方面很有诚意，很有信心。会议决定，张治中等来平，我们不要去找，如他们来找我们，则本着毛主席、周恩来的讲话精神，由李济深出面与之正式谈话。这次会议向中共中央反映后，林伯渠找李济深等人谈话，认为对南京国民党和谈代表团做工作很重要，建议民革主动找他们谈话。李济深和民革接受了中共方面的建议，将原来民革不要去找的决定，转变为主动找张治中及南京和谈代表团谈话。李济深和民革领导人利用与南京政府和谈代表团较为密切的关系，为争取和谈成功积极工作。

中共代表团还派黄启汉再赴南京。周恩来让黄启汉转告对李宗仁等人的意见：（一）在和谈期间，人民解放军暂不渡江，但和谈后，谈成谈不成解放军都要渡江；（二）希望白崇禧指挥的武汉国民党军队，先退到汉口北的花园以南一线；（三）希望白崇禧在安徽让出安庆；（四）希望李宗仁在任何情况下都不要离开南京，能够争取更多的国民党军政人员一同留下更好。考虑到李的安全，他可以调桂系部队一个师驻防南京，万一受蒋军攻击，只要守住一天，解放军就可以赶到支援。李济深嘱咐黄启汉回南京后一定转告李宗仁，"务必当机立断，同帝国主义和蒋介石决裂"，只要见诸行动，"将来组织联合政府，毛主席和其他民主党派负责人，都愿支持他担任联合政府副主席"，并支持白崇禧在联合政府成立后继续带兵。

4月5日，黄启汉飞抵武汉，向白崇禧阐明周恩来的要求、李济深的意见以及李宗仁的态度。白崇禧表示，让他将防线退到汉口北的花园以南，他可以接受；让出安庆以给共产党渡江敞开门户，有些为难。他仍然要求"共产党军队不要过江，以长江为界，他们在江北，我们在江南，划江而治"。[18]

当李宗仁等人提出"划江而治"方案时，刘斐劝阻道："划江而治是你的如意算盘，我估计在目前情况下是很难做到的。你是以主和上台的，离开和平就没有你的政治生命。因此，在有利的条件下要和，在不利的条件下也只有和。必须有坚决以和平开始、以和平终的决心，在行动上一反蒋介石之所为，和谈才能成功，所以首先要你有决心。"但李宗仁、白崇禧并没有放弃"划江而治"的企图。

为了说服桂系下决心转变立场，4月6日，李济深派民革中央常委朱蕴山和刘仲容、刘子毅等人秘密到南京，对李宗仁等人做说服工作。周恩来对朱蕴山等人说："你们去，总的原则是他们同意我们过江，什么都好谈，要抵抗，那是不行的。要对他们讲清楚，不要以为我们过了江就无依无靠，广大人民站在我们这一边，群众是拥护我们的。"4月7日，李宗仁在傅厚岗官邸接待朱蕴山等人，提出要求豁免蒋介石的战争责任，以免

---

18 黄启汉《一九四九"和谈"的回忆》，《文史资料选辑》第67辑，中华书局1980年版。

1949 年 4 月，在中国共产党指示下，朱蕴山从北平秘密前往南京推动和谈。儿子（朱世昌，后排右一）、儿媳（金士荃，前排右一）、孙子（朱德存，前排左一）随行到南京，这是他们在南京的合影。

和谈受到溪口方面的破坏。次日，李宗仁接到了中共中央复电，谓战犯问题和整个和谈一样，"总以是否有利于中国人民解放事业之推进，是否有利于用和平方法解决问题为标准"。4 月 9 日，李宗仁通过朱蕴山等人获悉解放军无论在任何情况下都要渡江，意识到"划江而治"方案难以实现，遂召集白崇禧、李品仙、夏威、程思远、邱昌渭等嫡系人员商讨对策。朱蕴山、刘仲容向白崇禧传达了中共方面政治要过江，军事也要过江，而且很快就要过江的意见。但白崇禧幻想能够守住长江天险，坚持"只要中共渡江便不能接纳和议"的主张。

4 月 12 日，鉴于李宗仁不仅受制于蒋介石，而且不能摆脱白崇禧的制约，劝说工作难有突破性进展，朱蕴山等人飞回北平。

从 4 月 2 日开始，南京政府和谈代表黄绍竑与中共代表林伯渠、叶剑英进行了单独交谈。他赞同由中共起草《国内和平协定》初稿，希望早日结束内战。12 日，中共代表团拟定了《〈国内和平协定〉草案》初稿。4 月 13 日，中共代表团与南京政府代表团举行第一次正式谈判，周恩来对提交给南京政府代表团的《〈国内和平协定〉草案》作了概括说明。南京代表团经过研究，对《草案》提出了修正案。中共代表团接受了其中的 20 多条，对蒋介石最忌讳、南京代表团最注意的关于惩办战犯的问题，中共也接受了他们的意见，修改得比较灵活，留有余地，尽量让国民党能接受，从而形成了《国内和平协定》最后修正案。15 日晚，双方代表团举行第二次谈判，周恩来指出：这个《国内和平协定》是中共代表团的最后定案，我们期待南京代表团同意这个《协定》，在《协定》上签字。黄绍竑和屈武受南京代表团推举，携带条款回南京请李宗仁签字。周恩来在临行前勉励黄绍竑争取完成这个任务。黄绍竑回答："照我看，至多是五十对五十的希望，或者还要少一些，我努力去进行就是了。"

第二天，黄绍竑和屈武带着《国内和平协定》最后修正案回到南京。李宗仁立即召集白崇禧等桂系高级将领举行会议，听取黄绍竑报告谈判情况及协定内容。黄绍竑说，在这次谈判过程中，南京代表尽了最大努力，经过激烈争论和三番五次的修改，才力争到如今这种比较好的条件。如最棘手的惩办战犯问题，经过多次讨论，最后决定一切战犯如能认清是非，确有事实表现，有利于解决国内和平问题的，都准予取消战犯罪名，得到宽大处理；又如军队改编问题，现定由双方派员组成全国性的整编委员会，分两阶段整编军队，且无时间限制；关于组织联合政府问题，中国共产党负责保证南京政府派代表参加新政协，并保证在民主联合政府中，包括南京政府人士。白崇禧看完《协定》怒气冲冲地说："亏难你，像这样的条件也带得回来！"说完拂袖而去，李宗仁则默不作声。张群带着《协定》去溪口向蒋介石请示。蒋介石则骂道："文白无能，丧权辱国！"[19]

随后，在由南京政府行政院院长何应钦主持召开的秘密会议上，黄绍竑报告了北平和平谈判的经过后说："代表团的全体代表认为，中共这个和平条款与1月14日提出的和平谈判八项条件没有什么出入，李代总统以前也曾发表声明，承认中共提出的和平谈判八项条件，所以全体代表认为中共提出的和平条款可以接受。"吴铁城、黄少谷、顾祝同、阎锡山等人纷纷反对接受中共提出的和平谈判八项条件，何应钦最后宣布，这个《协定》不能接受，由行政院作答复。

4月20日夜，李宗仁、何应钦复电张治中及代表团，表示拒绝接受

19 中共中央文献研究室编《周恩来传》上，第934页，中央文献出版社1998年版。

《国内和平协定》，并通知代表团返回，北平和平谈判正式破裂。尽管民革与中共争取桂系接受和平谈判的最后目的未能实现，但通过和谈揭露了国民党反动政府假和谈、真内战的本质，对国民党军政人员起到了很大的瓦解作用。

七、策动国民党军政人员和资源委员会起义

北平和谈破裂后，解放军发动渡江战役，迅速解放了南京、上海、南昌、杭州，国民党政府先后迁到广州、重庆和台湾，国民党的统治土崩瓦解。那些对蒋介石独裁统治不满的国民党军政人员，纷纷转变立场，秘密与中共和民主党派联系，投向人民阵营。民革利用自己独特的地位，积极联系国民党内的军政人员，为推翻蒋介石的独裁统治而奋斗。

国共和平谈判破裂后，南京代表团首席代表张治中向南京政府和中共方面表示，定于 4 月 24 日回南京复命。周恩来知道后，当天赶到六国饭店，对张治中表示恳切挽留。周恩来劝导说：目前国内形势发展迅速，国民党内部四分五裂，已面临全部崩溃。代表团不管回到上海或广州，国民党特务是会不利于你们的。周恩来情辞恳切地说：西安事变时，我们已经对不起一个姓张的朋友，今天再不能对不起你了。早在 4 月 2 日，毛泽东复电傅作义时就指出："国民党反动派政府的文武官员，只要他们认清是非，幡然悔悟，出于真心实意，确有事实表现，因而有利于人民解放事业之推进，有利于用和平方法解决国内问题者，不问何人，我们均表欢迎。"[20] 这显然是给战犯留有余地，给他们指明出路。

毛泽东和中共中央的宽大态度，从思想上打消了张治中、黄绍竑等南京和谈代表的顾虑。在周恩来的劝说和中共中央的真诚邀请下，不仅张治

---

20 《毛主席电复傅作义》，《人民日报》1949 年 4 月 3 日。

1966 年 6 月下旬，刘斐（左一）与程思远（右一）等陪同归国的李宗仁（右二）参观中南海。

中、邵力子、章士钊、李蒸、刘斐等国民党和谈代表团代表、顾问、秘书、副官以及黄启汉、刘仲容等人都留了下来，而且随后基本上都参加了民革。连第一次飞北平的吴裕后等"南京人民和平代表团"成员，国民党通邮代表团的沈鑫、李雄等人也参加了民革。朱学范后来曾说："这些第四方面的人士参加了民革之后，壮大了民革的声势，更有条件能为新中国的安定团结和建设事业贡献力量。"[21]

1949 年 6 月初，为了尽最后努力争取李宗仁、白崇禧，刘斐携带邵力子、章士钊规劝李宗仁的长信从北平经香港飞抵广州。刘斐介绍了在北平的所见所闻，并劝说道：胜败大势已定，无可改移，"为今之计，只有德公下台，由你（指白崇禧）率湘、桂两省军政人员和部队局部起义，还可救全多年来追随你们的部下。这样，你们政治上有出路，部下也有个安顿"。但李、白并未能接受这样的建议。刘斐说："我最后要向老朋友进一忠告，你们如果失败了，千万不要再到台湾去呀！"他随后飞回香港，与一些在港的国民党军政要员策划起义事宜，并被推为总召集人之一。

8 月 13 日，在中共和民革的策动下，刘斐和从南京飞往广州并转往香

21 朱学范《我与民革四十年》，第 228 页，团结出版社 1990 年版。

港的黄绍竑，联络贺贵严、龙云、罗翼群、李任仁等44人在香港联名发表《我们对于现阶段中国革命的认识与主张》，宣布起义。该声明指出，由于蒋介石集团"谬误的领导，致使中国国民党晚近的措施，与第一次代表大会宣言及其政策，愈趋愈远。他们投靠于帝国主义的怀抱，而高唱民族独立；他们走向法西斯的暴力独裁，而高唱民主自由；他们集中全力于发展官僚资本，而高唱民生改善，这是何等的讽刺，何等的荒谬！这一反动政权之所以招致了今日这种政治腐烂，经济崩溃与军事惨败，实为其必然的结果"。[22]他们表示与国民党反动派决裂，向人民靠拢，在中共领导下建设新中国。

9月19日，武和轩、范予遂、王又庸、李蒸、孟云桥、黄启汉等53名立法委员在上海宣布起义，并发表了《脱离国民党反动派宣言》，表示拥护中国共产党的政治主张。该宣言指出，当国民党政府由京沪撤退的时候，作为前南京政府立法院立法委员在极其复杂和恐怖的环境中坚定地留下来，是因为"国民党政府撤退广州继续作战，和我们一向反对与人民为敌的主张是根本不相容的。我们不能违反自己的主张去支持一个反动的政权，依附美帝摧残人民的战争！"它指出：自从南京、杭州、上海先后解放以来，我们对于中国共产党及其在各方面的具体措施，都有了更进一步的了解。我们看到中共是在以勇敢负责的决心，实事求是的精神，为这些目标而奋斗，并且在许多解放地区确已逐步实现。"我们认为只有像中国共产党这种刻苦努力，践履笃实，以虚心学习求进步，以相互批评和自我批评纠正错误的作风，才能真正建设成一个崭新的国家。我们在这里看到了中华民族的新生，亿万人都感到莫大的兴奋！所以我们就应该与国民党反动政府断绝一切关系，而诚心诚意地接受中国共产党的领导，努力学习，

120

---

22 《黄绍竑等在港发表声明，坚决拥护中共领导共同努力建设新中国，号召国民党内爱国分子向人民靠拢》，《人民日报》1949年9月2日。

争取新生。"最后，它向前立法院散处在广州、重庆、台湾、桂林及其他待解放区的同仁们发出真挚的忠告，"希望他们相信我们的语出至诚，排除一切疑虑，毅然和我们携手走向人民这一方面来！"[23]

1946 年，孙越崎视察吉林丰满发电厂。

这些国民党高级军政人士的宣言和通电，西方各国的重要报纸纷纷刊载，并指出蒋介石和国民党反动派已经众叛亲离，土崩瓦解，在世界各国和海外华侨中产生了很大影响。

资源委员会是一个管辖着庞大资产的南京政府部级机构，经营范围包括全国的煤炭、钢铁、石油、有色金属、机械、化工、电力、水泥、造纸等。到 1947 年，资源委员会领导着全国的重工业、矿业、电力、制糖、造纸、化工等国有企业，有 121 个总公司、1000 多个大中型企业，还有若干勘测设计等研究单位，有 3 万多名技术和管理人员，60 多万技术工人，是中国国民经济建设的重要力量。

1947 年 7 月，刚就任资源委员会副委员长的孙越崎到华北及东北视察资委会所属工矿企业。他到东北后，看到国民党军队士气低落、节节败退，共产党军队节节胜利、深得人心，便开始认识到：国民党的败亡，共产党的胜利，基本已成定局。回南京后，他与钱昌照谈心，决定投向中国共产党领导的人民阵营，请邵力子帮忙联系中共和民革。不久，钱昌照先出国欧洲，后从香港去了东北解放区，后又来到北平参加新政协筹备工作。

---

23 《伪立委五十三人发表声明，虔诚接受中共领导，决心努力学习争取新生》，《人民日报》1949 年 9 月 20 日。

1948 年 10 月，已正式出任资源委员会委员长的孙越崎，借在南京召开全国工业总会成立大会之机，召集资源委员会外地厂矿负责人和本部机关负责人共 40 多人秘密开会。他在会上举了中共在解放鞍钢后重视知识分子的事例后，动员所属企业负责人要坚守岗位，保护好厂矿财产和档案，准备弃暗投明，迎接解放。他说："我们这些人都是学工程技术的，都是怀着工业救国的理想，在抗日战争开始前就参加了中国的工业建设。资源委员会现有的工矿企业，是中国仅有的一点工业基础，我们有责任把它们保存下来。"他强调，共产党执政后，一样要建设中国，一定会用我们，大家都会有用武之地的。为此，孙越崎部署了"坚守岗位，保护财产，迎接解放，办理移交"方针，嘱咐外地参会人员秘密传达并妥善安排。1948 年12 月底，国民党军队在淮海战役中的败局已定，蒋介石准备退守台湾之际，命令孙越崎将资委会所属的南京五家工厂（南京电照厂、有线电厂、无线电厂、高压电瓷厂和马鞍山机械厂）立即拆迁到台湾去，并拨发了一笔迁厂和在台建厂的巨额经费。孙越崎强调运输、经费等方面的困难，尽量采取拖延办法来对付。蒋介石宣告"引退"后，孙越崎毅然下令停止工厂拆迁。蒋介石接连两次命京沪杭警备总司令汤恩伯转电孙越崎，命他迅即将南京五厂拆迁到台湾。孙越崎充分利用国民党高层的矛盾，找到代总统李宗仁，劝说不要拆迁工厂，要为国共两党的和谈创造良好的气氛。他的建议得到李宗仁的支持，资委会所属的南京五大工厂都没有迁走。蒋介石得知后长叹说："孙越崎拆烂污！他不迁厂，又骗了我的钱（指搬迁费）！"资委会所属南京五厂经南京市军管会接管后很快复工，成为新中国电了工业的基础企业。

为了给百废待兴的新中国保存一批重要的工业家底和大批物资，孙越崎安排部署分散在全国的资委会各厂矿企业和 32000 余名职员及数十万技术工人，有组织地开展活动，与当地国民党军政当局百般周旋，坚持留在原岗位，护厂护产迎接解放。

1949 年 4 月 21 日，在隆隆的解放军渡江战役炮声中，孙越崎从南京到达上海，帮助资源委员会各部门做好护厂护产工作。李济深、邵力子多方做孙越崎的工作，鼓励他参加新政府。在李、邵影响下，孙越崎在上海主持召开了财政部及资源委员会会议，商定了参加新政府的办法。4 月 26 日，为了使资源委员会掌握的宝贵资源完整移交到人民政府手中，孙越崎从上海南下广州，取得了行政院院长何应钦的同意，使资源委员会及管理下的大量物资没有南迁。孙越崎积极安排资金，抓紧向待解放的中南、西南、西北等地的困难企业发放足够的经费，使他们能够维持生产，保证人员不散，坚守岗位。这样，资源委员会所属工矿企业的设备、物资、财产、人员基本上没有受到损失，尤其是北平的石景山发电厂、上海的中国石油公司高桥油库、甘肃玉门油矿等大型企业，都完整地移交给了人民政府。

资源委员会的物资和财产后来对新中国建立初期经济的恢复与建设，起到了很大的作用。仅上海解放时资源委员会移交给上海军管会的物资有16000 吨白糖、5 万余桶原油、一套炼油厂的大部设备、钨锑锡等矿产品、大量钢材等。陈毅曾对此做出评价："蒋家王朝已经垮台，所有伪单位纷纷南迁台湾，伪中央部、会一级中，只有资源委员会所有人员，包括各级负责人，以及在已解放地区所属各厂矿企业员工及设备器材，几乎未走一人，几乎未有一点破坏，实在是伪中央文职机构中的一个全体员工起义的团体！"

1949 年 5 月，孙越崎辞去国民政府经济部部长和资源委员会委员长的职务，脱离国民党的控制，从广州潜往香港。在香港期间，孙越崎想方设法组织资源委员会驻港员工成立了"资委会香港国外贸易事务所员工保护矿产委员会"，尽力保护资源委员会在港储存的矿产品。11 月 14 日，以吴志翔、龚家麟等人为代表的资源委员会香港国外贸易事务所员工发表公开通电，宣布起义，把在那里储存的价值数百万美元的稀有金属和矿产品，移交给中央人民政府。

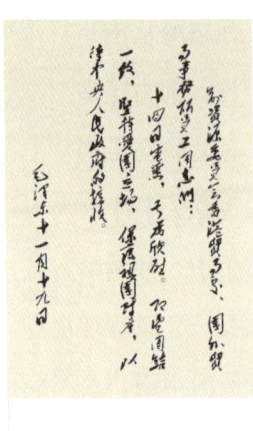

毛泽东给资源委员会香港
起义人员的信。（左）
孙越崎任中央财经计划局
副局长的任命书。（右）

资源委员会驻港员工致电中央人民政府称："最近反动官僚在人民解放军的伟大压力下穷途末路，犹用其一贯贪污舞弊的手法，掠夺留港的资产，以饱私囊。我们对于这种违反人民利益的卑污行动，实在痛心疾首，不忍坐视。我们认定我们是为国家人民而工作，我们经管的资产是国家人民的资产。今天全国人民推翻了反动黑暗的统治，展开了光明的建设，我们全体同人愿为我们的新国家努力，并使这些属于国家人民的资产用在今后的建设上，决不使贪劣之徒得遂其侵吞掠夺的诡计。我们决定从今天起与国民党反动政权脱离关系，不受反动贪官的任何乱命，一致坚守岗位，为人民保护资产，听候人民政府接收。"他们公开宣布："我们从今天起，郑重申明脱离国民党反动政府。决心坚持岗位，为人民保护资产，听候人民接收。今后反动派对这些资产的一切处置，我们拒绝办理，概不承认。"[24]

资源委员会驻港员工起义，在港澳同胞和海外人士中产生了很大影响。随后，孙越崎携眷属乘船到天津转回北京，出任政务院财经委员会计划局副局长。1950年3月，他由邵力子介绍加入民革。

此外，为了迎接解放，民革各地组织还发动成员成立各种群众性组织，

24 《伪资源委员会驻港员工发表宣言》，《人民日报》1949年11月18日。

如"中华自强协进会""联谊会"等，支援学生的反饥饿、反迫害、反内战运动，宣传中共的方针、政策，发动成员参加中共领导的保护公共设施、护厂、护校等活动。当民革成员得知国民党政府教育部命令北平图书馆存沪图书，中央图书馆、中央博物院、故宫博物院存宁古物等移往台湾的消息后，立即想方设法阻止外运，致使当局仅运走了其中不及1/3的文物、图书，为保护人民和国家财产作出了可贵贡献。

八、策动国民党政府驻外使馆起义

随着国民党在军事和政治上的失败，国民党政府在国际外交上也开始陷入困境。民革利用自己与国民党的特殊关系，策动一些爱国的驻外使馆人员秘密活动，脱离国民党政府转而投向人民阵营。其中由民革成员凌其翰主持领导的巴黎两馆起义，在国内外产生了积极的影响。

国民党政府败退重庆、台湾后，全面收缩外交战线，相继关闭了驻布拉格、赤塔等地的领事馆，而对其他大使馆、领事馆的开支也一再压缩。面对严峻的政治经济形势，一些驻外使馆人员"军心大乱"，纷纷谋求出路。1949年秋，因国民党政府驻法国大使钱泰车祸受重伤住院并上书请辞，驻法国大使馆的日常工作由驻法公使凌其翰主持。面对国民党失败的大势，凌其翰与孟鞠如、钱能欣等人经过密商，决定发动使馆人员举事。此时，国民党政府已欠发使馆工作人员三个月薪水，凌其翰等人决定发起索薪运动，进而发展成为革命行动。1949年9月18日，凌其翰与孟鞠如、谢东发、王思澄、钱能欣、唐祖培、龚秉成、耿嘉瞍，国民政府驻巴黎总领事馆胡有萼、肖君石、章祖贻等11人，共同召开联席会议，一致决定致电外交部催发欠薪，倘10月10日双十节尚不能领到欠薪，全体馆员决定停止服务，并联名致函给驻欧洲各国的大使馆、领事馆，建议采取同样行动。但此举并没有得到回应。

中国文史出版社 1993 年出版的《凌其翰回忆录》。

中国人民政治协商会议第一届全体会议在北平开幕，《共同纲领》讨论通过，以及中华人民共和国中央人民政府即将成立的消息传到法国后，凌其翰等人于 9 月 30 日召开紧急秘密会议，决定于 10 月 10 日正式宣布脱离国民党反动政府，拥护中华人民共和国，各自坚守工作岗位，保管公物文件，等候新政府接管；凌其翰将他保管的使馆政治案卷，龚秉成将他主管的密电码本，均秘密移至馆外收藏。会议公推凌其翰、孟鞠如和胡有萼组成三人小组，起草法国大使馆和巴黎总领事馆起义通电宣言稿。孟鞠如负责起草，胡有萼进行修改，由凌其翰最后定稿。三个人经过两天的努力，完成了一份《驻法使馆、驻巴黎总领事馆全体馆员拥护中华人民共和国宣言》。这份起义宣言拟好后，由孟鞠如和钱能欣秘密传给孟凌崖，让孟凌崖提前传回北京给周恩来总理兼外长。10 月 9 日，前国民党政府驻法大使馆暨驻巴黎总领事馆全体馆员电呈中央人民政府外交部部长周恩来，声明与国民党政府脱离关系。呈文如下："新华社转北京外交部周兼部长：同人等一致议决：宣告与反动政府脱离关系，各在工作岗位维护人民利益，保管公物文件，听候指示接管。"

10 月 10 日，这一天本是国民党政府的"国庆节"，凌其翰等人却在大使馆门前降下了国民党的青天白日旗，第一次在法国首都巴黎悬挂起了代表中华人民共和国的五星红旗。随后，凌其翰等人召开记者招待会，正式宣布了起义的消息。这一事件立刻震惊了法国，并传遍整个世界。凌其翰等人的起义宣言指出："久已背叛了孙中山的卖国贼蒋介石和国民党反动派所把持的政权，在英勇的人民革命武装奋击追逐之下，已经失去了一切苟延残喘的条件。我们一向服务外交的同人们，在极度兴奋的情绪之下，向新中国全国人民和伟大的人民领袖毛主席表示热烈的贺忱和最崇高的敬意。"[25]

巴黎两馆外交人员在通电中表示："我们立志要参加建国工作，我们先要痛下决心，把我们浑身封建官僚的积习、洋迷和个人主义的劣根性彻底剔除净尽，然后才能够把自己改造成人民，向人民学习如何替人民服务。我们郑重宣布和反动政府脱离关系，各仍站在原有工作岗位，保护人民利益，保管公物文件，听候人民政府接管和指示。同时，我们热诚劝告全体使领同人，快起来响应我们打倒执迷不悟的死硬分子，制止他们盗用中国外交官的名义在联合国和国际间散布谣言，侮辱中国人民，挑拨国际是非，危害世界和平。"凌其翰等人领导的巴黎两馆外交人员的义举，受到了中央人民政府的欢迎。10月10日，周恩来外长亲自给起义人员复电称："九日电悉，甚为欣慰。你们脱离国民党反动残余集团接受中华人民共和国中央人民政府领导的宣言，亦已收到。我对于你们的这种爱国行动，表示热烈的欢迎。驻在其他国家的前国民党政府的一切使领馆人员与其他工作人员，均应效法你们的榜样，脱离反动阵营，服从伟大人民祖国的中央政府，为祖国与人民立功。所有这种脱离反动阵营的有功人员，本部均将量才录用，使能对于祖国有所贡献。希望你们团结一致，坚守现在工作岗位，负责保管公物文件，以待中央人民政府接管。"[26]

起义人员接到周恩来的复电后，深受鼓舞，异常振奋。他们立即做出两个决定：（一）立即以"快邮代电"形式将周恩来的重要指示通函原国民党政府各驻外使领馆，呼吁他们"兄等倘有同样决心，切望立即参加响应"；（二）天天到馆上班，坚守岗位，看守和保管好公物，等候中央人

---

25 《前国民党反动政府驻法使领馆人员宣告脱离国民党匪帮，电呈周恩来外长听候接管》，《人民日报》1949年10月12日。
26 《前国民党反动政府驻法使领馆人员宣告脱离国民党匪帮，电呈周恩来外长听候接管》，《人民日报》1949年10月12日。

民政府接收。

驻法国大使馆及驻巴黎总领事馆全体馆员的"索薪通牒"发到国内后，国民党政府代理外长叶公超判断凌其翰等人将选择双十节为两馆起义的日子。为了将起义分化瓦解，叶公超采取了一系列紧急措施：（一）照准驻法大使钱泰的因伤辞职的请求；（二）电调酝酿起义的主要骨干凌其翰、孟鞠如回部；（三）调反共坚决的驻英使馆公使段茂澜任驻法使馆代办，10月6日至巴黎，主持使馆工作；（四）派外交部新任常务次长董霖携带一笔款项于10月8日赶到巴黎；（五）调驻英使馆随员赵金镛为驻法使馆三秘，原驻柏林代表团一秘赵俊欣、驻荷使馆一秘斯颂熙两人则以临时出差名义赶往巴黎；（六）调部内陈雄飞为驻法使馆参事衔一等秘书。

凌其翰等人得知国民党外交部派人来巴黎欲扑灭起义之火的消息后，决定在段茂澜、董霖等人未到巴黎之时，抢先用口头的方式通知法国外交部。10月5日，凌其翰与法国外交部亚澳司司长贝扬斯举行会谈。他对贝扬斯郑重地说："我们驻法国使馆和驻巴黎总领事馆全体馆员已经决定脱离与国民党政府的一切关系，拥护中华人民共和国，并听候中央人民政府的接管。"当时法国在印度有很大的利益，对承认新中国的问题正在郑重考虑。贝扬斯觉得凌其翰公使的声明事关重大，无法立即表态，需马上请示上级。于是，他就对凌其翰说："我会将你的声明立即报告舒曼部长。我将尽快将答复告诉你。"贝扬斯将情况报告了外交部部长舒曼。舒曼说："尽管我国政府内部对承认共产党新中国尚有分歧，但英国政府已经作了决定，很快将要承认这个现实。我估计，在英国政府宣布承认共产党中国后，法国政府的承认也是在所难免的。因此，在处理此事时，需要慎重对待。你既要考虑到我国政府与国民党政府目前尚保持着外交关系，也要考虑不要得罪共产党中国，以免使我们在不久之后承认对方时陷入一种尴尬的处境。"次日，法国礼宾司司长郑重地对凌其翰说："由于法国政府还没有承认中国新政府，法国政府决定把你们的外交待遇维持到1949年底，届时仍可接洽延期。"凌其翰说："我们将继续到使馆坚持原工作岗位。"礼宾司司长说："只要新任代办段茂澜方面没有反应，我们不会干预贵使馆内部事务。"

段茂澜、董霖等在 10 月 10 日之前赶到了巴黎后，用封官许愿和重金收买来分化瓦解 11 名准备起义的工作人员，有 2 人

中国驻法国大使馆外景。

动摇退出了，其余 9 人坚持起义。这样，驻法使馆起义人员与新调来的反动派形成了两军对峙、共同上班的局面。起义人员遵照周恩来的指示，天天到馆，占据自己的办公室，坚守工作岗位，并参加了法国有关群众团体庆祝新中国成立的活动，如法国总工会发起的规模不小的在互助大厅举行的新中国诞生庆祝大会，华工总会举行的新中国诞生庆祝会等。段茂澜对凌其翰等人说："你们已经领到了欠薪，就不应再来使馆了。"凌其翰说："我们天天到馆是执行周恩来总理指示，坚守工作岗位，要等候中央人民政府来接管使领馆。"法国当局在国民党方面的压力之下，暗地里派出了便衣警察到乔治五世大街 11 号充作"使馆雇用的私人警察"，把守着大门，试图阻止凌其翰等起义人员进入院楼。

11 月 3 日，段茂澜下令将大门紧闭，禁止凌其翰等人进入，双方坚持到深夜。次日，100 多位爱国侨胞和进步留学生为声援起义人员进入馆内，要求必须保证起义人员每日正常到馆上班，执行周恩来总理关于坚守工作岗位的重要指示，并不得勾结法国警察予以阻拦。但当侨胞们离去后，国民党特务斯颂熙和陈楚本率领打手围攻起义人员。凌其翰等人英勇受伤。

这次"殴打事件"经过世界各大传媒的报道引起很大反响。次日，巴

1950 年，凌其翰与夫人摄于北京。

黎的各大报，欧美各国的报纸，纷纷将巴黎中国使馆行凶事件作为头号新闻来报道。法国爱国华侨与进步留学生纷纷开会声讨国民党反动派，并向起义人员表示同情和声援。旅法参战华工总会、留法中国艺术学会、巴黎大学理科同学会、留法科学工作者协会、旅法华侨工商业联合会、留法勤工俭学同学友谊会、旅法中国公费生联合会、《华侨时报》社等八个爱国侨团，还发表了《告国内外同胞书》和《告法国政府、人民与世界人民书》。[27]

130

12 月间，法国议会外交委员会开始讨论承认新中国的问题。起义人员的境遇开始转好，凌其翰还准备同段茂澜讨论接管使领馆问题。

1950 年 1 月 18 日，中国与越南正式建交，决定大力支持越南的抗法斗争。法国当局出于对中国这一举动的报复，开始公开刁难起义人员。周恩来认为中法建交不是短期内能够实现的事情，决定将全体起义人员撤回。3 月 30 日，周恩来发出指示：凌其翰、王思澄、龚秉成、唐祖培、胡有萼、肖君石、章祖贻等 7 人及眷属即调回国，孟鞠如、钱能欣两人继续留在法国，做国民党旧外交人员的工作。5 月 5 日，凌其翰等起义人员及其家属一行 20 多人，于法国马赛港乘法国邮轮"马赛曲"号归国。

这起轰动世界的巴黎两馆起义，对国民党驻外机构震动很大，很快产生了多米诺骨牌效应。正是在巴黎两馆起义影响下，前国民党驻非洲马达加斯加岛首府安塔那那利佛总领事馆全体中国馆员，亦于 1949 年 12 月 11 日发表脱离国民党反动政府宣言。

---

27 陈敦德《1949 年国民党政府驻法使领馆的起义》，《中外书摘》2007 年第 11 期。

　　召集新政治协商会议以建立民主联合政府的主张，是中国共产党在 1948 年"五一口号"中提出的。中共的提议得到了包括民革在内的全国民主阵营迅速而普遍的响应。民革发表公开宣言响应中共召集新政协会议的号召，积极参加了新政协运动。随后，李济深等民革领导人陆续来到解放区，与中共及各民主党派共商建国大业。民革与中共及各民主党派详尽地交换了意见，在反对帝国主义、反对封建主义、反对官僚资本主义，打倒国民党反动派的统治，以及建设新民主主义国家的纲领和步骤等根本问题上达成了共识。在此基础上，民革参加了新政协的筹备会议和中国人民政治协商会议第一届全体会议，参与了《共同纲领》的制定和中华人民共和国开国大典，为新中国的建立做出了一份贡献。

一、响应中共"五一口号"

1948 年 4 月 30 日，中共中央发布纪念五一劳动节口号，共有 23 条，第 5 条为："各民主党派、各人民团体、各社会贤达，迅速召开政治协商会议，讨论并实现召集人民代表大会，成立民主联合政府。"5 月 1 日，中共中央"五一口号"通过新华社对外发布，新华广播电台也进行了广播，《晋察冀日报》在第一版予以发表。

在发布"五一口号"的同时，中共中央主席毛泽东派潘汉年赴香港，面呈给民革中央主席李济深及民盟中央常委沈钧儒的信件。毛泽东在信中指出：在目前形势下，召集人民代表大会，成立民主联合政府，加强各民主党派、各人民团体的相互合作，并拟订民主政府的施政纲领，业已成为必要，时机亦已成熟，"但欲实现这一步骤，必须先邀集各民主党派、各人民团体的代表开一个会议。在这个会议上，讨论并决定上述问题，此项会议似宜定名为政治协商会议。一切反美反蒋党的民主党派、人民团体，均可派代表参加，不属于各民主党派各人民团体的反美帝反蒋党的某些社会贤达，亦可被邀请参加此项会议。"毛泽东向李济深等人提议，1948 年秋季在哈尔滨召开此项会议，由民革中央、民盟中央和中共中央，"于本月内发表三党联合声明，以为号召"。

毛泽东还随信附上了中共方面起草的三党联合声明草案，并就联合声明的内容、文字以及是否增加其他民主党派、人民团体联署发表等问题，征求李济深和沈钧儒的意见。李济深收到毛泽东的信函后非常高兴，当即向潘汉年表示：完全支持毛泽东的提议，并立即与沈钧儒联系商谈具体联合事宜。

中共提出的"五一口号"代表了中国一切爱好和平、追求民主的人们的意愿，故立即得到民革、民联、民促和其他各民主党派、各人民团体的热烈拥护和积极响应。

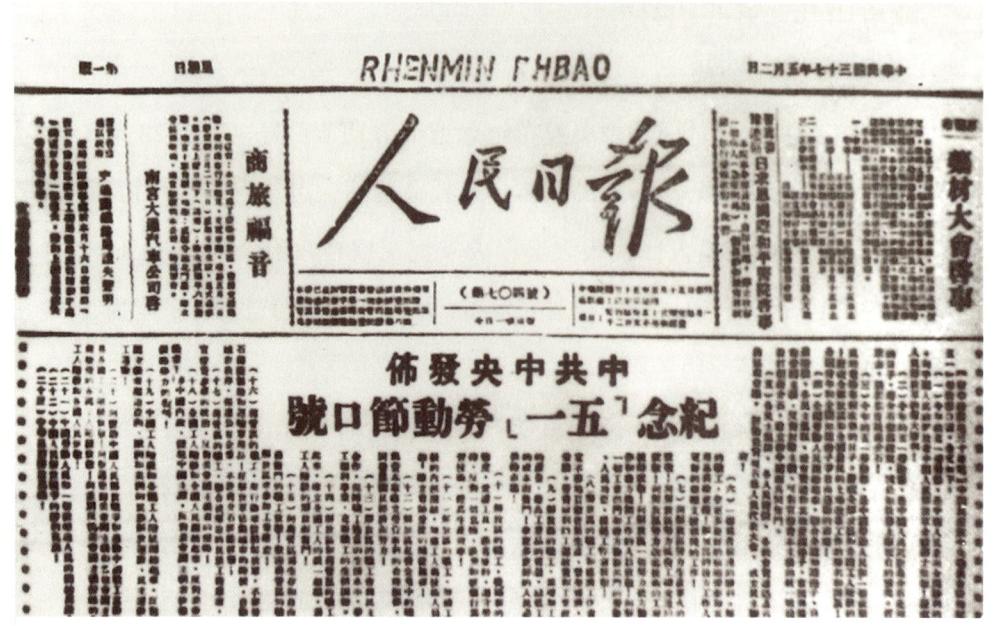

134 1948年4月30日，中共中央发布纪念五一劳动节口号，号召各民主党派、各人
民团体及社会贤达，迅速召开政治协商会议，讨论并实现召集人民代表大会，成
立民主联合政府。图为1948年5月2日《人民日报》在头版头条全文发表。

　　5月1日上午，在香港的各民主党派负责人在李济深寓所聚会，热烈庆祝五一劳动节，响应中共"五一口号"。谭平山在会上作了关于伪"国大"内幕的报告。他指出：（一）由于美国对蒋失去信心，对他的做法不满，所以支持李宗仁；（二）这次"国民大会"选举结果证明，蒋对国民党的控制能力已经削弱，"CC"也不能控制国民党了；（三）由于国民党在东北、西北的军事失败，促使国民党党员各为自己前途打算，产生了严重的离心因素，蒋对此也只能徒呼奈何，大势所趋，人心所向，形势不可逆转；（四）国民党这次竞选"总统"、"副总统"，一张选票售至数亿元，根本谈不上是什么民主选举；（五）中共提出解放大城市的七项问题，上海工商界非常感兴趣。民以食为天，中共对于上海解放初期的粮食问题，现在就已经开始调查，并注意到了运输问题，这对安定上海人心、迎接解放，会有很大的作用。谭平山的报告，是对中共"五一口号"出台背景的极好注释，在引导各民主党派如何看待和响应"五一口号"方面起了良好作用。

5月3日，李济深召集在香港的各民主党派负责人聚会，向他们传达了毛泽东来信的内容，共同讨论了中共的"五一口号"。民革中央委员梅龚彬也在同日发表了题为《建立真人民政权，响应"五一"号召》的文章。在香港的各民主党派领袖经过连续座谈和热烈讨论，一致认为，召开新的政治协商会议，建立民主联合政府，是我国政治上的必由之路，民主人士自应起来响应。

5月5日，李济深、何香凝代表民革，谭平山代表民联，蔡廷锴代表民促，与其他民主党派负责人及民主人士沈钧儒、章伯钧、马叙伦、王绍鏊、陈其尤、彭泽民、李章达、郭沫若等12人发表联合通电，高度赞扬中共"五一口号"。通电指出："南京反动政府，窃权卖国，史无先例。近年与美帝互相勾结，举凡政治、经济、军事，国命所系者，无不俯首听命。破坏政治协商会议，撕毁五大协议，遂使内战延绵，生灵涂炭。今更伪装民主，欲以欺蒙世界。""同人等日深焦虑，力图对策，盱衡中外，正欲主张。乃读中国共产党五一劳动节号召第五项……密合人民时势之要求，尤符同人等之本旨。"通电还认为中共提出的号召"事关国家民族前途，至为重要。全国人民自宜迅速集中意志，研讨办法，以期根绝反动，实现民主"。同日，他们又联名发表《致毛泽东并解放区全体同胞电》，称赞中共中央关于召开政治协商会议、成立民主联合政府的号召，是"密合人民时势之要求"，表示完全赞同和拥护中共提出的"五一口号"。

1948年5月，民联在香港发表了《响应中共"五一"号召的宣言》，认为中国共产党的"五一"号召是"民主统一战线争取革命胜利的具体指针"，三民主义同志联合会"衷心的一致的赞同这个正确的号召，而且积极地督促蒋管区的同志们共同行动来促其实现，并保证其顺利成功"。民联认为，将要召开的新政协应该是"代表人民利益的各民主党派、人民团

响应"五一口号"。

体，以至于社会贤达及爱国分子的新政协"。新政协的共同纲领，"应该是和革命的三民主义符合的新民主主义的共同纲领"。

民促也于同月在香港发表《响应中共"五一"号召的宣言》，指出中国共产党关于召开新政协的号召，"与我们目前的主张相符合"，是一切民主党派、人民团体和全国人民共同一致的要求。宣言认为，新政协的构成内容，必须具备四个原则：（一）新政协必须紧密联系各民主党派、各人民团体及海外华侨、民主人士，通过革命斗争方式，彻底摧毁蒋介石独裁政权，"永远使其不有复活的机会"；（二）新政协必须是建立在反对封建剥削，反对帝国主义，反对官僚资本，反对独裁，协调各阶层民众共同利益发展的立场上；（三）新政协必须领导目前全国的反美爱国运动，号召全国人民自动武装起来，反对国民党反动派征粮、征购、征兵，反对南京政府的苛捐杂税，反对一切迫害，反对饥饿；（四）新政协必须以国家和民族利益为前提，以各阶层人民利益互相协调为前提，而不以党派立场利益为前提。

与其他党派相比，民革响应中共"五一口号"的声明发布得比较晚。民革内部对此产生了一定分歧，存在着不同的意见。有人抱怨民联、民促的声明很早就发布了，而民革的表态似乎太晚了，应该尽快发布声明加以拥护。李济深认为，民革的主要发展对象是广大的国民党军政人员，如果步子迈得太大，路走得太快，国民党上层人物尤其是掌握军权者会心存疑虑，不利于军事策反工作，因此不妨持稳健态度。

6月25日，经过多次充分的讨论，民革中央发表了《响应中共"五一"

号召的声明》。它明确表示，在人民解放战争即将获胜、国民党反动政权行将崩溃的今天，中共中央"五一"号召中提出的迅速召集新政协、成立民主联合政府的建议是"为结束独裁的反动统治和建立独立民主幸福的新中国所应循的途径"。民革不仅同意中共中央这一建议，而且要"本此以号召本党同志、全国人民，为新政协之实现，人民代表大会之召开，民主联合政府之成立而共同努力"。《声明》提出了对新政协的四项意见：

（一）今后的一切决议与措施，"必须彻底明了全国人民的需要，并充分尊重其意见"，务使今后的新中国成为一个"全国人民自由平等的国家"；

（二）应下决心把革命进行到底，"不但要结束今日的一党专政独裁者，尤要使今后永无一党专政独裁者产生"；

（三）必须坚决反对侵犯中国主权、干涉中国内政、援助蒋介石独裁政府的美帝国主义，"直至它完全放弃帝国主义的侵略政策而后已"；

（四）新政协所实行的措施，"必须照顾到各社会阶层之利益，而使其在互助互利的原则之下，共同发展"。

民革还旗帜鲜明地强调："今日之中国，只有革命或反革命两条道路，即爱国与卖国之分，民主与反民主之分，其间绝无中立徘徊之余地。苟且偷安，投机取巧，倚靠美帝扶持，轻视人民力量，都是自绝于民主、自绝于人民的死路。"民革中央做出如此坚定的表态，无疑抵制了"中间路线"，坚决站在了革命阵营一边。这样坚定的立场，对民革来说是一大进步。

此外，李济深和民革领导人也以各种方式积极响应"五一口号"，为新政协运动大造声势。1948 年 6 月 4 日，柳亚子与在港各界民主人士冯裕芳、茅盾等 125 人发表声明，郑重指出：中共"这一个提议真太合时了，一定可以使大家感到非常快慰。这证明了中共的领导人物，不但是政治经验丰富，而且能高瞻远瞩，把握住每一个阶级的人民期望。"他们指出：

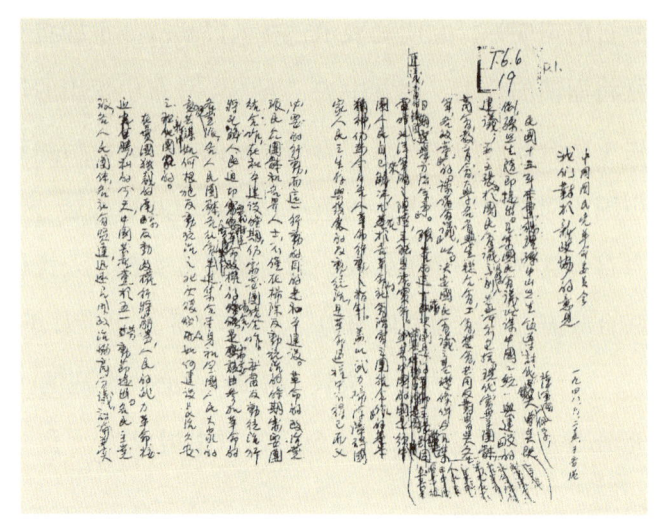

民革讨论新政协事宜的文稿。

"这证明了中共并不如反对者之所恶语中伤，企图再来一个一党专政。本来，一个为人民谋利益的政党，是决不会像国民党反动集团一样，为着自己的特权，利用一党专政的名义，以实现换朝代的封建把戏的。"由何香凝领衔的留港妇女界人士232人也发表宣言指出："我们看到中共中央发布的五一劳动节口号，我们觉得这口号深深地反映了全国人民和全体妇女的要求……我们妇女不但同意而且热忱的拥护这一号召，希望在新政协里面，解决当前一切重大问题。"

二、参加新政协运动

1948年5月7日，中共中央电告中共华南分局，要他们就召开新政协问题，与真诚反美反蒋的各民主党派、各人民团体及各界爱国知名人士交换意见。中共中央还指示香港分局成立统战委员会，由连贯负责，以加速在香港民主人士中就召开新政协征询意见。

从5月8日起，在港各民主党派、人民团体及无党派爱国民主人士，以"目前形势与新政协"为题，连续召开座谈会，商谈召开新政协事宜。

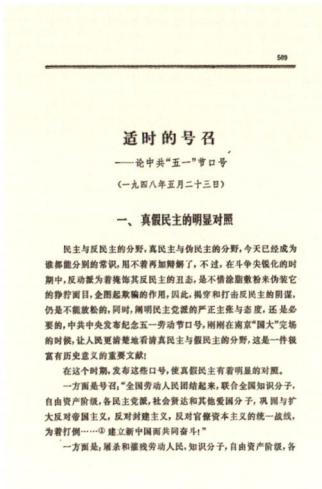
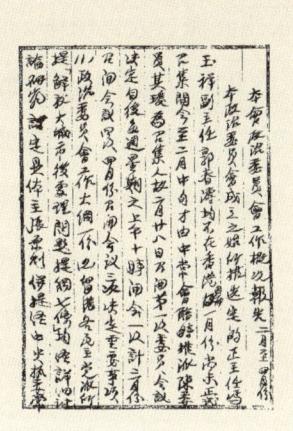

谭平山《适时的号召》一文。（左）
民革中央政治委员会有关文献。（右）

这样，在中国共产党的指导下，在各民主党派领导人的共同努力下，一场以香港为中心，以筹备新政协会议为核心内容，以推翻蒋介石为首的国民党反动统治、建立新中国为目的，主要由各民主党派和各爱国民主人士参加的新政协运动迅速展开。这场新政协运动，与国统区爱国民主运动南北呼应，给国民党政府以沉重的打击。

民革积极参加了新政协运动。5月23日，谭平山在《华商报》上发表《适时的号召——论中共"五一"节口号》一文，详细比较了新旧政协的根本不同，认为旧政协包含着"民主与反民主两大势力"，其构成成分不纯，而新政协则摈弃了蒋介石反动统治集团及与其同流合污的民社党、青年党和所谓"自由主义者"，其构成分子是"能够代表人民利益而且确有群众的各民主党派、各人民团体、各社会贤达"。他指出，新政协的共同纲领应该是新民主主义的政纲，而"绝不是旧政协连欧美旧民主都不如的政纲"。他强调，新政协"是各民主党派分担革命责任的会议"，而不是"分配胜利果实的会议"；新政协领导的责任应"放在中国共产党肩上，这是历史发展上一种不容放弃的任务"。

为了实现并召集新政协会议和人民代表会议，需要就召开新政协的时间、地点、召集人、代表名额以及召集人民代表会议的时间和如何召集等重大问题，征询各民主党派、人民团体、社会贤达的意见。为此，中共中央于6月13日电示中共上海局和华南分局并告潘汉年，要求他们就上述问题认真征求包括民革在内的各民主党派的意见。

6月26日，谭平山在民革中央会议上报告了新政协运动的情况，重点介绍了四方面的情况：（一）上海工商界对新政协很感兴趣，已开始讨论细节问题；南京政府想从台湾调新军五师作战，以稳定局势，分解新政协运动，美国不赞成；京沪人心动摇，上海工商界拟派人来港与民主党派联系，促进新政协之召开；社会上有美国弃蒋另觅新对象的传说。（二）7月初，许宝驹从上海来港，在民革的一次会议上，提出上海民革、民联、民促同志都问起新政协的内容是什么，参加的条件是什么，民革处在一个什么地位，这些都是大家所关心的。大家要求的是成立一个联合政权。（三）在香港的各民主党派举行聚餐会，会上谈到有关召开新政协的时间、地点、召集方式、代表产生、会议议程以及是否召开人民代表大会成立联合政府等问题。（四）7月31日，民促在香港召开理事会，提出了凡拥护召开新政协的各民主党派、各人民团体、各民主人士应该缔结一项"行动公约"的主张；同时，还建议新中国定名为"中华人民共和国"，建议民主联合政府应以"新民主主义为建设中华人民共和国之最高施政纲领"。从谭平山报告的这些情况可以看出，民革不仅深入讨论新政协问题，还广泛参考、借鉴其他党派的相关成果。

8月1日，毛泽东致电李济深、沈钧儒、章伯钧、马叙伦、陈其尤、彭泽民、李章达、蔡廷锴、谭平山等民主党派负责人，对他们赞同召开新政治协商会议、建立民主联合政府并热心促其实现表示极为钦佩，并指出："现在革命形势日益开展，一切民主力量亟宜加强团结，共同奋斗，以期早日消灭中国反动势力，制止美帝国主义的侵略，建立独立、自由、富强和统一的中华人民民主共和国。为此目的，实有召集各民主党派、各人民团体及无党派民主人士的代表们共同协商的必要。"他再次提出：希望各民主党派负责人及爱国民主人士，就召集新政协会议的时间、地点、召集人、参加会议者的范围等问题"共同研讨，并以卓见见示"。毛泽东电报到达香港后，各民主党派的同志奔走相告。各民主党派和爱国民主人士继续围绕着中共中央提出的各项具体问题，展开了深入的讨论。

随着人民解放战争逐步取得的胜利，香港新政协运动也进入筹备实施阶段。1948 年 8 月至 12 月，民革中央在香港持续讨论新政协诸问题。8 月 20 日，民革中央就 8 月 1 日的毛泽东电报所提问题进行讨论。陈其瑗、李相符等人提出将来联合政府成立后，要实现新民主主义，以无产阶级为领导。李济深认为这个建议很重要，应该迅速向各民主党派座谈会作专题汇报。8 月 29 日，民革中央政治委员会第 15 次会议作出决议：（一）民革应以新政协作为主要工作，民革是国内三大政党之一，应尽力主动配合新政协的召开；（二）策反为辅，应配合全国形势去开展策反活动；（三）民革中央应搬到解放区去，以加强新政协的工作，在那里较为容易联络、策应，又可表现其组织联合政府的诚意。民革中央北迁的同时，准备设立华南执行部。

10 月 21 日，民革中央第 40 次常委会审议了各党派就新政协和民主联合政府的讨论结果：（一）由政协到联合政府的步骤，一般都同意五步的意见，即政协—临大—临时联合政府—大会—联合政府；（二）政协代表的成分：应照顾各小党派，再采取各党派社团协商推选方式，虽然争取合作，但采用三三制；（三）联大代表之推选：兼采普选与协商提名办法，但应注意代表资格、反蒋历史、节操等等；（四）关于选举办法应如何规定，希望各党派能进行讨论。

中国共产党自从确立以农村包围城市的革命路线后，长期致力于农村工作，对处理大城市问题比较陌生。周恩来指出：中共与各民主党派的合作是很有诚意的，中共包办革命大业是不可能的，因为中共对农村问题有些经验，唯对城市则嫌不够，在这方面特别希望与各民主党派合作。他提出了当时急需讨论的具体问题：如何解决城市基本平民的迫切要求？如何解决城市中的土地房屋（地租房租）问题？如何解决工厂商店中的劳资关系（例如工资工会）及如何实现增加生产、繁荣经济、公私兼顾、劳资两利这个方针？用什么标准来划分资本金的大中小，怎样来区别官僚资本、汉奸资本和民族资本，又怎样分别对待，如何处理外国在华资本？对私营工商业者兼营的封建剥削（如高利贷典当）如何处理？对过去高利贷或旧债如何处理？今后利率如何规定？如何处理原有的官办民众团体？如何对待原有学校及其他政治性较少的机关与事业？关于税收制度和税收政策，应如何改善？这些问题，涉及城市生活的方方面面，如果处理不好的话，将会影响到即将建立的新政权的稳定。民革中央响应中共中央的号召，专门对解放大城市后的若干重要问题进行了深入研究，提出了具体对策。

142

毛泽东在中共中央发布"五一口号"的同时，还指示中共上海局和香港分局：准备邀请各民主党派及重要人民团体的代表来解放区开会，"请你们征询各人意见，首先征询李济深、沈钧儒二先生意见。"中共中央也就邀请各民主党派代表来解放区协商召开新政协会议问题电示中共上海局，拟邀请李济深、冯玉祥、何香凝、李章达、柳亚子、谭平山及其他民主人士前来解放区参加新政协会议。1948 年 9 月 14 日，谭平山、蔡廷锴等人肩负着民革中央的重托离开香港北上。民革中央在他们临行前专门召开常委会，李济深对中共中央提出一些建议。谭平山、蔡廷锴到达东北解放区后，将李济深的书面意见转交了中共中央。

10 月 8 日，中共中央提出了《关于召开新的政治协商会议诸问题》的材料，对于参加新政协的范围问题作了界定。其第二项规定："在南京反动政府系统下的一切反动派及反动分子必须除外，而由反美、反国民党反动统治、反封建、反官僚资本的各民主党派、各人民团体及无党派的民主人士的代表人士组成，也要邀请少数右派而不是公开反动的分子参加。"

应中共邀请，各民主党派和无党派人士纷纷进入解放区，这是他们在哈尔滨的合影。前排左起：李立三、谭平山、沈钧儒、李德全、蔡廷锴。后排左二朱学范、左三章伯钧、左五赖亚力。

李济深、何香凝与其他在港的民主党派领导人及民主人士周新民、马叙伦、陈其尤、李章达、沈志远、彭泽民、章乃器、孙起孟、郭沫若等人，认真讨论了由中共中央提出并经到达解放区的沈钧儒、谭平山、章伯钧、蔡廷锴、王绍鏊、高崇民、朱学范等讨论修改过的文件《关于召开新政协诸问题》。

　　他们认为，新政协应以团结全国人民，加强和扩大民族民主统一战线，完成反帝反封建反官僚资本的革命，建立独立、民主、统一、幸福的新中国为基本任务；新政协的具体工作应是制订共同纲领和宪章原则、筹备召开临时人民代表大会、建立民主联合政府；新政协的召集人应是中国共产党；新政协的参加者应是赞成反帝反封建反官僚资本的党派和团体，而且应是在新政协召开前已用言论和事实证明其为人民尽了相当责任者。南京反动政府系统下的一切反动党派及反动分子必须排除，不许参加。但也有人提出了一些不同意见，如国民党反动集团内特别是国民党地方派系人员中，如有赞同反帝、反封建、反官僚资本并见诸行动者，似应准其参加新政协等。在讨论过程中，民革中央政治委员会还推选陈此生、吴茂荪、林伦彦、梅龚彬等人分别起草新政协共同纲领、新政协实施办法、人民代表大会和民主联合政府组织法等文件草案，提供给有关方面进行进一步讨论时参考。

11月3日，中共中央电示中共东北局高岗、李富春等人："应多邀请一些尚能与我们合作的中间人士，甚至个别中间偏右者，乃至本来与反动统治阶级有瓜葛，而现在仍可能拥护联合政府的人，以扩大统一战线。具体人物请沈钧儒、谭平山、王绍鏊多加考虑。"11月12日，中共华南分局方方、潘汉年、连贯等致电中共中央，汇报了在港民主人士开展的新政协运动的情况。他们看到："有人提出，国民党反动集团内，特别是国民党地方派系人员中，如有赞同三反（反帝、反封、反官僚资本）并见诸行动者，似应准其参加新政协。"从这份材料中可以看出，在关于新政协诸问题的讨论过程中，包括民革在内的民主党派的意见受到了中共中央的高度重视，并对随后的新政协会议产生了一定影响。11月25日，结合香港方面讨论的情况和意见，谭平山、蔡廷锴、朱学范、沈钧儒等民主党派代表与中共中央代表高岗、李富春达成关于召开新的政治协商会议诸问题的协议。

为了在更广大范围内推动对新政协诸问题展开讨论，民革中央充分发动舆论宣传机器，集思广益，号召党员参加到新政协运动中来。11月1日，《自由》半月刊刊登的《通讯栏启事》称："现在新政协的召开已日近实现阶段，本会对于共同纲领正在讨论，我们希望国内外的同志赶快讨论，并提出宝贵意见。目前的形势发展，正在飞步前进，深望国内外同志加紧发动反独裁的斗争，把各地斗争过程中的具体问题提出来讨论，把各地的经验拿出来观摩，把各种困难疑难向中央请求指示与解释。本刊主要的目的，是面向国内，面向直接斗争的同志，我们也就最珍视国内同志的通讯，我们深深的期待每期都多多刊登国内同志珍贵的文字。"

11月12日，《自由》半月刊以"中国民主促进会南方执行部秘书处"的名义，特地刊登了约稿函。它指出："时局的发展，已到了最严重的阶段。一方面，反动的南京政权已是摇摇欲坠；一方面，在野的民主党派正

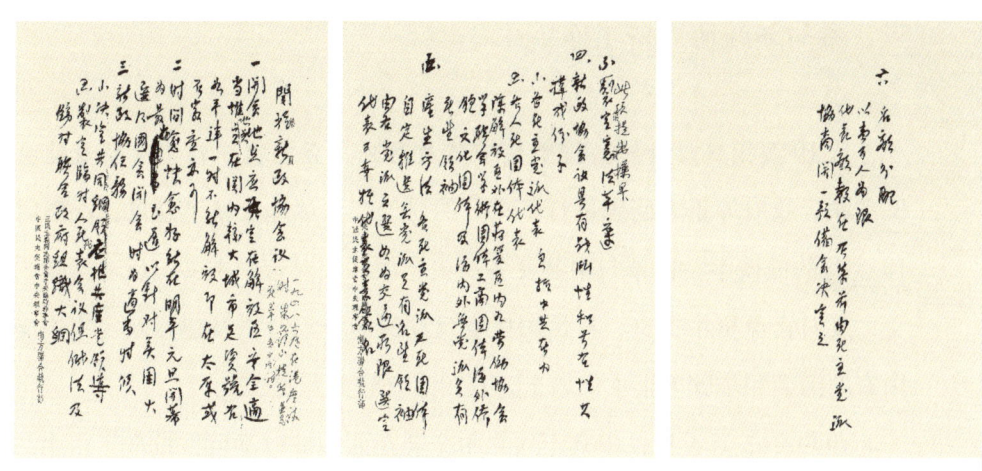

民革讨论新政协事宜的文稿。

在横遭迫害。从南京政府一连串的暴行，从魏德迈亡华计划的揭破，我们对于当前时局，应有更进一步的认识，无疑地已到了民主与反民主的决斗阶段，不是民主的胜利，就是反民主的抬头，毫无中间余地，更不能松懈战斗！《自由》刊有鉴于此，在新二号社论以《加速民主胜利》为题，建议民主党派再来一次新协商，组成强大的民主阵线，曾经读者投文响应，而当前局势的发展，更说明民主党派非立即加强团结，无以遏抑反动狂潮，加速民主胜利，必须进行一次新协商，实已刻不容缓。我们希望民主人士对此重大问题，彼此各抒卓见，交换意见促其实现。"为此，《自由》半月刊列举了四个问题作重点讨论：民主党派应如何紧密团结？民主党派应否再来一次新协商？真正民主联合政府的形式应该怎样？新的政治纲领的内容应该怎样？这四个问题，显然涉及了新政协会议的重大问题。

通过新政协运动，民革与各民主党派、无党派人士就有关问题充分交换了意见，表明了自己的立场和观点。通过认真的讨论，民革与中共和各民主党派之间在重大原则问题上基本形成了共识，促进了与中共和各民主党派之间的信任与合作，为新政协会议的筹备与召开奠定了必要的政治基础。

三、参与新政协筹备工作

从 1948 年 5 月开始，民革与中共及各民主党派就新政协会议及建立民主联合政府等重大问题进行了充分的讨论，详尽地交换了意见。在历时 10 个月的商谈中，民革与中共及各民主党派在反对帝国主义、反对封建主义、反对官僚资本主义，打倒国民党反动派的统治，以及建设新民主主义国家的纲领和步骤等根本问题上，获得了一致的意见。

1949 年 3 月 5 日，中共七届二中全会在西柏坡村举行，批准了由中共发起，并协同各民主党派、人民团体及民主人士，召开没有反动分子参加的新政治协商会议及成立民主联合政府的建议。3 月 21 日，中共中央统战部邀请在北平的民主人士在六国饭店举行茶会。统战部长李维汉阐述了即将成立的新的人民政权的性质、政策及纲领。他指出：新政协要通过一个共同纲领，"新民主主义的国家即人民民主专政的国家，是无产阶级领导的，以工农联盟为基础的，各民主党派、各民族的联盟，这是我们的国家制度"。又说，"我们的政治制度就是毛主席说的民主集中制"；"经济政策是十六个字，即发展生产、繁荣经济、公私兼顾、劳资两利"；"要争取、团结、改造旧知识分子，培养新知识分子"。

1949 年上半年，人民解放军解放了北平、天津、武汉、南京、上海、太原等全国中心大城市，国民党的统治基本上被打倒，剩下来的只是消灭反动派残余的问题。同时，在统一全国之后如何恢复与发展经济文化教育等事业及巩固国防的问题，被提上了日程。为了实现这两大任务，就必须迅速完成各项必要的准备工作，尽早召开新的政治协商会议，成立民主联合政府。

1949 年 6 月 15 日，新政协筹备会第一次全体会议在中南海勤政殿开幕。参加这次会议的有中国共产党和各民主党派、各人民团体、各界民主人士、国内少数民族、海外华侨等 23 个单位 134 人。其中，民革 7 人：

李济深在新政协筹备会议上讲话。（左）

谭平山在报告中国人民政治协商会议组织法草案起草经过。（右）

李济深、何香凝、李德全、张文、李锡九、陈劭先、梅龚彬（因病未能出席，由吕集义代）；民联5人：谭平山、陈铭枢、郭春涛（未到北平时由吴茂荪代）、王昆仑、许宝驹；民促4人：蔡廷锴、蒋光鼐（未到北平时由秦元邦代）、陈此生、李民欣。民革成员朱学范以中华全国总工会代表的名义参加会议。

这次会议开了三次全体会和两天小组会，到6月19日闭幕。在第一天的开幕典礼上，周恩来担任临时主席并致开幕词，毛泽东、朱德、李济深、沈钧儒、郭沫若、陈叔通、陈嘉庚等人发表了演讲。

毛泽东指出，这个新政协筹备会的任务，"就是完成各项必要的准备工作，迅速召开新政治协商会议，成立民主联合政府，以便领导全国人民以最快的速度，肃清国民党反动派的残余力量，统一全中国，有系统地和有步骤地在全国范围内，进行政治的，经济的，文化的和国防的建设工作"。他认为，召集新的政治协商会议成立民主联合政府的条件均已成熟，民主联合政府成立后的工作重点是：（一）肃清反动派的残余，镇压反动派的捣乱；（二）尽一切可能用极大力量从事人民经济事业的恢复和发展，同时恢复和发展人民的文化教育事业。毛泽东豪迈地指出："中国人民将会看见，中国的命运一经操在人民自己的手里，中国就将如太阳升起在东方那样，以自己的辉煌的光焰普照大地，迅速地荡涤反动政府留下来的污泥浊水，治好战争的创伤，建设起一个崭新的强盛的名副其实的中华人民民主共和国。"[1]

李济深代表民革在开幕式上发表讲话。他指出：新政治协商会议筹备会是建设一个符合人民愿望的新中国的开始，我们是以非常的欢欣鼓舞的心情来参加的。他表示："我们要筹备好一个足以代表全国各革命阶层的新政治协商会议，使之能够号召各阶层群众，老的少的，男的女的，团结一起，各尽其能力，为肃清一切反动残余和建设新民主的中国而奋斗到底。"李济深强调："共同建国纲领和建立中华人民民主共和国政府的方案，是关系全国人民生活的国家大计。我们要深谋远虑地制定切实的草案，使人民所愿望的新中国得以迅速地建立起来。"

民联代表谭平山在讲话中谈了三点感触：（一）我感到非常愉快，非常兴奋的，此次会议中各民主党派各人民团体等代表精神非常团结，精神一致，政治主张、目标一致；（二）旧政协时代，还是国民党反动派掌权，各民主党派无合法地位。现在新政协则完全不同，由各民主党派各人民团体等共同组成；（三）过去的旧政协是各民主党派开始联合起来，向国民党反动派进行斗争，现在的新政协，则是人民的联合，代表全国人民的意志的，以全国人民为主体的。

朱学范代表中华全国总工会也发表演讲。他说："这次新政协会议的筹备召开，一面是宣告了国民党反动统治的灭亡，一面宣示人民民主新政权的即将建立，中国从此可以走上独立、民主、和平、统一的道路。世界上也增加了一个拥有四万万七千五百万人口的新民主主义国家，增强了以苏联为首的世界的民主力量，因此，新政协的召开，不仅是中国人民的大喜事，也是世界人民值得庆贺的大事。"他认为："中国共产党领导中国

---

1 《毛主席等七人在新的政治协商会议筹备会上的讲词》，《人民日报》1949年6月20日。

人民，击溃了中国几千年来的封建势力，一百年来的帝国主义侵略势力和几十年来的官僚资本和万恶的国民党统治势力，而中共与其他民主党派人民团体以同等比例数派出代表，参加新政协会议的筹备工作，这是充分表现了民主和中共与毛主席的伟大。"[2]

何香凝在接受新华社采访时表示："由于毛主席贤明的领导，新政协的前途是光明的。同时我们应该向英勇的人民解放军致崇高的敬意，不知流了多少勇士的血，才换得今天的胜利。今后我们应更加努力，使中国由农业国变成工业国，但这不是一下子可以做得到的，我们要把中国落后的生产力发展起来，我们还要做许多的艰苦工作。"她对中国妇女的解放事业寄予莫大的期望，认为中国妇女如果完全得到解放，参加革命工作，这力量是非常伟大的。她指出，民革参加这次会议的任务，"最主要的是真正做到为人民服务，和各党派团结合作，共同建设新民主主义的新中国"。[3]

在这次会议上，周恩来作了《新政协筹备会组织条例》（草案）的报告。他指出，中共发出的"五一口号"得到各民主党派和各界人士的响应后，曾准备于 1948 年底或 1949 年初在哈尔滨召开一个规模较小的政治协商性质的会议，拟由 30 个单位、每单位 6 人、共 180 人参加，然后再召开人民代表大会，成立新中国。但由于解放战争的迅速发展，这个设想已不能适应形势的要求，迫切需要召开一个更具广泛代表性和更加隆重的全国性大会来制定国策，产生政府，成立新中国。经过协商，各方面同意这一主张，并决定新政协改在北平举行，由它执行全国人民代表大会的职权。为此，新政协的阵营必须扩大，要有广泛的代表性足以体现全国各民族、各民主阶级、各民主党派、各人民团体和一切爱国民主力量的大团结，新

149

第四章　筹备出席新政协，参加开国大典

2 《毛主席等七人在新的政治协商会议筹备会上的讲词》，《人民日报》1949 年 6 月 20 日。
3 《访问新政协筹备会代表》，《人民日报》1949 年 6 月 20 日。

政协的筹备工作也应该更加充分。会议赞同周恩来的报告，通过了《新政治协商会议筹备会组织条例》。

《新政协筹备会组织条例》规定："新政治协商会议为全中国拥护新民主主义、反对帝国主义、反对封建主义、反对官僚资本主义及同意动员一切人民民主力量、推翻国民党反动统治、建立人民民主共和国的各民主党派、各人民团体、各解放区人民政府、人民解放军、国内少数民族、海外华侨及无党派和各界民主人士的代表人物所组成，国民党反动政府系统下的一切反动党派及反动分子不容许参加。"根据这项原则，筹备会由新政治协商会议原提议人中国共产党与包括中国国民党革命委员会、三民主义同志联合会等在内的赞成中共"五一口号"的各民主党派、人民团体及无党派民主人士等23个单位组成；各单位参加新政治协商会议筹备会之筹备代表为4至7人；各单位筹备代表人选由各单位提出，经参加新政治协商会议筹备会各单位协商通过；新政治协商会议筹备会负责进行新政治协商会议之一切筹备事宜，其中心任务为：（一）商决并邀请参加新政治协商会议之单位和代表；（二）决定新政治协商会议开会之时间、地点及议程；（三）拟定新政治协商会议组织条例草案；（四）制定共同纲领草案；（五）提出建立中华人民民主共和国政府之方案。[4]

依据这个组织条例，新政协筹备会选出毛泽东、朱德、李济深、张澜、沈钧儒、谭平山、章伯钧、黄炎培、马叙伦、蔡廷锴、马寅初、郭沫若等21人组成新政协筹备会常务委员会，推举毛泽东为主任，周恩来、李济深、沈钧儒、郭沫若、陈叔通为副主任，李维汉为秘书长，负责领导新政协筹备事宜。会议拟定了《关于参加新政治协商会议的单位及其代表名额的规定》，决定参加新政协的单位为党派代表、区域代表、军队代表、团体代表和特邀代表等5个方面45个单位及510名代表名额。其中，中国

150

---

4 《新政治协商会议筹备会组织条例》，《人民日报》1949年6月20日。

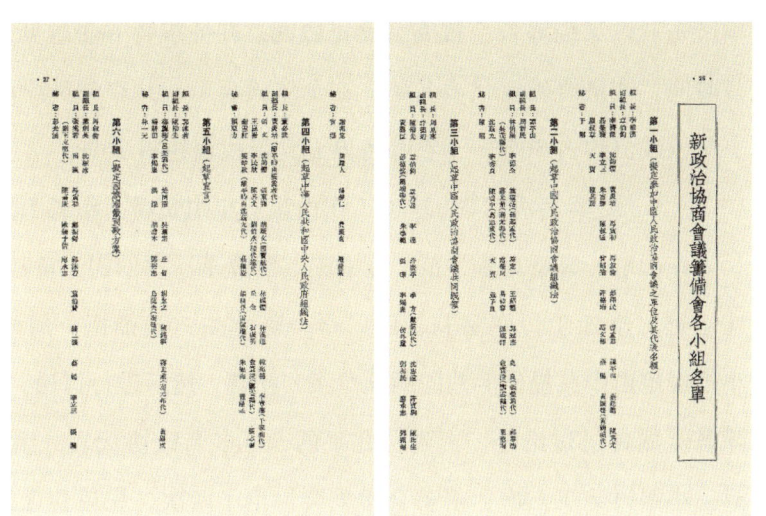

新政治协商会
议筹备会各小
组名单

国民党革命委员会 16 个代表名额，候补代表 2 人；三民主义同志联合会 10 个代表名额，候补代表 2 人；中国国民党民主促进会 8 个代表名额，候补代表 1 人。

为了迅速完成召开新政治协商会议及建立民主联合政府的各项必要准备工作，筹备会决定在常务委员会领导下设立六个小组，分别完成下列各项任务：（一）拟定参加新政治协商会议的单位及各单位的代表名额；（二）起草新政治协商会议组织条例；（三）起草共同纲领；（四）拟定中华人民民主共和国政府方案；（五）起草宣言；（六）拟定国旗、国歌、国徽方案等。大会休会之后，常务委员会和这六个小组将继续工作，以便新政治协商会议能顺利召开。

新政协筹备会第一次全体会议闭幕后，筹备工作由常务委员会和各小组就四项工作继续进行：

（一）拟定参加新政协的单位及代表名额和名单。这是一项极为重要、复杂又非常繁重的工作，由第一小组承担。李维汉任组长，章伯钧任副组长，全组共 25 人，李济深作为该组成员，与中共及其他民主党派经过反复协商，最后确定参加新政协会议的 5 个方面代表名额为 662 人。初步名单产生后，又经筹备会常委会反复协商，并征求各方面意见，共花了 3 个月时间，才最终确定代表名单。在全体代表中，共产党员约占 44%，各民主党派成员约占 30%，工农等各界无党派代表约占 26%。

（二）起草共同纲领。这项工作由第三小组负责。组长为周恩来，副组长为许德珩，成员有朱学范、陈劭先、罗隆基、章伯钧、章乃器、邓初民、沈志远、李烛尘、许宝驹、许广平、陈此生、黄鼎臣、周建人等 22 人。小组推定由中共提出《共同纲领草案》初稿，然后进行讨论。初稿产生后，除各党派自己讨论外，由到达北平的 500 多名政协代表分组讨论了两次，第三小组讨论了三次，筹备会常委会讨论了两次，先后共进行了七次讨论修改，广泛吸取了各方面的意见。

（三）起草人民政协组织法。这项工作由第二小组负责。民联负责人谭平山任组长，周新民任副组长，组员有民革成员李德全、民促成员蒋光鼐、郭春涛等 22 人参与讨论和起草工作。人民政协是我国的一个创举，是由中国共产党和各民主党派在长期革命斗争中共同创造的，它不单是一种会议形式，也是人民民主统一战线的组织形式。人民政协组织法规定：人民政协定名为中国人民政治协商会议；在全国人民代表大会召开以前，由人民政协的全体会议执行人民代表大会的职权；在全国人大召开以后，政协将是一个长期存在的统一战线的政治协商机构。

（四）起草中央人民政府组织法。这项工作由第四小组负责。组长董必武，副组长黄炎培，民革成员李章达、张文、王昆仑及民促成员李民欣等 20 多人参加。人民政府组织法规定中华人民共和国的政权形式为人民代表大会制的政府，并规定在全国人民代表大会召开以前，由人民政协的全体会议执行其职权，选举成立中央人民政府委员会，并组织政务院、军事委员会、最高人民法院及最高人民检察署。[5]

---

5 姜建、王庆华《李济深与中国国民党革命委员会》，第 175-176 页，广东人民出版社 2004 年版。

新政协筹备会成立后，各小组在筹备会常务委员会的领导下，经过3个月的努力，基本完成了上述各项工作。李济深作为筹备会副主任，积极参加领导了各项筹备工作，民革代表积极参与了四个小组的工作，为新政协会议的召开做出了贡献。据新政协筹备会代理秘书长林伯渠报告："筹备会成立会闭幕后，一切筹备的工作继续由常务委员会和上述五个小组分别担负起来……各组起草的文件在定稿以前，均经常委会和起草的各小组，及在北平的筹备会代表和陆续到达北平参加中国人民政协第一届全体会议的代表反复研究，缜密商讨。"[6]

9月17日，新政协筹备会在中南海勤政殿召开了第二次全体会议，出席这次会议的筹备代表126人，由沈钧儒、周恩来、陈叔通任主席。筹备会代理秘书长林伯渠宣布开会后，周恩来代表常委会向会议报告三个月来的筹备工作：

（一）关于参加中国人民政治协商会议第一届全体会议的各单位名单。常务委员会根据筹备会第一次全体会议的决定，经过有关各方面协商，确定并邀请了参加会议的45个单位的代表510人和候补代表77人，并特别邀请了民主人士74人，共为661人。现在到达北平的代表已经有635人，新疆代表3人亦已赶到。

（二）关于中国人民政治协商会议组织法草案、中国人民政治协商会议共同纲领草案和中华人民共和国中央人民政府组织法草案。三个月来，经过筹备会常委会和起草这三个草案的各该小组，以及留在北平的筹备会代表和陆续到达北平的参加中国人民政治协商会议第一届全体会议的代表们反复磋商和缜密周详的讨论以后，已经定稿，常务委员会特提请全体会议加以讨论并作原则通过，以便提交中国人民政治协商会议第一届全体会议讨论通过。

---

6 《筹备会代理秘书长林伯渠报告筹备经过》，《人民日报》1949年9月23日。

1949 年 9 月 21 日，中国人民政治协商会议第一届全体会议在北平中南海怀仁堂隆重开幕。图为会议会场。

154

（三）由于起草中国人民政治协商会议第一届全体会议宣言和拟制中华人民共和国国旗、国徽、国歌两项工作尚未完成，常务委员会提议把这两项工作移交给政协第一届全体会议，并由原来负责该两项工作的两个小组向政协第一届全体会议主席团提出报告。

中国国民党革命委员会代表团首席代表李济深、中国国民党民主促进会代表团首席代表蔡廷锴、三民主义同志联合会代表团首席代表谭平山等人先后发言，声明在原则上同意筹备会常委会所起草的这三个草案。全体会议一致批准了常委会的报告，并通过常务委员会的两个提议。由于筹备会秘书长李维汉腿部跌伤尚未痊愈，会议一致公推李济深、何香凝、李德全三位代表前往慰问。

在新政协筹备工作进行过程中，国民党元老、起义将领和民主党派领导人陆续来到北平，参加新中国的筹建工作。6 月 24 日，民盟领导人张澜、罗隆基、史良和民革中央常委王葆真、郭春涛等人由上海抵达北平，李济深与林伯渠、董必武、李维汉、沈钧儒、章伯钧、谭平山等 15 人前往车站迎接；8 月 28 日，宋庆龄由上海抵达北平，李济深与毛泽东、朱德、周恩来、董必武、何香凝、郭沫若等 50 余人前往车站迎接；9 月 9 日，程潜由长沙抵达北平，李济深和毛泽东、朱德、周恩来、林伯渠、董必武、郭沫若等 100 余人前往车站迎接。

四、出席中国人民政治协商会议第一届全体会议

1949 年 9 月，人民解放战争在全国范围内基本上取得胜利，中国人民政治协商会议的准备工作基本就绪，召开中国人民政治协商会议，建立新中国的条件已经成熟。9 月 21 日，中国人民政治协商会议第一届全体会议在北平正式开幕。参加会议的单位 45 个，代表 510 人，候补代表 77 人，特邀代表 75 人，共 662 人。实际出席会议的代表 635 人，被邀旁听的来宾 300 人，国内外记者 31 人，包括外国记者 4 人。

在全体代表中，党派代表共 14 个单位 165 人，其中中国共产党、中国国民党革命委员会、中国民主同盟各派代表 18 人。中国国民党革命委员会正式代表 16 人：李济深、何香凝、柳亚子、李德全、张文、李锡九、陈劭先、朱蕴山、梅龚彬、余心清、王葆真、李任仁、刘积学、陈汝棠、赖亚力、杨杰，候补代表 2 人：吕集义、郑坤廉。民革代表杨杰在准备赴北平出席新政协会议途中，由于叛徒出卖在香港被国民党特务杀害。三民主义同志联合会正式代表 10 人：谭平山、陈铭枢、郭春涛、王昆仑、许宝驹、吴茂荪、萧隽英、李世璋、谭惕吾（缺 1 名），候补代表 2 人：于振瀛、田竺僧。中国国民党民主促进会正式代表 8 人：蔡廷锴、蒋光鼐、陈此生、李民欣、秦元邦、林一元、谭冬菁、司马文森，候补代表：李子诵。此外，民革成员李章达代表救国会、朱学范代表中华全国总工会、陈其瑗代表华侨、周颖作为全国总工会候补代表、李侠公作为待解放区候补代表也出席了会议。随后参加民革的国民党知名人士张治中、程潜、邵力

参加中国人民政治协商会议第一届全体会议的民革代表合影。前排左起：李锡九、何香凝、李济深、柳亚子、王葆真。中排左起：吕集义、陈汝棠、李德全、陈劭先、李任仁、梅龚彬。后排左起：张文、郑坤廉、朱蕴山、余心清、刘积学、赖亚力。（上）

参加中国人民政治协商会议第一届全体会议的民联代表合影。前排左起：许宝驹、郭春涛、谭平山、陈铭枢、王昆仑。后排左起：吴茂荪、萧隽英、李世璋、谭惕吾、于振瀛、田竺僧。（中）

参加中国人民政治协商会议第一届全体会议的民促代表合影。前排左起：陈此生、蒋光鼐、蔡廷锴、李民欣。后排左起：李子诵、秦元邦、林一元、司马文森、谭冬菁。（下）

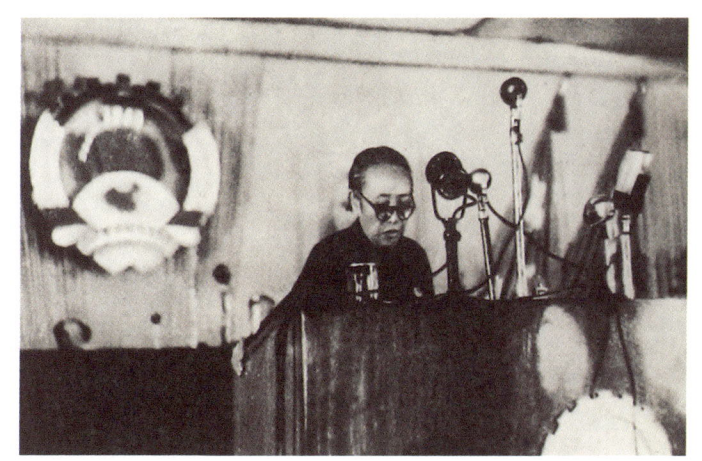

何香凝发言。

子、邓宝珊、黄绍竑、刘斐、钱昌照、宁武、李蒸、卢郁文、许闻天、程浩、邓昊明等作为特邀代表参加了大会。

大会选出89人组成第一届全体会议主席团，负责领导会议。其中中国共产党代表、中国国民党革命委员会代表、中国民主同盟代表各7人。李济深、何香凝、李德全、谭平山、陈铭枢、蔡廷锴、蒋光鼐等人作为民革、民联和民促方面的代表参加主席团；宋庆龄、朱学范、张治中、邵力子、程潜、傅作义等人也参加了主席团。主席团又推出毛泽东、朱德、刘少奇、周恩来、宋庆龄、李济深、张澜、沈钧儒、黄炎培、郭沫若等31人组成主席团常务委员会。大会第一天，由毛泽东、朱德、李济深、沈钧儒、郭沫若担任执行主席。

毛泽东在大会开幕词中向全世界庄严宣告：我们的会议是一个全国人民大团结的会议，它具有代表全国人民的性质，它获得全国人民的信任和拥护。我们的工作将写在人类的历史上，它将表明："占人类总数四分之一的中国人从此站立起来了。"他指出："现在的中国人民政治协商会议是在完全新的基础之上召开的，它具有代表全国人民的性质，它获得全国人民的信任和拥护。因此，中国人民政治协商会议宣布自己执行全国人民代表大会职权。"毛泽东宣布："中国人民政治协商会议在自己的议程中

张治中讲话。（左）
程潜讲话。（右）

将要制定中国人民政治协商会议的组织法，制定中华人民共和国中央人民政府的组织法，制定中国人民政治协商会议的共同纲领，选举中国人民政治协商会议的全国委员会，选举中华人民共和国中央人民政府委员会，制定中华人民共和国的国旗和国徽，决定中华人民共和国国都的所在地以及采取和世界大多数国家一样的年号。"[7]

中国共产党代表刘少奇、特邀代表宋庆龄、中国国民党革命委员会代表何香凝、中国民主同盟代表张澜、解放区代表高岗、特邀代表张治中、程潜等 12 人在大会上相继发表讲演。宋庆龄在大会上发言说："我们达到今天的历史地位，是由于中国共产党的领导。这是唯一拥有人民大众力量的政党。孙中山先生的民族、民权、民生三大主义的胜利实现，因此得到了最可靠的保证。"她号召忠于中山先生事业的国民党人说："让我们现在就着手工作，建立一个独立、民主、和平与富强的新中国，和全世界的人民联合起来，实现世界的持久和平。"[8]

何香凝代表民革庆贺中国人民政治协商会议的开幕，并祝贺会议成功。

7 《中国人民政协开幕，毛泽东主席宣布会议任务》，《人民日报》1949 年 9 月 22 日。
8 《中国人民政治协商会议第一届会议各单位代表讲话》，《人民日报》1949 年 9 月 22 日。

她指出，中国人民政治协商会议代表了革命的三民主义，而且中国人民大革命的胜利都证明新民主主义是比我们所信仰的革命的三民主义来得妥善些，要来得彻底些，因此"我们信仰孙中山先生的革命的三民主义的信徒，今天，要来做一个模范的新民主主义工作者，就要做人民政治协商会议共同纲领的模范力行者。我们要全心全意地拥护中央人民政府，我们各民主党派的党员及负责人，尤其应该要实行政府的法令，政令，勤俭节约，临事而惧，实事求是，这才能对得住全国的人民，对得起无数死难的烈士"。她赞同孙中山和中共确定的"联苏"政策，号召向苏联学习："我们更应执行中苏永远携手的方针，求取苏联和新民主主义国家以及全世界和平民主阵营的国际帮助，来建设我们的新中国。……现在，我们的人师就是苏联，我们就应在毛主席的领导下，实现孙先生的遗嘱，与苏联及平等待我之民族，永远携手，共同奋斗。"[9]

随后参加民革的特邀代表张治中讲话说，今天是中国人民政治协商会议第一届全体会议开幕的日子，就是改革社会转变历史的人民胜利的日子，也是建设新中国创造新时代从此开始的日子。他认为，这次会议实在充分表现会议的民主精神，同时也象征着全国人民的空前团结。他正告国民党反动政府控制下的全体官兵："你们不应该再被一派陈腔滥调的欺骗的宣传所蒙蔽，现在已经是你们觉悟归来的最后机会了！希望你们不要错过这最后的机会，毅然决然地走向人民队伍方面来！"他在对美国国务院发表的所谓中美关系的白皮书进行批判后明确表示："我们全国人民都愿诚心诚意地接受中国共产党和毛主席的领导，共同为反帝反封建反官僚资本的革命工作而奋斗，共同为新民主主义，亦即革命的三民主义的新中国建设而奋斗！争取人民革命事业的完全胜利最大成功！"

国民党元老、随后参加民革的特邀代表程潜在回顾追随孙中山参加革命的经过后指出，"由于中国共产党领导的人民大团结，才把蒋介石及其反动集团打倒下去，才把帝国主义者的压迫扫除出去，才能彻底肃清封建残余，才能根本铲除官僚资本主义"。他再次表示："今日中国共产党领导召集人民政治协商会议，把建国大业搁在大家肩上，我们今后便应该在中国共产党领导之下，全国人民一致团结，一致努力，在最短期内把反动残余力量，彻底肃清，对内实行工人，农民，小资产阶级，和民族资产阶级的联合民主专政，以工农联盟为基础，而以工人阶级为领导，努力发展生产，造福人民；对外则与国际革命力量团结一致，促进世界持久和平。" [10]

9 月 22 日，中国人民政治协商会议第一届全体会议通过主席团的提议，设立六个委员会：中国人民政治协商会议组织法草案整理委员会，中国人民政治协商会议共同纲领草案整理委员会，中央人民政府组织法草案整理委员会，中国人民政治协商会议第一届全体会议宣言起草委员会，国旗国徽国都纪年方案审查委员会及代表提案审查委员会。李济深、谭平山、许宝驹、邵力子、陈明仁、邓昊明等 54 人参加组织法草案整理委员会，谭平山被推举为召集人。李任仁、朱学范、张治中、程潜、张轸共 51 人参加共同纲领草案整理委员会，周恩来为召集人；张文、赖亚力、李民欣、黄绍竑、傅作义等 52 人参加组织法草案整理委员会，董必武为召集人；陈劭先、梅龚彬、陈铭枢、林一元、章士钊、邓宝珊等 53 人参加宣言起草委员会，郭沫若为召集人；朱蕴山、郭春涛、陈此生、陈其尤、江庸等 55 人参加国旗国徽国都纪年方案审查委员会，马叙伦为召集人；李德全、陈其瑗等 14 人参加代表提案审查委员会，高岗为召集人。

参加新政协会议的民革成员与中共及各民主党派一起，认真审议各种提案。民联负责人谭平山在代表筹备会第二小组对《中国人民政治协商会

10 《中国人民政治协商会议第一届会议各单位代表讲话》，《人民日报》1949 年 9 月 22 日。

议组织法》起草经过和主要内容进行了说明：第二小组由 21 人组成，曾经开会四次。第一次会议于 6 月 18 日召集，推定 5 人起草讨论提纲。第二次会议研讨新政协组织的基本原则及其性质、职权、与政府的关系等，推定谭平山、周新民、叶圣陶、蒋光鼐（秦元邦代）、沈兹九、史良、郭春涛、林祖涵、易礼容等 9 人组织起草委员会。初稿完成后，经多方征询意见，一再修改，于 8 月 18 日提交第三次小组会议整理后，即提交新政协筹委会常委会第四次会议通过。该小组复召开第四次会议再加整理，送交常委会提交筹备会第二次会议在原则上通过。

从 9 月 23 日起，大会开始进行主要发言。民革主席李济深、民联代表陈铭枢、民促首席代表蔡廷锴等 18 位代表在会上发言。

李济深首先指出：中国人民政治协商会议的召开，显示着中国人民空前的大团结，显示着中国人民从此自己来处理中国的事务，显示着人民的新中国的光辉灿烂前程。大会之所以能够召开，"感谢中国共产党二十多年的艰苦奋斗和正确领导，感谢人民解放军的英勇作战，感谢全国人民与反革命势力长期搏斗，以及各民主党派、各人民团体和一切爱国民主人士的共同努力，摧毁了帝国主义，封建主义和官僚资本主义的反动统治，从此我们开始稳步走上建立一个符合人民愿望的新中国的道路"。接着，李济深表示：三个月来，经过人民政协筹备会各位代表的共同努力，完成了召开中国人民政治协商会议诸项准备工作，特别是关系建国大业奠基工作的《中国人民政协组织法》《中央人民政府组织法》《共同纲领》等三大法案之起草。大会的主要任务，就是讨论和通过这三个法案，从而依据以成立全国人民所一致期望的中华人民共和国中央人民政府，实现共同纲领。

他从中国国民党革命委员会的角度，阐述了对新中国各项政策的理解。他认为，新中国之经济建设，在于国民经济之全面改造，使中国由落后的农业国变为现代化的工业国，并保证其向更高阶段的社会主义经济道路上

1949年9月23日，中国人民政治协商会议开始进行主要发言。图为李济深在会议上发言。

162

发展。因此必须取消帝国主义国家在中国的一切特权，没收官僚资本归人民的国家所有，有步骤地将封建半封建的土地所有制，改变为农民的土地所有制，保护国家的公共财产和合作社的财产，保护工人、农民、小资产阶级和民族资产阶级的经济利益及其私有财产；发展新民主主义的经济，稳步地变农业国为工业国。而经济建设的根本方针，是以"公私兼顾，劳资两利，城乡互助，内外交流的政策，达到发展生产，繁荣经济之目的"。新中国的文化教育，应与巩固人民民主专政，和发展国民经济政策相配合，因此，新中国的文化教育应为新民主主义的，即民族的、科学的、大众的文化教育。其主要任务是提高人民文化水准，培养国家建设人才，并肃清封建的、买办的、法西斯主义的思想，发展为人民服务的思想。李济深最后表示：民革对于奠立建国初基而即将提出本会讨论通过的《共同纲领》《中国人民政协组织法》《中央人民政府组织法》草案表示赞同，并强调："在今后的新中国建设的艰巨工作中，我们还要更加巩固四阶级联盟，在中国共产党及毛主席领导之下，按照本届会议制定的蓝图——共同纲领，不避艰辛，再接再厉，向前迈进！"[11]

---

11 《中国人民政治协商会议第一届全体会议各单位代表主要发言》，《人民日报》1949年9月24日。

陈铭枢代表三民主义同志联合会就人民政协筹备会所起草的人民政协组织法、政府组织法和共同纲领发表意见：（一）认为这三个文件"创造了中国历史的新页，也创造了中国人民的新生"，我们对于这三个文件的内容表示衷心的赞成和拥护。（二）指出这三个文件的四个特点：1.这三个文件的现实性，如《共同纲领》每一条都是符合今日中国人民所需要的，这里面没有一点不合实际

陈铭枢

的高调，每一条都是可能做到的而且是必须做到的。2.这三个文件将中国人民民主统一战线具体化了，特别是政协组织法明白地确定了人民政协就是全中国人民民主统一战线的组织形式。3.这三个文件表现了我们新国家的阶级性和它的阶级关系，并确立了工人阶级的领导。4.政府组织法中特别提出"中华人民共和国政府是基于民主集中的人民代表大会制的政府"。这个特点是中国特有的，既根本不同于资本主义国家的政府制度，也不完全同于社会主义的苏维埃制度。人民代表大会制度是中国独创的，也是最适合的。（三）阐述了本会的立场与愿望："我们愿意承继孙中山先生的革命传统，与各民主党派在中国共产党和毛主席的领导之下，从事新中国的建设工作。同时我们坚信革命的三民主义之发展，应该与新民主主义汇流。一切假借旧三民主义为教条而反对新民主主义的人，都是孙中山的叛徒，必为全国人民所共弃而归于灭亡。我们号召一切革命的三民主义者都站在人民方面来，共同努力肃清反动残余，为建设一个新民主主义的新国家而努力。"[12]

蔡廷锴代表中国国民党民主促进会发言时指出：过去，我们各民主党

163

第四章　筹备出席新政协，参加开国大典

12《中国人民政治协商会议第一届全体会议各单位代表主要发言》,《人民日报》1949 年 9 月 24 日。

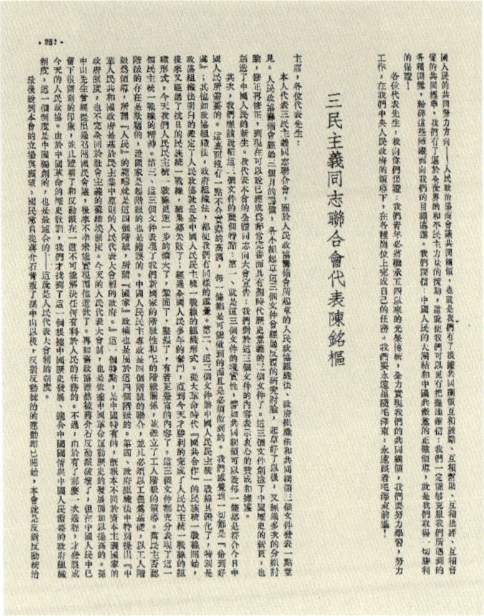

三民主義同志聯合會代表陳銘樞

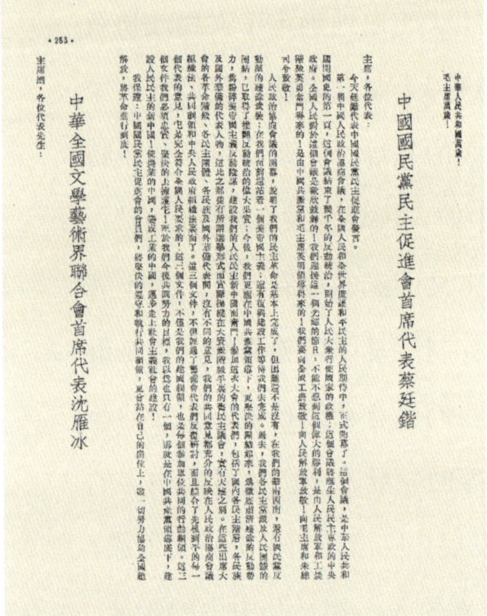

中國國民黨民主促進會首席代表蔡廷鍇

中華全國文學藝術界聯合會首席代表沈雁冰

陈铭枢发言稿。（上）

蔡廷锴发言稿。（下）

派及人民团体的团结，已取得了推翻反动统治的伟大果实；今后，我们更应在中国共产党领导下，更坚决地团结起来，为彻底肃清残余的反动势力，为粉碎美帝国主义的反动阴谋，建设我们的人民民主新中国而奋斗！他认为，民促的意见都充分地反映在人民政治协商会议组织法、共同纲领和中央人民政府组织法里面了。他代表民促表示："我们今后共同努力的目标，我认为也只有一个，那就是在中国共产党领导底下，建设人民民主的新中国！中国国民党民主促进会的会员们，将坚决地遵守和执行共同纲领，更愿站在自己的岗位上，尽一切努力协助全国总解放，将革命进行到底，完成我们建国的任务！"[13]

9月23日晚，毛泽东和朱德举行盛大宴会，欢迎走向人民阵营并应邀出席新政协会议的国民党原高级将领程潜、张治中、傅作义、邓宝珊、黄绍竑、高树勋、张轸等26人，李济深、蔡廷锴、陈铭枢、蒋光鼐等民革领导人和周恩来、陈毅、刘伯承、

13 《中国人民政治协商会议第一届全体会议各单位代表主要发言》，《人民日报》1949年9月24日。

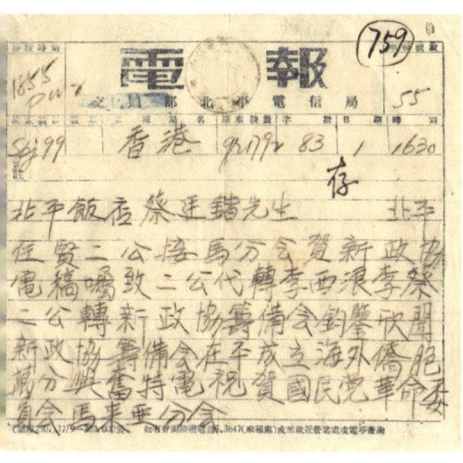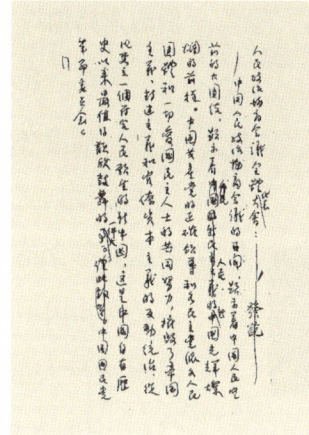

民革马来亚分会贺电。（左）

民革祝贺新政协会议的电稿。（中）

朱学范在中国人民政治协商会议第一届全体会议上发言。（右）

聂荣臻、粟裕、黄克诚等中共领导人出席作陪。毛泽东为国民党起义人员响应人民和平运动立下的功绩给予充分肯定。他说：由于国民党中部分爱国军人举行起义，不但加速了国民党残余军事力量的瓦解，而且使我们有了迅速增强的空军和海军。

9月25日，朱学范代表中华全国总工会发言。他对于筹备委员会提出的三大历史文件表示无条件的赞成与拥护，并指出："我们要本着毛主席所经常告诉我们的谨慎谦虚不骄不躁的训示，我们要发挥我们工人阶级所固有的自我牺牲精神，在工作中要抱着'吃苦在前，享乐在后'的态度，在新中国的建设事业中，特别是在恢复与发展生产的经济建设事业中，我们要与全国人民一道，为彻底实现全部共同纲领，特别是纲领中全部经济政策而奋斗。使落后的农业的中国变为先进的工业的中国，使中国人民不仅在政治上而且在经济上站立起来。"[14] 他深信，只要我们能与广大的中国人民巩固地团结在一起，再加上苏联的援助，坚决遵照毛主席所指示我

14 《中国人民政治协商会议第一届全体会议各单位代表主要发言》，《人民日报》1949年9月26日。

李任仁

们的道路前进，胜利就一定是我们的。

民革、民联分别电贺中国人民政治协商会议第一届全体会议开幕。民革在贺电中申明："本会谨向大会申致祝贺之忱，并愿在大会、中国共产党毛主席、和即将由大会产生的中华人民共和国中央人民政府领导之下，为实现共同纲领及大会决议而奋斗到底。"民联贺电称："中国人民政治协商会议是中国历史上一个划时代的伟大会议，它代表了全国人民的意志，它将宣告中华人民共和国的成立，组织人民自己的中央政府，实行人民民主专政。新中国的伟大建设从此开始；全国人民都一齐在中国共产党和毛主席的领导之下，共同努力，为中国的独立、民主、和平、统一和富强而庆贺。"[15]

9月27日，人民政协全体代表一致通过了六项重要议案：（一）通过中国人民政治协商会议组织法；（二）通过中华人民共和国中央人民政府组织法；（三）通过中华人民共和国的国都定于北平，自即日起改名北平为北京；（四）通过中华人民共和国的纪年采用公元，今年为一九四九年；（五）通过在中华人民共和国的国歌未正式制定前，以义勇军进行曲为国歌；（六）通过中华人民共和国的国旗为五星红旗，象征中国革命人民大团结。这些议案在会前经过了参加人民政协的各单位周密协商，大会进行期间又组织了专门委员会广泛收集意见，审慎研究修改。每一个议案的通过，都引起全场长时间的热烈鼓掌。

在讨论通过这六项重要决议之前，民革代表李任仁、李锡九等人作了大会发言。从待解放区域的广西赶来参加会议的李任仁在发言中，首

---

15 《各方贺电》，《人民日报》1949年9月25日。

先对人民政协组织法、人民政协共同纲领、中央人民政府组织法三大法案表示"心悦诚服地赞同，无条件地拥护"，然后报告了国民党在广西的情况，表达了广西人民迫切企望解放大军到来的热烈心情。他向全会提出保证："广西人民一定是站在解放军这一面的，也一定是在毛主席领导下努力迈进的。"他最后满怀信心地说："现在人民政协会议已经成功，中央人民政府即将成立，全国人民知道新的政府是自己的政府，自然竭诚拥护；国家的事业就是自己的事业，自然尽心去做。有此人民大众作基础，又有英明伟大的人民领袖毛主席作导师，新中国的建设前途定有长足的进步，无限的光明！"[16]

华北人民政府副主席李锡九发言时指出，人民政协组织法、人民政协共同纲领和中央人民政府组织法三个文件，深切地反映了全国人民迫切的要求，也照顾到各民主阶级、国内各少数民族和国外华侨的利益。他从民革的立场阐述了对新民主主义革命的

李任仁发言稿。（上）
李锡九发言稿。（下）

16 《中国人民政治协商会议第一届全体会议各单位代表主要发言》，《人民日报》1949 年 9 月 28 日。

中央人民政府主席、副主席、委员名单。

168

认识。他说："中国人民为解除帝国主义、封建主义的束缚，建立人民自己的民主国家，奋斗已历百余年，我党创始者孙中山先生的革命理想三民主义，便是早年在这个奋斗的过程中提出来的。孙先生曾贡献其一生于中国人民革命事业，他的革命理想也与时代以俱进，不断地发展和改进其内容，在今天旧三民主义已成为过去的东西，而革命的三民主义亦须更进一步向前发展，新的三民主义应与新民主主义同其内容，真正能体会中山先生的革命精神的人，绝对不应'故步自封'，必须坚决地奋勇前进，赶上时代。"他指出，从今天起中国人民的革命事业，踏上了新的阶段，"我们从此开始建设我们自己国家的新工作，只要我们全国人民贡献其一切智能共同努力，一个符合人民愿望的新中国，必能很快地建设起来"。[17]

9月30日，中国人民政治协商会议第一届全体会议选举了中华人民共和国中央人民政府委员会，宣告了中央人民政府的成立。毛泽东当选为中央人民政府委员会主席，朱德、刘少奇、宋庆龄、李济深、张澜、高岗当选为副主席。选举了陈毅、贺龙、龙云等56人为中央人民政府委员。其中，民革、民联及民促领导成员何香凝、李章达、蔡廷锴、李锡九、谭平山、陈铭枢、柳亚子、龙云等人当选为中央人民政府委员会委员。

大会选出了毛泽东、周恩来、李济深等180人组成的中国人民政治协

---

17 《中国人民政治协商会议第一届全体会议各单位代表主要发言》，《人民日报》1949年9月28日。

商会议第一届全国委员会（此外留出 18 名空额，以便将来容纳新解放地区的适当代表人物），通过了《中国人民政治协商会议第一届全体会议宣言》，通过了给中国人民解放军的致敬电，通过了树立"为国牺牲的人民英雄纪念碑"的决定和纪念碑的碑文。

9 月 30 日下午，中国人民政治协商会议举行简单而庄重的闭幕式。下午 6 时，全体政协会议代表在天安门广场举行了人民英雄纪念碑奠基仪式。在周恩来致辞后，毛泽东宣读了纪念碑碑文。李济深与各单位首席代表执锹铲土，表示对先烈的崇敬。

至此，民革与中共及其他民主党派一起，完成了中国人民政治协商会议的各项议程，为中华人民共和国的成立做好了各项准备工作。

中国人民政治协商会议的召开，标志着中国共产党领导的多党合作和政治协商制度正式确立。

五、参加共和国开国大典

1949 年 10 月 1 日，中华人民共和国中央人民政府委员会在北京中南海勤政殿举行第一次会议，正副主席及全体委员宣誓就职，中央人民政府宣告成立。这次会议推选林伯渠为中央人民政府委员会秘书长，任命周恩来为中央人民政府政务院总理兼外交部部长，毛泽东为中央人民政府革命军事委员会主席，朱德为中国人民解放军总司令，沈钧儒为中央人民政府最高法院院长，罗荣桓为中央人民政府最高检察署检察长。当天下午，首都 30 万人齐集天安门广场，隆重举行中华人民共和国开国大典。毛泽东主席和宋庆龄、李济深等各位副主席一道登上天安门城楼。毛泽东宣读了《中华人民共和国中央人民政府公告》，宣告中华人民共和国的成立和中央人民政府的成立，并按动电钮，升起第一面五星红旗。

中华人民共和国中央人民政府的成立，是划时代的历史性事件，标志

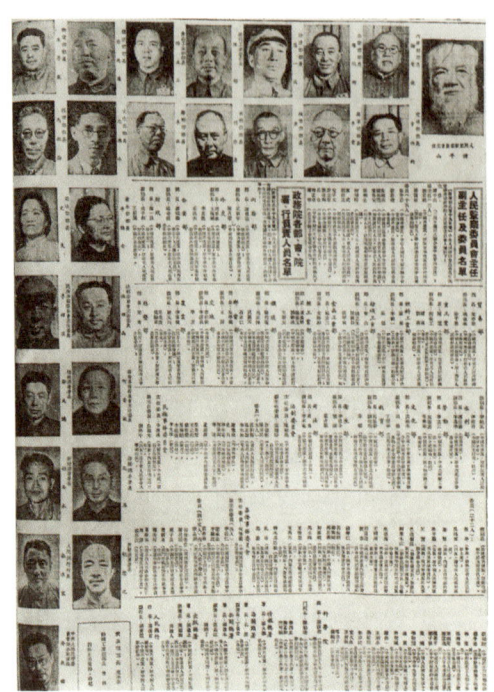

1949 年 10 月 19 日，中央人民政府委员会第三次会议通过中央人民政府各委、部、院、署、行任命名单。这是《人民日报》的报道。

着中国新民主主义革命的胜利。中国国民党革命委员会致电中央人民政府，对中华人民共和国成立表示祝贺："今天是我们中国自有历史以来最伟大最光荣的日子。中华人民共和国的诞生，中央人民政府的成立，宣告了封建的、买办的、法西斯的统治时代已经结束。新中国已由人民自己做主人，中央人民政府自为人民所热诚拥戴。"贺电表示："本会号召全国同志竭诚拥护人民的中央政府，在毛主席领导之下，为建设新民主主义的新中国而努力。"[18]

10 月 2 日，苏联政府首先承认中华人民共和国，中苏正式建交。苏联政府承认新中国的消息发表后，民革与各民主党派负责人纷纷发表书面意见，热烈拥护建立新的外交关系及互派大使。李济深认为："我们中华人民共和国宣布成立不到 48 小时，就得到了伟大的社会主义国家苏联的承

18 《各方电贺中央人民政府成立》，《人民日报》1949 年 10 月 5 日。

认。我们觉得无上的光荣与无上的兴奋。这不但保证了我们人民革命的彻底胜利，并鼓励了而且保证了我们建立独立的、和平的、民主的、统一的、富强康乐的中华人民共和国的彻底成功。"

当苏联在国际上率先承认新中国之后，何香凝立即发表书面谈话，在回顾了孙中山联俄政策与中苏邦交的历史后说："我希望今后进一步巩固中苏友谊，并在全世界以苏为首的和平民主势力的领导下，担负起共同解放被压迫民族的使命。我们两大民族的友好合作一定能够保卫世界和平；帝国主义者若敢于发动侵略战争，我们一定能够达到胜利！"[19]

10月9日，政协第一届全国委员会举行第一次会议，毛泽东当选为中国人民政治协商会议全国委员会主席，李济深与周恩来、沈钧儒、郭沫若、陈叔通当选为副主席，邵力子、王昆仑、蒋光鼐等人担任常务委员，在中共的领导下与各民主党派一起共商国是。

10月21日，以周恩来为总理的中央人民政府政务院宣告成立。政务院由总理、副总理、各委员会主任和各部部长27人组成，其中民主党派成员9人：黄炎培任政务院副总理兼轻工业部部长，谭平山任监察委员会主任，何香凝任华侨事务委员会主任，朱学范任邮电部部长，李德全任卫生部部长，章伯钧任交通部部长，史良任司法部部长，马叙伦任教育部部长，梁希任林垦部部长，充分展示了中共领导下的多党合作参政的政治理念。

根据《共同纲领》成立的中央人民政府及其政务院各机构，是真正意义上的各民主党派联合执政的政府，具有广泛的代表性，民主党派及民主人士在政府机构中占据了很大比重，充分体现了中共领导各党派和全国人民建设新中国的信心。故中央人民政府各机构人选名单公布后，民革和各

---

19 《各党派团体负责人发表书面意见，感谢苏联承认新中国庆贺中苏建立新邦交》，《人民日报》1949年10月5日。

民主党派纷纷发表谈话，表示拥护。李济深称赞道："中央人民政府各机构的名单充分地显示出网罗了全国有奋斗经验的、有专门学识的和进步的人才；充分显示出人民大团结的精神。有了这个规模的机构和这样的人才，一定能担负起共同纲领的重大任务，也一定能为人民把事情办好。这次人才的集中就孤立了和镇压了帝国主义等反动派的残余，因而减少了建国的许多阻力，奠定了中华人民共和国的永久的基础。"[20]

中华人民共和国的成立，是在中国共产党领导下，全国人民长期共同奋斗的结果，其中各民主党派也做出了积极贡献。李济深、谭平山、蔡廷锴、陈铭枢等人领导的民革、民联、民促及其他国民党爱国民主人士，在中国共产党的指引和帮助下，走过了民主革命的道路，为推翻国民党反动统治和创建中华人民共和国立下了重要的历史功绩，从而与各民主党派和全国人民一道，进入了新的历史时期。

作为新当选的国家副主席，李济深怀着激动的心情写下了赞美的诗篇："叱咤风云定九州，指挥筹策世无俦。百年帝国宜回首，千载工农庆领头。耕者有田增出产，劳资合作利营谋。安心倒向和平阵，建设荣华万万秋。"[21]

20《中央人民政府各机构建立，民主党派热烈拥护》，《人民日报》1949 年 10 月 23 日。

21 姜建、王庆华《李济深与中国国民党革命委员会》，第 184 页，广东人民出版社 2004 年版。

第五章
召开『四方会议』，整顿民革组织

在为建立新中国而奋斗的过程中，民革、民联、民促等国民党各民主派组织为打倒蒋介石卖国独裁政权进行了殊死的斗争。他们的理想相同，在政见上也基本一致，但因为环境和历史的关系以及斗争的需要，而没有统一在一个组织之内。为了加强自身的思想建设和组织建设，进一步明确方向，统一认识，增强团结，健全组织，以便更好地团结一切可以团结的爱国力量，调动他们的积极因素，为实现新中国的建设任务贡献力量，民革中央在新中国建立之后首先进行了组织整理，重新登记成员，并在此基础上，着手解决国民党民主派的组织统一问题。

174

一、民革中央机关北迁

为了商讨新政协会议事宜，中共中央多次邀请李济深及民革中央领导北上东北解放区。1948 年 12 月 21 日，民革中央在香港举行第 47 次常委会，商讨北上事宜。李济深宣布："这次北上不是几个人到内地的问题，而是整个组织北迁的问题。"他认为，徐州会战后，恐无大规模战事，但不见得就是整个问题的解决，蒋介石还在挣扎，美国还在支持，我们的策反工作还可大力开展。何香凝认为："蒋很快要倒台，许多财政经济以及俘虏、难民、建设等问题，千头万绪，现在你们北上，就要配合中共着手准备。"因此，李济深与民革中央成员决定北上东北解放区，开始在中共领导下从事推翻国民党反动统治和建设新中国的工作。

随着李济深等民革中央成员的北上和革命形势的迅速发展，民革中央机关北迁的事宜提上了议事日程。1949 年 1 月 21 日，李济深在沈阳铁路旅馆会议室召开第一次临时中央联席会议，蔡廷锴、李民欣、许宝驹、朱蕴山、李德全、谭平山、吴茂荪、梅龚彬、赖亚力和朱学范等出席会议，林一元等列席。会议决定：出席临时中央联席会议的范围为中央委员、各部门负责人及联席会议的正副秘书长。民革中央主席李济深正式宣布："从现在起民革中央机关北迁到沈阳办公。"他强调说："当前局势确实是乐观的，民革中央机关北迁不仅是形势发展的需要，而且是经过法定手续的。现在由于中委人数不足半数，所以称临时会议，一般不作决议。"[1]

1 月 26 日，中共中央东北局、东北行政委员会及东北各界代表举行盛大欢迎会，热烈欢迎为参加新政协而先后到达东北解放区的各民主党派、各人民团体以及无党派民主人士。东北行政委员会主席林枫致欢迎词。民革中央领导人李济深、李德全、谭平山、蔡廷锴、邓初民和朱学范先后发

---

1 朱学范《我与民革四十年》，第 213 页，团结出版社 1990 年版。

李济深（左三）北上解放区后与沈钧儒（左二）、朱学范（左一）等合影。（上）

1949年2月26日，北平市举行盛大欢迎会，欢迎先后抵达北平的民主人士。李济深（前排右四）在欢迎会上发表演说："我深信，中国的革命在共产党的领导之下是必然成功的，民主的中国是必然实现的。"（下）

言。最后，中共中央东北局副书记李富春讲话说："今天的欢迎会，象征着中国民主力量的大团结，也象征着全国胜利的快要到来。"

2月1日，李济深在沈阳召开第二次临时中央联席会议，随后，民革中央又相继召开了第三、第四次临时中央联席会议。会议的主要内容是讨论战犯名单。临时中央联席会议认为：战犯的范围是以CC系与中统为中心的党务人员、复兴社与军统系统、政学系与四大家族；战犯的标准是帮助蒋介石打内战，残害人民的；提出了174名战犯名单（后改为136名）；战犯按情节轻重分为三等进行处置。会议决定，通知民革各地分会按照1月22日各民主党派55人联名声明为行动的依据，不得擅自发表与此不同的政见。会议还讨论了民革中央赴北平前的准备工作，规定各领导同志绝对不接见中外记者；李济深主席接待来客前，先由秘书处代表接见。

2月25日，李济深、沈钧儒、马叙伦和朱学范等一行35人，在林伯渠陪同下乘"天津解放号"专车到达北平。林彪、罗荣桓、聂荣臻、董必武、薄一波、叶剑英、彭真等人到站迎接。中国人民解放军平津前线司令部、北平市军管会、市政府、中共市委在中南海怀仁堂举行盛大欢迎会。大会由叶剑英主持，林彪、彭真致欢迎词，李济深等14人发表讲话。朱学范在讲话中对于毛主席领导中共新取得的辉煌胜利，对于解放军的英勇善战和秋毫无犯的军纪表达了崇高的敬意，并表示坚决在中共领导下参加反帝、反封建和反官僚资本主义的人民民主革命。

2月28日，李济深在北平召集民革中央第一次联席会议。会议决定自即日起，临时中央联席会议改为中央联席会议，代理中央常委会职权。谭平山在会上报告了新政协诸问题座谈会进展情形，朱学范报告了全总大会经过及到哈尔滨与中共联系情况，李济深报告三个月来国内外局势及香港近况。会议追认了民革临时中央联席会议在沈阳召开的四次会议所做的15项决定，公推梅龚彬为秘书长，赖亚力为副秘书长（后来吕集义到平，增补为副秘书长）。会议决定成立解放区会务整理委员会，公推朱学范、赖亚力、朱蕴山、许宝驹、陈劭先为委员，后来又增加了余心清、李民欣两人为委员，由组织工作委员会主任朱学范负责召集，秘书长列席，正式开展组织工作。当天，朱学范召开解放区会务整理委员会会议，传达了2月19日中共中央关于怎样对待各民主党派、团体的地方组织问题的指示：

（一）对于1948年5月1日以前，即中共中央发出"五一口号"以前即已成立，并在反对帝国主义、封建主义、官僚资本主义和国民党反动统治的共同斗争上多少尽了力的民主党派，亦即国民党革命委员会、民主同盟、中国民主促进会、民主建国会、致公党等，在被我人民解放军解放了的地方，并经过各党派总部的证明，应一律承认他们的合法地位，加以保护。但这些民主党派的地方组织，在解放军到达时，如尚无其总部经过我党中央的正式介绍，则需向其当地军管会或人民政府登记，并报其总部审查承认。

（二）各民主党派经过上述手续取得合法地位之后，即可以党派名义进行活动，并发展党员和会员，但要注意防止反革命分子混入，以免影响他们的政治信誉。

（三）人民解放军布告，人民政府及军管会的法令，不论任何党派成员，包括共产党员在内，均须绝对遵守，不得违犯。

（四）对个别民主党派掌握的武装，原则上应一律由人民解放军加以整编和改造，而对于任何假借名义掩护的反动武装，则须坚决加以解散。

（五）中共地方党领导机关对各民主党派应本着团结进步力量、争取中间分子、淘汰反动分子的方针，并以坦白诚恳的态度向他们解释中共的政策和主张，与之协商一切重大问题，以争取他们与中共一道前进。

会议根据中共中央的指示精神，制订出了民革中央整委会整理办法：（一）凡在解放区以本会名义不法活动者，本会概不负责；（二）凡曾参加反动组织而后参加本会者，应按党章之规定，并视加入的实际表现审查会籍；（三）登记旧会员，吸收新会员；（四）原有之分会筹备机关一律结束。[2]

1949 年 11 月 23 日第二届第一次常委会之前，民革中央在北平共召开了 19 次中央联席会议。会议主要内容包括：与参加新政协相关的事项；与参加和平谈判的南京政府代表接触情况；开展会务的各项决议。其中会务方面的重要决议有：

（一）推李民欣、王昆仑、谭平山、陈其瑗和朱学范为整委会审查委员。

（二）成立民革北平筹委会，推举朱蕴山（召集人）、陈劭先、陈此

---

2 朱学范《我与民革四十年》，第 217 页，团结出版社 1990 年版。

《孙文主义革命同盟史料选辑》封面。（左）

《孙文主义革命同盟史料选辑》中的文章。（右）

生、吴茂荪、李锡九、王静如、许宝骙、周范文、苏从周为委员，后指派余心清代朱蕴山参加民革北平筹委会，责成对成员重新审查登记。

（三）何香凝提出：坚持总理十三年改组时之革命路线；坚持国民党一、二届代表大会法统；南京主和派需经"严格审查，个别吸收"。这实际上是坚持团结一切可以团结的力量的主张，是当时针对民革有些同志拒绝南京政府方面的人参加民革而提出来的。李济深尊重何香凝的意见，专门成立党务研究委员会，推举李济深、何香凝、谭平山、柳亚子、李章达、张文、陈劭先、朱蕴山、蔡廷锴、王昆仑和朱学范等11人为委员，研究民革有关发展组织、策反工作等问题。

（四）决定会同民联、民促，派出干部对地方组织进行切实的整理。推举朱蕴山、赖亚力为民革中央驻宁临时特派员，周范文为秘书，携带"赴宁工作要点"及有关文件前去整理。

（五）成立上海临时工作委员会，派陈铭枢、郭春涛、于振瀛、潘震亚、诸尚一等人为委员；后将上海临工会改为沪宁临工会，统一领导，重新登记；河南、江西、武汉等地也陆续进行了组织整理工作。

（六）恢复了组织工作委员会，负责调配干部，开展工作；朱学范和陈其瑗提议设立研究部门以加强理论研究，并提出了"会务整理方案的具体办法"等。

与此同时，谭平山领导的三民主义同志联合会积极整理会务，重新登记所有会员，并逐渐在各地建立分会，准备在这些工作完成后召开全国性会议。中国国民党民主促进会也派特派员前往各解放地区视察，以着手整理会务。该会中央理事联席会议议决："凡各地分会仍未改组为现行之中国国民党民主促进会、1949 年前又未有工作报告者，即予取消该机构，另行建立；在 1949 年前有工作报告、并已改组为现行名称者，亦须加以整理。并决定现已解放之华北、华中等地区因尚在军事时期，所有各分会一律停止活动，对原有会员及会务作严格之检讨与整理，以提防蒋匪特务乘机渗入。"[3]

8 月 2 日，反对蒋介石反动统治的国民党重要团体——孙文主义革命同盟宣布解散，该盟常委许闻天、邓昊明、贡沛诚、管陌村、韩梅岑、侯雨民及各地支部代表希望该盟解散后，该盟成员在人民政府领导之下以新民主主义国家的公民身份，致力于新中国的建设事业。这些盟员后来作为"第四方面"人士参加了中国国民党革命委员会。正是在民革、民联和民促整顿各地组织的基础上，在中共的推动下，国民党民主派开始商定统一工作方案，为举行中国国民党民主派第二次代表会议进行筹备工作。

二、国民党民主派酝酿统一

新中国建立后，国民党各民主派组织作为人民民主统一战线的成员，参加了中国共产党领导的多党合作的国家政权，担负起新的历史任务。他们因为环境和历史的关系以及斗争的需要，没有能够统一在一个组织之内。

---

3 《三民主义同志联合会、国民党民主促进会积极整理会务》，《人民日报》1949 年 6 月 19 日。

国民党民主派自 1948 年以来，就存在着民联、民促和民革三个独立组织，1949 年国共和谈破裂后，国民党和谈代表张治中、邵力子等人，以及一些高级起义将领如程潜等，也参加了人民民主统一战线，形成了国民党内爱国民主派的第四支力量。这种组织上的不统一状态，如果继续下去，势必影响国民党民主派的团结。因此，将国民党各民主派别统一起来，就成为国民党各民主派的当务之急。民革中央

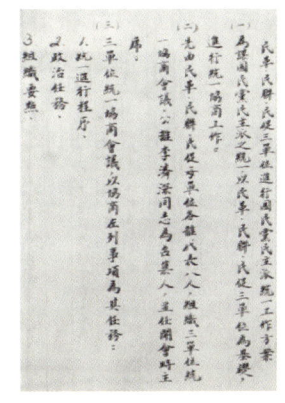

民革、民联、民促统一方案。

首先进行了组织整理，重新登记成员，并在此基础上，着手解决国民党民主派的组织统一问题。

新中国建立后，毛泽东和中共中央向李济深等人建议，希望孙中山先生的信徒，"不分先后，为实现革命的三大政策，为遵守共同纲领，为人民服务，首先要团结起来，统一组织"，以便集中力量，为新民主主义建设发挥作用。李济深对毛泽东和中共中央的建议非常重视。他郑重地对朱学范说："当初我们成立民革，是为了团结国民党的一切爱国力量，从国民党内部瓦解并推翻蒋政权。当时的主导思想是，不分党派，只求爱国，广泛网罗。响应中共'五一'号召之后，形成了多党的局面。三民主义同志联合会和中国国民党民主促进会，从名称上就打着中山旗帜，历史渊源所系，迄今虽未合并，但其领导成员大致都是民革的核心，合并之势业已造成。新政协之后，各民主党派又一次大调整，民革是调整最大的党派之一。董时进的'中国农民党'、安若定的'少年劳动党'未被承认，其部分成员加入了我们民革。我们主要面临着民联、民促的并入和张治中等和谈人士之加入。工作难度甚大，要做好思想准备。"

李济深与民促领导人何香凝、蔡廷锴，民联领导人谭平山、陈铭枢等商谈实现国民党民主派组织的联合问题。经过多次协商，大家都认识到实

现联合的必要性和迫切性，决定接受中共中央和毛泽东建议。作为民革中央常委兼组织工作委员会主任，朱学范协助李济深等人做了大量的组织协调工作。对于当时的工作情景，朱学范回忆道："我们都住在北京饭店并在那里办公，与李济深朝夕相处，是我与他见面、议事，并聆取教益最多的时期。使我进一步懂得了思想工作的艰巨性，以及李在处理人际关系上的宽厚和谨慎。那种宁缓勿躁的做法正表现出他在这方面高度的责任感和耐心，这对军人从政来说，尤属难能可贵。第二次'中国国民党民主派代表会议'得以顺利召开，李济深是花了不少心血的。"[4]

1949 年 10 月 6 日，由民革、民联、民促的代表组成的统一协商座谈会在北京召开，国民党著名代表人物程潜、张治中、邵力子等也应邀参加。会议讨论了国民党各民主派别的统一问题，制定了统一工作方案。会议推举李济深为召集人，负责邀集各方代表就有关问题继续进行协商。在讨论中，李济深从中斡旋，根据各方意见定出基调，然后由民革组织工作委员会形成提案，交由梅龚彬秘书长在会上作提案的说明，进行再讨论。对于统一协商座谈会公推李济深为召集人的原因，朱学范作了这样的解释：这是由于听了周恩来、李维汉、徐冰的建议后，大家认识到在建设新中国的共同目标下，同属于国民党民主派性质的政党没有必要同时存在。

民革、民联、民促和国民党其他爱国民主分子，协商决定统一成为一个组织。这样，会议就不能由民革一个方面来召开，而召集人也要由四方重新"公推"了。民革与民联、民促在反对国民党反动统治上目标一致，虽然一再争取联合，但由于受到历史条件的限制并未成为事实。各派别的主要负责人云集北京参加新政协之后，他们便具备了成立统一组织的有利条件。对于这种情况，随后发布的《中国国民党民主派代表会议宣言》作了详细阐述："在与反革命势力搏斗的过程中，虽然我们都在中共领导的

---

[4] 朱学范《我与民革四十年》，第 239 页，团结出版社 1990 年版。

人民民主统一战线的号召和影响之下，进行着出生入死打倒卖国独裁政权的斗争，且在精神上完全一致，在政见上基本相同，但因为环境和历史的关系，以至于工作上的困难，使我们仍无法统一于一个组织之内。现在，人民解放战争已将蒋介石反动集团的卖国独裁政权摧毁了，中华人民共和国已宣告诞生了。今后人民民主统一战线正需要每一民主阶层和民主党派集中力量，以发挥其协助人民政府伟大的新民主主义建设工程。我们应当把握这一大好时机，进行我们的大团结工作。这便是此次中国国民党民主派代表会议召开的意义。"[5]

在讨论原有的三个组织如何统一为一个组织时，与会代表提出了三种意见：（一）民革、民联、民促三个组织合并为一个组织，这个新组织的名称另行商定；（二）民联、民促合并到民革中来，民革名称不变；（三）民联和民促自动宣布结束，其成员参加民革。9 月 17 日，王昆仑、王炳南、许宝驹、阎宝航、金仲华、吴觉农、袁翰青等 7 人代表小民革发表《中国民主革命同盟结束声明》，部分成员加入了民革，故有人认为：民联、民促可以参照办理。最后，大家在讨论中逐步倾向于第二种意见，但是后来基本上是按照第三种意见办理的。在讨论新组织的名称时，有人嫌弃"国民党"三个字，李济深等人经过耐心解释，决定仍然沿用"中国国民党革命委员会"之名，解决了部分党员的思想顾虑。

对于合并后新成立的民革中央委员会委员的构成，也有不同意见。第一种意见认为，在第一届民革中央执委、候补执委名单的基础上进行调整；第二种意见认为，应该另起炉灶，由四个方面提出新名单，重新协商。多数人倾向于后一种看法。据朱学范回忆："当时，会议是由四个方面的同志组成的，大家的意见自然而然集中在重新协商新名单方面。经过提名、协商，拿出的名单与民革成立时选出的名单比较，变动很大。但是，要成

5 《中国国民党民主派代表会议宣言》，《人民日报》1949 年 11 月 21 日。

立一个统一的组织,必须平衡四个方面的关系。于是大家决定,变动大一些只好多做解释工作,还是以新名单重新进行选举。"[6]

10月12日,中共中央统战部举办茶话会招待民革领导人。周恩来到会并作了重要的讲话。他指出:"在新民主主义政权建设过程中,不应该也不可能采取欧美旧式民主,一党在朝,一党在野。"关于民革的发展方向和前途问题,他强调:原国民党中层广大教职公务人员应当是民革的主要发展对象。希望民革朋友在这方面多做工作,争取他们,使他们懂得如何为人民服务。他分析了新中国成立以后民革的性质和任务,建议孙中山的信徒,不分先后,为实现革命的三大政策,为遵守共同纲领,为人民服务,首先要团结起来,统一组织,才能集中力量,为新民主主义建设工程发挥作用。周恩来的讲话精神,给了民革领导人极大启发和教育,对于各方面意见的统一和中国国民党民主派代表会议的成功召开,具有十分重大的意义。在周恩来和中共中央统战部的支持和帮助下,经过多次协商,各方意见基本取得一致。[7]

在国民党民主派会议筹备工作紧张进行之际,中共中央邀请张治中于11月初赴西北地区一行。李济深得知后立即致函毛泽东。他说:"为谋求本党民主派之团结与统一,已定于11月12日前召开国民党民主派会议,现筹备工作正在积极进行。"他认为"张文白同志亦为筹备代表之一,获悉张同志近有西北之行,即将离京,特恳请主席准其展期旬日,俟开会后始行就道",这将对本会团结统一裨益甚多。为促成国民党民主派的团结统一,毛泽东复函李济深,表示"张文白可展至本月15日左右动身"。

毛泽东批准张治中推迟西北之行后,国民党民主派会议的协商工作继续进行。对合并后如何建立新的中央委员会,李济深赞成第二种意见,认

---

6 朱学范《我与民革四十年》,第239页,团结出版社1990年版。

7 中共中央文献研究室编《周恩来年谱(1949—1976)》上卷,第5页,中央文献出版社1997年版。

为应该另起炉灶，由四个方面提出新名单，重新协商。他知道，这样做意味着原民革中央执委和候补执委将有不少人要退出，这对民革是个相当大的变动。但为建立一个统一的国民党民主派组织，必须平衡四个方面的关系，而不能过多考虑民革的利益。为此，李济深对民革的同志做了大量说服工作，使大家接受了这种方案。同时，为了使退出民革中央的成员能得到适当安排，并使第四方面的一些代表性人物，包括原南京政府和谈代表团的部分成员、部分起义将领和国民党内的其他知名人士得到安排，尽量扩大团结面，李济深采纳了一些代表提出的意见，决定在民革中央另设人数较多的团结委员会，以取代原民革十余人的监察委员会。这样，李济深等人就解决了国民党民主派组织合并中复杂的人事安排的重大难题，使各方面都比较满意。

三、召开"二大"，实现"四方"联合

按照《中国国民党革命委员会组织总章》规定："全国代表大会为本党最高权力机关，每二年开会一次，由中央执行委员会召集之，必要时得提前或延期。"这就是说，要召开民革第二次全体代表大会，未经民革第一届中央执行委员会通过"欠妥"。于是，李济深等民革领导人决定举行国民党民主派代表会议。

1949 年 11 月 12 日至 16 日，中国国民党民主派代表会议在北京召开。参加会议的有民革、民联、民促和国民党其他爱国民主分子等四个方面的代表，共 58 人，简称"四方会议"。国民党其他爱国民主分子的代表，既包括了原南京政府和谈代表团的部分成员、部分起义将领和国民党知名人士，还包括中国人民政治协商会议召开前已停止活动的原孙文主义革命同盟的部分领导人。

中国国民党民主派代表会议，实际上是民革历史上的第二次全国代表

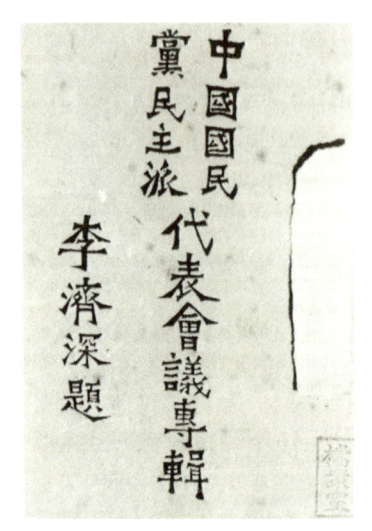

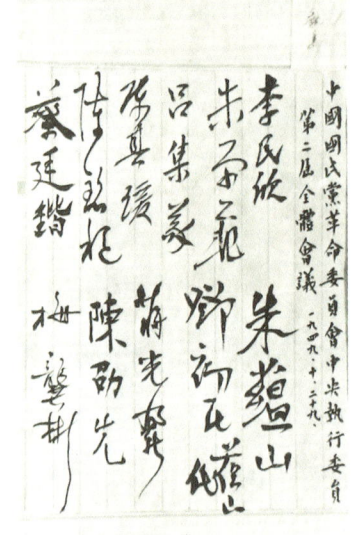

《中国国民党民主派代表会议专辑》。（上）

1949年10月29日，中国国民党革命委员会中央执行委员会第二届全体会议在北京举行。会议就中国国民党民主派代表会议的召开问题进行了讨论。图为部分与会者的签名。（下）

大会。会议的中心任务是促成国民党民主派的团结和组织上的统一。会议决定：将民革、民联、民促和国民党其他爱国民主分子统一成为一个组织——中国国民党革命委员会。会后，民联与民促分别宣告结束，不再单独存在。这次会议圆满地解决了国民党各民主派别和其他爱国民主分子在组织上的统一问题，使民革成为统一的国民党爱国民主力量的政治组织。

1949年11月12日，是孙中山诞辰83周年纪念日，李济深、何香凝、谭平山、陈铭枢、蔡廷锴、蒋光鼐、张治中、邵力子、贺贵严等60余人暨列席党员20余人齐集一堂，举行了隆重肃穆的纪念会。在李济深领导行礼、献花之后，何香凝在报告中指出："孙中山先生数十年艰苦奋斗，最后的目的是求世界大同，消灭人类的被压迫。国民党民主派本着孙先生的革命意旨，在毛主席领导之下奋斗到底。"随后，大会首先通过了由国民党民主派筹备委员会所建议的大会主席团名单及秘书处名单。李济深、何香凝、谭平山、陈铭枢、蔡廷锴、蒋光鼐、程潜、张治中、邵力子、柳亚子、李锡九、陈劭先、朱蕴山、李任仁、陈其瑗、陈汝棠、朱学范、贺贵严、郭春涛、王昆仑、梅龚彬、李民欣、于振瀛等人为主席团成员；陈此生为大会秘书长，吴茂荪、吕集义、李俊龙为副秘书长。

李济深在中国国民党民主派代表会议上致开幕词。他回顾了中国国民党民主派反蒋革命的历程，认为历次反蒋运动失败的原因在于不懂得以人民大众为基础，不懂得革命统一战线的必要，拿不出准确的政治路线，走了许多迂回的路，受了许多事实的教训，国民党革命派才逐渐认识如果没有和革命势力结合在一起，尤其是如果没有和共产党结合在一起，倒蒋运动是不可能成功的。国民党民主派在香港举行代表会议及中国国民党革命委员会成立，明朗地宣示要负起孙中山先生所提示的反封建和反帝国主义两大任务，要奉行孙先生所订定的三大政策，明朗地宣示要站在以共产党为首的民主民族革命统一战线这一边，这是国民党民主派真正划时代的发展。他认为："今天的国民党民主派代表会议正是为了国民党民主分子的进步和团结。当革命委员会酝酿以至成立的时候，我们就认定除参加革命委员会的同志外，还有许多国民党员也是厌恶以蒋介石为首的反革命派或独裁派的，所以那时候我们就准备着要邀请许多人参加革命委员会，只因为形格势禁，这许多人未能和我们团结在一起。现在这种格禁的形势已经不存在了，我们的团结就可以顺利地发展。"在他看来，国民党民主派代表会议的召开实现了初步的团结，今后必须逐渐团结所有国民党的觉悟分子及逐渐觉悟分子，引导他们进步。他郑重指出了大会的主要议题为："在这次会议中，我们要根据共同纲领订定我们应该负担而且可能负担的政治任务；我们要根据进步与团结这一基本原则订定我们的组织总章，我们要慎重选出更健全有力的中央领导机构。"[8]

随后，民联负责人谭平山发表讲话指出："现在到了新民主主义的时

8 《中国国民党民主派代表会议，李济深开幕词全文》，《人民日报》1949 年 11 月 21 日。

1949 年 11 月 12 日至 16 日，中国国民党民主派代表会议在北京召开。会议经过 5 天讨论，通过了《中国国民党革命委员会关于当前政治任务决议案》，决定以《中国人民政治协商会议共同纲领》作为民革的政治纲领。同时还通过了《中国国民党革命委员会组织总章》和《中国国民党民主派代表会议宣言》。图为《人民日报》刊载的《宣言》。

代，我们革命的国民党员，应该接受孙先生的正确指导，并学习马列主义，因为马列主义是革命的真理，而能适用于各国家各民族的。孙先生在 1924 年改组了党，而且将旧民主主义发展为革命的三民主义。我们应用马列主义武装我们的头脑，向中共学习，以共同完成中国革命的任务。"民联另一负责人陈铭枢也发表讲话说："在政治上有了共同纲领，在党派结合上有了统一战线，这就明白指示了我们前进的方向，规定了我们的任务。我们必须从如何巩固统一战线着想，才能配合友党，克尽自己的任务。因此，我们国民党民主派的团结统一，必须着重在质的发展，万不可徒向量的发展着想。"民促负责人蔡廷锴表示："从今天起，我们应该团结一致，虚心地向领导中国革命的友党学习，向人民学习，务使我们在建设新中国的工程中，能够发挥我们应有的作用。这样，我们的团结统一才有意义。"[9]

作为国民党民主派"第四方面"的代表，张治中在讲话时特别指出：检讨过去国民党失败的主要原因，第一是丧失了革命性，第二是丧失了民主集中的组织精神，第三是丧失了团结统一的组织力量。我们应该彻底认识革

---

9 《中国国民党民主派代表会议圆满闭幕，通过当前政治任务及组织总章等案，选出民革中央委员及全党团结委员》，《人民日报》1949 年 11 月 20 日。

命三民主义的发展前途，和新民主主义到社会主义、到共产主义的发展是一致的；而在现阶段，则是坚持贯彻反帝、反封建、反官僚资本的任务。如果是没有这样认识的，或者是貌合神离的，或者是保守死硬的残余分子，绝不容许混到我们这个新的革命阵营里来，以免再来腐化我们的党。其次我们应该彻上彻下地实行民主集中制，在民主基础上来求集中，在集中运用上推行民主。同时施行严格的批评和自我批评制度，一切都要坦白、公开地拿来检讨。再其次，所有我们的民主分子都应该团结在党的领导之下；把个人主义、派系观念、地域观念等旧习气、旧作风，排除净尽！这样，我们才不愧为人民民主统一战线的一员，才能对于新中国建设有所贡献。邵力子讲话说："我们今天宣告了反动伪党统的灭亡，必须以团结的力量，引导逐渐觉悟的分子到人民方面来。我们要做到除了极少数甘心做蒋介石殉葬的败类以外，都能离开这个无耻的独夫。就是过去曾犯过了一点错误的人，只要他肯向人民群众投降，愿意接受改造教育的，我们也还是要争取的。"[10]

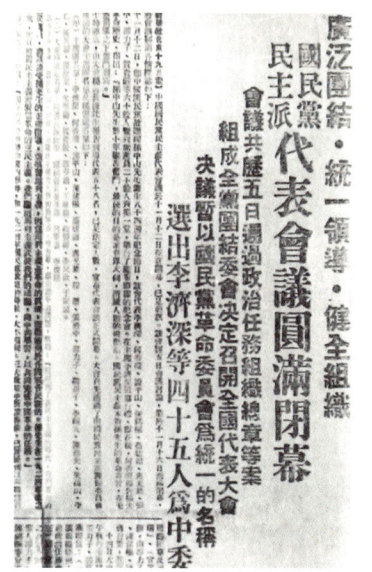

中国国民党民主派代表会议选举产生了新一届的中国国民党革命委员会中央委员会和中央团结委员会，初步完成全党团结的任务。图为《人民日报》刊载的中国国民党民主派代表会议闭幕的消息。

189

10 《中国国民党民主派代表会议圆满闭幕，通过当前政治任务及组织总章等案，选出民革中央委员及全党团结委员》，《人民日报》1949 年 11 月 20 日。

当晚，参加会议的全体代表应政务院总理周恩来之邀，出席中共中央统战部茶会。周恩来预祝大会胜利成功并提出了很多宝贵的意见。很多出席代表发言表示，诚意接受周总理的正确指导，并在毛主席及中国共产党的领导之下，广泛地团结国民党民主分子，健全党的组织，为巩固人民民主专政，实现共同纲领而努力。

会议经过 5 天讨论，通过了《中国国民党革命委员会关于当前政治任务决议案》，决定以《中国人民政治协商会议共同纲领》作为民革的政治纲领。同时还通过了《中国国民党革命委员会组织总章》和《中国国民党民主派代表会议宣言》，选举产生了新一届的中国国民党革命委员会中央委员会和中央团结委员会，初步完成全党团结的任务。

民革第二届中央委员会由 65 人组成，其中中央委员 45 名，候补中央委员 20 名。中央委员会包括了原来民革、民联、民促和国民党其他爱国民主分子等四个方面的代表人物，尤其是程潜、张治中、刘斐、龙云、武和轩、许闻天等人的加入，使新的中央委员会具有广泛的代表性，体现了国民党爱国民主力量的大团结。

由于新的中央委员会要包括民革、民联、民促及国民党其他爱国民主分子等四个方面的代表人物，故人事变动很大。据朱学范负责的组织工作委员会统计，民革第一届中央委员会的 71 位中央执委、候补执委中有 41 人要退出，占 58%。除了要安排民联、民促代表进入中央委员会外，国民党其他爱国民主分子的代表也作为第四方面参加到新的中央委员会中，中央委员会名额有限，颇难安排。因此，要真正实现国民党民主派的组织上的统一，必须采取一些应变措施以扩大团结面。

作为国民党民主派的领袖，李济深强调："不能只顾自己勇往直前，要照顾好自己的同伴一道前进，这才是我们要做的工作。"为了扩大和加强各方面团结起见，会议决定不再设置中央监察委员会，而专门成立民革中央团结委员会。李济深、何香凝、柳亚子、陈铭枢、蔡廷锴、张文、李团结委员会有关文献。

锡九、程潜、张治中、邵力子、熊克武、王葆真、周震鳞等 72 人当选为中央团结委员会委员，李济深兼任主任委员，其中包括有华侨缺席代表多人，尚余一部分名额交由中央委员会决议补充。团结委员会的主要任务是联系和团结国民党爱国民主人士。团结委员会作为民革在当时特定的历史条件下团结国民党内上层人士的特殊机构，圆满地解决了国民党各民主派别和其他爱国民主分子在组织上的统一问题。正如朱学范所云："中国国民党民主派代表会议选举产生的民革中央委员会，不论当时有这样和那样的分歧意见，但客观上它是民革的第二届中央委员会，从而这次会议本身也是民革历史上的第二次全国代表大会。"[11]

11 月 22 日，中国国民党革命委员会中央委员会举行全体会议，李济深担任会议执行主席。会议在讨论国民党民主派会议交下执行之各案后，选举李济深为主席。李济深、何香凝、谭平山、陈铭枢、蔡廷锴、蒋光鼐、程潜、张治中、邵力子、柳亚子、朱蕴山、陈劭先、陈其瑗、梅龚彬、王昆仑、郭春涛、许宝驹、宁武、贺贵严、于振瀛、李世璋等 21 人为常务

11 朱学范《我与民革四十年》，第 239 页，团结出版社 1990 年版。

委员，梅龚彬为秘书长，朱蕴山为组织部长，许宝驹为宣传部长。

四、确立为新民主主义服务的政治路线

中国国民党民主派代表会议的重大历史功绩，是圆满地解决了国民党各民主派别和其他爱国民主力量统一的政治组织问题，确立了接受中国共产党领导、为新民主主义服务的政治路线，并制定了相应的组织路线。朱学范评价说："会议不但是一次国民党民主派大团结的会议，而且通过会议，把大家的思想从革命的三民主义指引到与新民主主义汇流的境地，帮助大家从思想感情上接受新民主主义，并以孙中山先生的不断进步的革命精神，引导大家把思想统一到以中国共产党为首的人民民主统一战线上来，确立了接受中国共产党的领导、为新民主主义服务的政治路线。这次会议的意义是十分重大和深远的。"

会议通过的《关于当前政治任务决议案》明确指出：民革的基本任务是继承中山遗志，完成新民主主义革命任务，为巩固人民民主专政的新中国而努力。"孙中山先生留给我们的反帝反封建主义革命历史任务，我们必须继续努力，为完全消灭帝国主义的侵略和根绝封建主义和官僚资本主义的残余，为发展生产，提高文化，建设新民主主义的人民共和国而奋斗到底。"该决议案坚决拥护中共领导的人民民主统一战线，忠实执行新政协会议通过的《共同纲领》。它明确申明："中国共产党所领导的国内的人民民主统一战线，和以苏联为首的国际的和平民主阵线，我们必须坚决拥护，力求其巩固和强大。"并郑重表示："中国人民政治协商会议共同纲领，是我们的总纲领，我们必须忠实执行。"[12]

为了适应新中国建立初期革命和建设任务的需要，《决议案》具体规

---

12 《中国国民党民主派代表会议通过"当前政治任务决议案"》，《人民日报》1949 年 11 月 21 日。

定了民革党员必须尽力协助各级人民政府，求其完全实现的 17 项任务：（一）协助各级人民政府肃清一切反动顽固分子，改造曾在国民党反动派政府各机关服务的公务人员，并引导他们忠实为人民服务。（二）策动仍在国民党反动派政府服务的人员效忠于人民政府，为人民服务。（三）协助各级人民政府，推行廉洁朴素的作风和杜绝贪污浪费。（四）协助各地方人民政府，准备普选条件，以便实行普选，召开人民代表大会，产生民选的人民政府。（五）继续策动国民党军队及地方武力起义，以求解放战争的任务早日完成。（六）协助人民政府改造旧式军人，引导他们贡献其能力于新中国。（七）协助各地方人民政府进行土地改革，实现孙中山先生"耕者有其田"的主张，根绝封建的残余势力。（八）协助人民政府，彻底清除工商企业中的官僚资本的残余，并引导民族工商业者，在人民政府经济计划之下，致力于生产建设。（九）协助人民政府引导旧有的专家及技术人员，为新中国的建设而努力。（十）协助人民政府，肃清封建的买办的法西斯主义的思想，和反对个人主义的作风。（十一）协助人民政府推行反对大民族主义及狭隘民族主义的政策。（十二）协助人民政府推广成人教育、社会教育、知识分子的政治教育，及提高少数民族的文化水准。（十三）积极宣传共同纲领及人民政府的一切政策政令。（十四）协助人民政府引导旧有的文化教育及科学人员，遵循政府的政策从事文化教育及科学工作。（十五）策动原为国民党反动派政府工作的外交人员效忠于人民政府，为中华人民共和国服务。（十六）以人民外交的方式，增进中国和苏联及新民主主义国家的友好，并争取资本主义国家人民的同情。（十七）联络国外华侨并增进他们的福利，引导他们致力于祖国的建设事业。[13]

为了贯彻新民主主义的政治路线，中国国民党民主派代表会议通过的《中国国民党革命委员会组织总章》（4 章 27 条），对党员的条件、义务

---

13 《中国国民党民主派代表会议通过"当前政治任务决议案"》，《人民日报》1949 年 11 月 21 日。

194

《关于当前政治任务决议案》。（上）
《组织总章》。（下）

与权利、党的组织系统、组织原则与奖惩等作了明确规定。《组织总章》对党员质量提出了较高要求。指出："我们的党员，不求其量之多，而求其质之纯，发展的范围不求其宽广，而求其适应新民主主义阶段中的建设需要。"对党员在政治上的表现做出了更严格的规定：（一）确认革命的三民主义之发展在现阶段已与新民主主义汇流，并愿为建设新民主主义的人民共和国而奋斗。（二）赞成彻底消灭封建、买办、官僚资本，及法西斯的反动残余势力，赞成土改政策，消灭地主阶级的封建剥削制度，以实现"耕者有其田"的主张。（三）志愿参加人民民主革命的统一战线，拥护工人阶级及中国共产党领导的人民民主专政的联合政权，以实现《共同纲领》。（四）反对以美国为首的帝国主义集团，拥护以苏联为首的国际民主和平阵营，并联合全世界一切人民民主力量，争取世界之持久和平。

它还严格限定了党员的入党条件：凡曾参加国民党内外反动派系而未有确切证明其已脱离关系，并无改过自新之切实表现者；凡有勾结帝国主义破坏革命统一战线表现为反民主、反人民之言行，而未有改过自新之确切证明者；凡曾在国民党反动政权下，担任重要职务有贪污腐化行为及思想顽固者以及流氓、土劣等，而未有已经改造之确切证明者；凡曾在抗战时期担任敌伪机关重要职务及有危害国家民族之罪行者；具有上述各款之一者不得介绍入党。对已经入党的人进一步要求能认识时代、认识真理，以集体主义代替个人主义，以协作精神代替主观偏见，学习孙中山先生进步和创造的精神，学习马列主义和毛泽东思想，学习我们的友党廉洁朴素的艰苦奋斗和批评与自我批评的作风。

这些原则性规定，为民革政治路线的落实提供了保障，也为新中国建立之初民革组织的整顿和发展奠定了理论政策上的基础。关于该《组织总章》讨论及通过的具体情况，朱学范回忆说："有些同志认为文件上有'新民主主义'之词句，不如改为'革命的三民主义'，更有民革本色和特点；特别是在民革成立时，坚持'三民主义之理论，仍为今日中国革命之正确指导理论'的那些同志一时思想转不过来。为此，李济深亲自召集我们参加起草新的《组织总章》的同志共同磋商，在该《组织总章》上写明：本党党员要'确认革命的三民主义之发展在现阶段已与新民主主义汇流，并愿为建设新民主主义的人民共和国而奋斗'。"

《组织总章》通过之后，李济深主持起草的《中国国民党民主派代表会议宣言》再次重申了民革接受中国共产党的领导、为新民主主义服务的政治路线。《宣言》指出："假使中山先生仍健在于今日，他所领导的党的理论和政策，必更进一步的向前发展以适应中国革命之客观需要，这是无可置疑的。"它郑重声明：从今天起，中国国民党革命委员会，和早经本会二中全会宣告合并于本会的三民主义同志联合会、中国国民党民主促进会以及党内其他民主分子，都团结在一个统一组织——中国国民党革命委员会之内，继承中山先生之革命传统，宣告叛徒蒋介石反动党统之灭亡，并以中国人民民主统一战线之一员，在中国共产党毛主席领导之下，为巩固人民民主专政，实现人民政协共同纲领而努力。

《宣言》在总结国民党民主派革命斗争的历史经验后指出："革命客观情势的发展，说明了中国民族民主革命胜利的保证，其领导权必须建筑在团结了广大工农群众的中国共产党的身上，中国国民党革命派如果为了承继中山先生的革命传统，而愿为中国革命贡献其力量，唯有参加以中国共产党为首的人民民主统一战线。"《宣言》明确宣布放弃原来制定的旧政治纲领，参加中共领导的人民民主统一战线，以中国人民政治协商会议共同纲领作为自己的政治纲领："人民民主统一战线在新阶段中的基本任务，是巩固人民民主专政，实现人民政协共同纲领，建设新民主主义的新中国。作为中国人民民主统一战线之一员的我们，应该是这一任务的忠实执行者。因此，人民政协的共同纲领，便是我们行动的总纲领。我们将站在自己的岗位上，竭智尽忠，依据自己的历史的和社会的关系，协助各级人民政府，求其彻底实现。"

《宣言》最后强调：为了圆满达成"实现人民政协共同纲领，建设新民主主义的新中国"的历史任务，我们应尽可能健全我们党的组织，改造我们党员的思想和作风，务使党的组织不再是一个落后的散漫的集团，而是一个进步的有纪律的并与群众密切联系的为人民服务的革命政党。"我们不仅应该整肃我们的阵营，提高我们的警觉，还应该在力所能及的范围内，运用我们历史的和社会的关系，协助政府，进一步肃清反动派的残余力量，并争取其中可能觉悟的分子到人民方面来，这也是我们可能做而又应该做的工作。"[14]

中国国民党民主派代表会议，是民革历史上的第二次全国代表大会。这次会议圆满地解决了国民党各民主派别和其他爱国民主力量成立统一的政治组织问题。会议在总结民主革命时期国民党民主派斗争的经验教训的基础上，确立了接受中国共产党领导、为新民主主义服务的政治路线，并

---

14 《中国国民党民主派代表会议宣言》，《人民日报》1949 年 11 月 21 日。

制定了相应的组织路线，会议选出的新的中央领导机构，具有广泛的代表性，体现了国民党爱国民主力量的大团结。通过这次会议，民革在政治上和组织上大大地前进了一步，为新中国成立后民革工作的发展创造了必要的条件。

11 月 23 日，为了贯彻中国国民党民主派代表会议通过的各项决议，民革中央举行第一次中常会。李济深对第一届中央常委，特别是邓初民的光临表示感谢，并主要讨论了设立团结委员会、各部委副职、组织规程、地方组织、常委会和谈话会时间等问题。谭平山提出："当前应把主要精力放在讨论民革的政纲是什么，如何贯彻等重大问题上，统一了思想才能行动一致，行动一致，才能避免组织松散的现象。"为了统一民革中央领导人的思想，决定在李济深寓所（称李公馆）不定期地举行协商碰头会。

当天下午，"李公馆协商碰头会"第一次会议召开，参加者有李济深、何香凝、谭平山、陈铭枢、蔡廷锴、张治中、邵力子、柳亚子、朱蕴山、陈劭先、梅龚彬、许宝驹、王昆仑和朱学范。李济深说："参照香港期间的办法，有些事情还是要先在一定范围之内协商，成熟后才宜公开，今天召开首次协商碰头会，以后半月左右一次。"他发挥了"四方会议"的精神，重点阐述了民革接受中国共产党领导、为新民主主义服务的政治路线，力争将全党思想统一到这条为新民主主义服务的政治路线上来。

李济深指出："我们一开始就把推翻蒋政权的斗争寄托在人民解放军在战场的打胜仗上，所以民革一成立就必须进一步与共产党合作。"他认为："国民党民主派的联共历史较长，他们的思想比较进步。我们以孙中山先生的三民主义和革命的三大政策为号召，对瓦解蒋政权曾经发挥过作用。特别是国民党在军事上节节败退之后，国民党内不乏有识之士加入民革或与之联系，为自己另择前程。这对彻底粉碎蒋政权，维护安定的社会秩序，都是有益的。"随着民革组织的扩大，思想工作越来越艰巨，在这种情况下，更要坚持中国共产党的领导。他强调说："尤其是当前我们又

位于北京市东城区西总布胡同的李济深旧居。

处在一个大转弯的时期，就是要从与共产党亲密合作转变到接受中共的领导。在中共领导下合作共事，为新民主主义服务，共建祖国。"

李济深认为，民革要跟上这次大转变和大进步不是一件容易的事情，要从思想感情上接受更为不易。因此，"我们在'四方会议'中主要解决了一个大联合、大团结问题，不少同志让出了常委或者中委。在文件上也作了让步，如'确认革命的三民主义之发展'在现阶段已与新民主主义汇流，'参加以中国共产党为首的人民民主统一战线'等，都是照顾不少党员的思想情况，以及为继续号召未解放地区的国民党军政人员之故。"尽管如此，各位同志都要明确两点：（一）一些让下去的中委以上同志，过去出过力，我们要继续依靠他们，向他们请教；（二）本人过去思想与行动也有不足之处。为了坚定民革高层对"为新民主主义服务"的民革政治路线的立场，李济深再次重申："今天本人表示坚决接受中国共产党的领导，毛主席的领导，坚持共同纲领，为新民主主义建设事业服务。"

程潜、张治中、邵力子等人发表讲话，表示坚决拥护"四方会议"确定的为新民主主义服务的政治路线。谭平山赞同李济深的态度，并补充说："过去联共历史虽然很长，但有些人难免时有反复。今天明确了接受中共领导，为新民主主义服务的政治路线，非常必要，但仍会反复。希望任公在这原则问题上不要含糊，坚决领导。"朱学范也兴奋地表示："今天任公倡导各点，我一定追随到底。"

会后，李济深与朱学范继续进行交流。李济深认为，程潜、张治中、邵力子等人参加了民革，今后国民党高层次爱国人士还会不断进来，能够提高民革声誉，扩大社会影响，这是事物的一个方面；另一方面，我们如不带头接受中共领导，坚持共同纲领，坚持新民主主义的大方向，则在民革内部也谈不上安定团结。他鼓励朱学范说："你曾是支持我接受中共领导的同志之一，希望你在这个原则问题上继续不断地提醒我，使我不负孙夫人之重托和全体党员的厚望。"李济深的这些发自肺腑的诚恳谈话，使朱学范既感动又高兴。他们认为：民革作为一个政党，"首先要在政治上明确接受中国共产党的领导，坚持共同纲领，为新民主主义服务的政治大方向。历史证明，中国人民除此而外别无选择，民革除此而外也别无选择"。[15]

1950 年 12 月 4 日，民革二届二中全会再次重申："中国国民党革命委员会是中国共产党领导下的人民民主统一战线成员之一。新民主主义的思想，就是本党的领导思想；人民政协共同纲领，就是本党的行动纲领。每个同志都应在思想上有明确认识，并以实际行动去贯彻执行。"[16] 这样，民革中央确立的"为新民主主义服务"的政治路线为全党所认同。这条政治路线的确立，为民革制定正确的组织路线奠定了理论基础。

五、确立组织路线

在筹备召开新政协、建立新中国过程中，中共与各民主党派就各民主党派组织发展问题作过多次沟通协商。周恩来代表中共中央建议各民主党派整理、发展组织的原则是"三层两类"，以好的中层为主。1949 年 6 月

---

15 朱学范《我与民革四十年》，第 251—254 页，团结出版社 1990 年版。
16 《民革二中全会通过关于发展组织的决议》，《人民日报》1951 年 1 月 24 日。

朱蕴山（右二）等人在南京考察。

2日，民革召开了中央谈话会，学习讨论周恩来建议的整理和发展组织原则。李济深在发言中除强调贯彻"三层两类"以好的中层为主的原则之外，还结合民革组织建设的实际指出：组织形式和组织路线都应服从于革命的政治任务。在民革成立前后的主要政治任务是对国民党军政人员起分化作用，在以中共为首的人民民主统一战线的领导下，进行政治上的号召和军事上的策反，以加速国民党统治的瓦解。当时有许多国民党爱国进步人士限于处境，不便站在民革一边公开推翻蒋政权，让他们留在国民党里等待时机率部起义所起的作用会更大。出于革命形势发展的需要，我们曾集中全力于策反，是为了革命利益才这样做的。

谭平山在谈话会上指出："我们是国民党民主派的联合，不是与反动集团的联合。如果这样，对革命不利。"李民欣认为："策反工作有革命意义。"陈其瑗认为："起义将领虽是上层，民革号召在前，没有理由拒绝在后。今天要讨论的是我们怎样正确执行周恩来的建议，结合民革实际注重中层的问题。"张文认为："中层为主，并非不能发展上层，但是以好的为主是不能通融的。"王昆仑认为："不要机械决定谁好，谁坏，要看到人是会变的。正如任公所说，组织路线要服务于当前的政治任务，我看当前策反工作还是重要的。"李锡九则说："不过事情还得看到另一面，通过张治中做工作，西北新疆等地的解放也许可以不用武力。"李济深总结说："和平起义并非制造反对派，傅作义就不是。我们做策反工作，能争取一个团固然好，但一个军更好。他们过来了，就要与之真诚合作。这对革命有利。"由于民革中央内部对贯彻"三层两类"以好的中层为主的方针争议较大，故李济深最后强调："至于如何贯彻'三层两类'以好的中层为主的方针，待蕴山兄从京沪整理组织回平后，结合地方实际再议。"[17]

尽管中国国民党民主派代表会议确定了为新民主主义服务的政治路线，也通过了《中国国民党革命委员会组织总章》，对党员的条件、义务与权利、党的组织系统、组织原则与奖惩等都作了明确规定，确定了民革组织建设的基本原则，力图尽可能健全党的组织，克服落后和散漫的弱点，改造党员的思想和作风，使党组织成为一个进步的有纪律的，并与群众密切联系的为人民服务的革命政党，但民革中央在组织路线问题上仍有较大分歧。民革组织部长朱蕴山从南京、上海回来后，向中常会作了整理会务的汇报。即便如此，民革中央的组织路线仍然未能解决。对于其中的原因，朱学范解释道："由于民革一方面是国民党民主派的联合，他们在长期的反蒋斗争中深受迫害，吃足了苦头；而李济深、冯玉祥、蔡廷锴、蒋光鼐等人在反蒋斗争中采取的联系国民党上层人士的策反手段，以他们的影响进行号召，策动起义。因此，在很多问题上常常由于视角不同，看法难免各异，特别在组织工作上，不少人提出了到底是'进步性'重要，还是'代表性'重要的问题。"

实际上，如何处理民革组织发展问题上的"进步性"和"代表性"，是造成民革内部分歧的根本问题，也是涉及民革组织路线的关键问题。有人坚持民革的"进步性"而排斥"代表性"，不主张将那些国民党中上层

---

17 朱学范《我与民革四十年》，第 258-259 页，团结出版社 1990 年版。

人物纳入党内，尤其是进入中央委员会和团结委员会；有人则认为在坚持民革"进步性"的同时，必须同时考虑到民革的"代表性"，主张将那些倾向民主进步的国民党中上层人士发展成为民革成员，并给予较高的党内和社会地位。这两种分歧较大的意见，不仅在民革中央有明显的表现，而且在民革地方组织中也有反映。李济深、何香凝等人花了较大力气从事说服教育工作。

1950年3月18日，民革中央常委会根据民革北京市分会提出的"本党民主同志"范围问题进行讨论，认为"本党民主同志"指不仅过去长期在反帝、反封建、反官僚资本主义的不同阶段中有其实际的行动，不仅在近几年人民解放事业和民主运动中言行有所表现，而且是在现阶段有积极表现者。朱学范与梅龚彬认为，提出这个问题的实质，还是认为民革中央比较重视"代表性"而忽视了组织发展上的"进步性"。何香凝听了朱学范关于党内组织问题上的汇报后说："周总理建议以中层为主，是指整顿地下同志而言，现在要发展组织，得视民革具体情况，不一定机械照搬，但是一定要坚持好的。"[18]

9月3日，民革中央组织部长朱蕴山汇报了《八个月来组织工作总结》。他指出，1949年3月8日民革中央曾通令各地策反人员将军事策反工作一律移交人民解放军，"近据调查了解，过去派赴各地进行军事策反的工作人员，在协助人民解放军执行革命战斗任务上曾起过一些配合作用，但因成分不齐，经商定：参加策反工作的同志不能算参加了民革组织；但可以吸收其中好的同志加入民革"。他还指出："各地地下组织也存在着品类和派系不齐的情形。今年以来互相攻击的信电仍很多。我们再次通令各地组织进行整理。""其中不少人被送到各地革大学习后，有的已培养为民革地方组织的干部。"他又说："在整理中，因上层人士直接与中央

---

18 朱学范《我与民革四十年》，第259-260页，团结出版社1990年版。

领导人有联系，实际上重新登记和新加入组织的，是贯彻了以好的中层为主的原则的。"朱蕴山在总结中强调："以团结国民党中层分子为主，并注意吸收社会各阶层中与国民党有若干关系的文教、工商、专门技术人员以及妇女界进步分子。至于国民党上层个别的进步分子，我们也要竭诚地争取他们参加组织。民革在统一战线中就在于团结这一部分群众来执行共同纲领。"[19]梅龚彬在会上作的《秘书处工作报告》也指出，为了执行民主派代表会议和一中全会赋予中常会的任务，我们的具体工作可概括为四项，其中一项就是确定了"三层两类"的组织路线。

但是，对于民革的组织路线，李济深提出了不同看法。他认为，过去八个月组织方面的工作就是整建工作，组织部所掌握的路线、方针和步骤大体上是正确的，但是由于群众对统战政策和民革任务的认识不足，所以我们争取团结的工作就难于展开。他认为民革中央组织部的工作做得不够积极和迅速，有时不免发生一些偏差。党的组织不应该停留于过去的阶段上，局限于少数进步分子的集团。假使那样，就不能完成政治任务，就犯了所谓"关门主义"的发展组织方针。他明确提出了自己对民革组织问题上的意见：在发展对象上，我们决定以与旧国民党有历史关系的群众为主要对象，以中心城市为主，暂时不在农村和少数民族聚居的省区中去发展。这次中常会所作的《关于本党中央三部门八个月来工作总结报告的决定》，基本上是按照李济深的意见总结的。《决定》明确指出："在发展组织的对象上，仍应循以往一贯方针"，"主要的应以与旧国民党有历史关系的群众为对象，更应广泛地吸收旧国民党中层而加以教育改造"。[20]

由此可见，民革中央这次常委会对1949年初就执行的"三层两类"以好的中层为主的组织路线作了较大的修改。当时，有不少同志在思想上

19 《关于本党中央三部门八个月来工作总结报告的决定》，《民革汇刊》1950年第6期，第8页。
20 《关于本党中央三部门八个月来工作总结报告的决定》，《民革汇刊》1950年第6期，第1—3页。

梅龚彬所做报告的有关文稿。

并没有接受，认为这样一来，无疑是向旧国民党员开门，民革作为一个进步组织，其"进步性"将在哪里体现呢？

9月3日晚，李济深邀请部分中央负责同志继续进行座谈。谭平山认为："当前确实应先确定组织路线，使发展是快是慢有个标准。周总理建议的'三层两类'、'非有特殊必要不吸收上层分子'，事实上我们吸收的还是上层居多。"吴秀峰也说："我在外国时，华侨对革命的三民主义容易接受。"朱学范说："民革有它的光荣历史，有它的进步性。今后在中国共产党的直接领导下，更不可能犯大错误。组织工作应与宣传工作并进。我们的历史任务并不因打倒了蒋政权而终了，还有我们远大的新任务。我们民革是统一战线的一员，要协助中共大力开展统战工作。有些人参加了政府工作后就忽视民革工作，这是一种缺点，连我也在内。"他还说："在组织路线上，偏左偏右都不合适。根据民革的实际情况，组织工作也实在难做。民革是各革命阶层的组合，把握阶级立场，开展批评与自我批评，都较困难。我想我们多发展一些机关干部并提出一个政治口号作基础，依这基础发展组织积极开展批评与自我批评，教育党员努力工作。"

李济深非常赞赏朱学范的发言。他随后对朱学范说："你今晚的发言很好。我今天在常会的发言是与李维汉交换过意见的。主要以与旧国民党有历史关系的群众为对象，不仅有国民党员归队之嫌，同志们思想接受不了是可以理解的，而且实际做起来也有很大难度。但是，这些人到了新社会，总得有人去做他们的工作。做好这项工作，对社会秩序的安定和调动他们的积极性从事建设有重大意义。现在，我们既不能良莠不分地把他们包下来，又没有理由拒绝这项艰巨而又光荣的任务。你的发言启发我想到两点：一是定一个实施方案作为发展组织之依据；二是另外成立一个团体，让不能加入组织的人有机会加入这个团体，以协助中央扩大统战工作。"[21]朱学范建议李济深重视民革党员的思想工作，号召大家学习马列主义、毛泽东思想，并做好香港同胞和海外侨胞的宣传工作。

此后，李济深与何香凝等民革主要领导人反复商量，并与中共中央统战部协商，决定民革发展新成员时，必须接受中国共产党的领导，坚持共同纲领的政治方向；并拟增设社会联系人士委员会。这两项决定，对于民革组织工作起了重大指导作用。

正是由于确定了民革"主要对象是原国民党及与原国民党有历史关系的中上层人士"的基本原则，李济深和民革中央在肃清和整顿各级组织的同时，大胆地吸收了国民党起义军政人员加入民革。除了张治中、刘斐、邵力子、黄绍竑等原国民党政府和谈代表加入民革外，在湖南、四川、云南、新疆等地率部起义的国民党著名将领，如程潜、唐生智、刘文辉、龙云等人，及其他军政、经济文化方面的著名人士，如翁文灏、孙越崎、贺贵严、卫立煌等人也加入民革。很多参加民革有代表性的起义军政人员被选入民革中央，成为民革中央领导人，如程潜、张治中、邵力子、刘斐、龙云等人被选为民革二届中央委员；程潜、张治中、邵力子等人甚至担任了中央常委。民革三大当选的九位副主席中，就有六位是"第四方面"的，

---

21 朱学范《我与民革四十年》，第262—263页，团结出版社1990年版。

在中常委委员中也选进了刘斐、李俊龙、邵力子、唐生智、翁文灏、黄绍竑、贺贵严、卫立煌等"第四方面"的人士。这些国民党著名人士加入民革并担任中央领导职务，扩大了民革的声势，团结了大批原国民党内追求进步的爱国民主人士。

六、整顿与发展地方组织

民革成立于解放战争胜利进入战略反攻的历史性时刻，刚刚成立就投入推翻蒋介石统治的伟大斗争之中，没有足够的时间和精力加强自身的组织建设；由于民革成立初期，民联、民促继续保持各自的组织，相对独立地开展工作，它们的地方组织没有参加民革。所以，新中国建立之初，民革存在着两个急需解决的问题：（一）存在着不同程度的组织不纯和领导机构不健全的问题；（二）民革的党员数量太少，组织规模小。这种情况很难与其在新中国的地位和所负的政治任务相适应。为此，民革中央根据《中国国民党民主派代表会议宣言》的精神，除确立以《中国人民政治协商会议共同纲领》为政治纲领外，还制定了组织方针和整顿组织的决议，把清理整顿地方组织作为党务工作的重点。

为了尽快开展工作，民革中央以北京东皇城根南街的一幢房子为办公地点，健全了中央各部门的办事机构，任命了各部门负责人，工作逐步走上正轨。借助这个良好的开端，李济深抓紧建立民革地方组织的各级机关，结合组织整顿进行党员发展工作。

新中国成立初期，中共中央统战部召集各民主党派协商确立了各党派分工活动的主要范围和发展重点：民革的发展对象是原国民党员及与国民党有一定历史关系的人士；民盟是文教界知识分子；民建是工商业资本家和与工商界有联系的知识分子；民进是中小学教师和文化出版界人士；农工民主党是公职人员和医务工作者；九三学社是科技界知识分子；致公党

206

是归国华侨和与华侨有联系的人士；台盟是在祖国大陆的台湾省籍同胞。各党派发展的地区主要是在大中城市和省会，不在小城市和农村及少数民族地区发展。

按照这个分工，李济深领导民革中央将民革成员的发展重点放在大中城市，并着力清理各地组织中混进党内的不良分子。1949年8月14日，民革北平市分会成立，李济深在大会上作了《中国国民党革命委员会今后努力的方向》报告，对民革今后发展的道路作了规划。他指出：民革在一个地方自由地公开地举行会员大会是第一次；根据新的标准而正式成立的地方分会，北平市分会还是第一个。北平分会的成立是民革工作划时代的开始。他指出："在过去，政府是蒋介石反动集团的政府，是地主、官僚、买办的政府，我们的中心工作是削弱反动集团的力量，破坏反动政府的统治；今后，政府是人民的同时也是自己的政府，我们要尽其智能来巩固它，协助它进行种种兴革。"他认为，民革会员存在着三种类型：第一类是明白事理，认识清楚应走的道路而决心走上应走的道路的；第二类是单纯的反蒋者，他们只是愤恨蒋介石政府的恶政，但对于反动集团的基础、恶政的根源和中国革命的前途等是模糊的；第三类是看见了蒋政权岌岌可危，为了个人将来的出路，因而暗中和革命方面建立一点关系的人，即所谓投机分子。第一类同志应该负起领导做事和领导学习的责任。第二类同志正义之感是有的，只是认识不清；这几年受了事实的教育，可能有了进步；应该鼓励他们学习，帮助他们学习。对于第三类，应该慎重检查他们近几年来的行动，如果发现他有为众议所不容的事迹，从新筹备的时候就不予登记。

李济深指出，国民党已被党的反革命派即蒋介石集团领导到坟墓去了，存在的只是国民党的革命派即革命委员会。在国民党的范围来说，革命派是胜利了，反革命派是失败了；在全国范围来说，革命阵线是胜利了，反革命阵线是失败了。然而没有中国共产党领导的革命统一战线，就不可能民革北平市分会成立的有关文件。

打败反革命的统治；如果革命派不是参加革命统一战线，也不可能获得自己的胜利。因此，民革过去在统一战线中为共同的目标而努力，达到了打倒蒋介石反动统治的目的；今后应该更兴奋地在统一战线中尽我们的能力，以求达到建设新中国的目的。他对三民主义与新民主主义的关系作了集中阐述："新民主主义是革命三民主义之进一步的发展，进一步的充实与明确，我们革命委员会拥护新民主主义是很顺理成章的。新中国必须由无产阶级领导，必须以工农联盟为基础，这已经成为无可怀疑的真理。"他指出，推翻国民党反动政府的统治后，全中国人民必须努力于两件大事：一是土地改革，二是工业化。"必须土改成功，才算是拔了封建的根，才能发展农村经济，为工业化敷平道路；又必须工业化成功，才能自己供给本身的需要，使自己完全独立自由。"他强调："完成这两件大事，是今后全中国人民、整个统一战线的主要工作，同时也就是我们革命委员会的主要工作。"[22] 民革北平市会员大会通过《致毛主席朱总司令电》，再次表达了民革愿意接受中国共产党领导，完成新民主主义革命的愿望："我们衷心感谢中国共产党的正确领导和中国人民解放军全体指战员的英勇奋战，使中国人民获得伟大胜利。我们坚决奉行孙中山先生的三大政策，愿跟随我们中央总会，在中国共产党领导之下，加紧学习，努力工作，为彻底完成反帝反封建反官僚资本三大任务，建设

---

22 《中国国民党革命委员会今后努力的方向》（续），《人民日报》1949 年 8 月 18 日。

新民主主义的新中国而奋斗。"[23]

1949 年 12 月，民革中央第二次常委会决议将民革上海临时工作委员会所属会员赵康民开除党籍，并向社会公告。公告称："赵康民思想恶劣，行为卑鄙，曾在外招摇撞骗，严重违反纪律，为严整党纪，健全组织，民革二次中常会决将赵康民开除出党。"[24]

1950 年 7 月 11 日，民革中央常委会在京举行扩大会议，组织部长朱蕴山做了工作报告。会议决定：通告民革各级组织，经中共中央与各民主党派商定，嗣后在部队、军事教育机关、公安、外交机关，各民主党派不发展党员，停止组织活动。民革中央组织部门根据这样的方针，制定了各种组织章程，确定了中央和地方组织的编制，制定了本年度的组织整建计划，处理了若干地方上组织的复杂问题，选派了地方筹备机构负责人选。到 1950 年 11 月，民革在国内建立了 2 个大行政区的组织，10 多个省市组织和 3 个海外组织，超过了原来的整建计划。

11 月 13 日，民革中央组织部发出关于发展组织的通知，确定今后发展组织，必须有计划地、主动地，在质量并重、不缺不滥的原则下，争取党员数量的增加，一面充实，一面扩大。发展党员面向政府机关工作人员及政治面貌清楚的国民党党员和与国民党有历史关系的人士，发展党员的重点在吸收中层；发展党员的地区集中于大、中城市；发展党员的方法为吸收在参加"五大运动"中、工作中、学习中的积极分子。

1950 年 11 月 29 日，民革在北京召开了二届二中全会。中共中央统战部长李维汉到会上讲话时指出："这次会议的两项任务：一是抗美援朝，保家卫国；一个是发展组织。"李济深代表中央委员会做了工作报告。他明确提出：由于我党与国民党直接间接有着复杂的历史关系，在初级阶段，

23 《中国国民党革命委员会北平分会宣告成立》，《人民日报》1949 年 8 月 20 日。
24 《民革二次中常会议决开除赵康民党籍》，《人民日报》1950 年 1 月 13 日。

必须加以整理，以创设巩固与发展的条件，将我们的工作重点，放在整建组织、树立骨干、澄清党内外关系和建立党内工作制度及人事制度方面。他强调，第一阶段的重点是放在整建组织、树立骨干、澄清党内外关系和建立党内工作制度与人事制度方面。

12月4日，二中全会通过了《关于发展组织的决议案》，对过去一年来民革组织发展方针作了总结和检讨。它指出："由于我们对上述发展方针没有统一的明确认识，由于客观的困难和主观的努力不够，因此，我们的组织工作，有时不免发生或左或右的偏向。在前一时期，我们着重整理组织和建立骨干，是正确的，并获得一定的成绩，但对已经过整理的组织，未具体计划如何发展，则是缺点；在后一时期，又只强调党员数量之必须增加，而没有抓住发展的中心，和没有依照各地的具体情况，加以分别处理。其结果，'发展中层'只是一个空洞的口号，'建立骨干'亦缺乏一定的群众基础，而适应人民民主统一战线的实际要求的任务，自然也就难以圆满达成了。"为此，该决议案重申：为了继承孙中山先生的革命传统和肩负这一历史的革命任务，我们必须在巩固和扩大人民民主统一战线的总要求之下，加强组织，发展党员；并须明确规定依照"三层两类"之区分，以旧国民党好的中层分子为主要的发展对象。

它明确规定："今后应确定以旧国民党中层的民主分子为主要吸收对象，在整理未竟的地区，继续完成整理工作；在整理已经完成的地区，则应有计划有步骤的发展，并经常督促及检查各地组织发展工作。"[25]并提出在发展组织时特别注意下列诸项：（一）人民政府机关的在职人员，过去曾参加过旧国民党组织，而现时在工作和学习中有良好成绩表现者，应积极地大力争取。（二）一般的旧国民党党员，在"抗美援朝保家卫国"运动中或土地改革工作中经过考验，而有良好成绩表现者，亦为我们积极

---

25 《民革二中全会通过关于发展组织的决议》，《人民日报》1951年1月24日。

李济深、何香凝与中共中央统一战线工作部部长李维汉交谈。

争取的对象。

民革中央根据二届二中全会确定的"质量并重""巩固与发展相结合"的组织方针，向政府机关工作人员和政治面貌清楚的原国民党及与国民党有历史关系的人士发展。为此，民革中央制定了各种组织章则，确定了中央和地方编制、处理若干地方组织的复杂问题。选派了筹备机构的负责人对严重混乱的若干地方组织进行了整建工作，重新审查登记成员，清洗了若干混入民革内部的反革命分子和坏分子。1951年1月，第二次全国统战工作会议召开，中共中央明确提出了《协助各民主党派发展党员的建议》，要求各地人民政府在1951年协助各民主党派发展成员一至二倍。

民革中央根据中共中央拟定的这个建议，认真研究了组织发展问题，采取一系列措施对地方组织进行了整顿。1951年2月5日，民革中央第48次常委会通过了《关于发展组织的决议》，作了七项详细规定，强调大城市"应大力在政府机关中发展党员"，"加强领导，巩固组织"，不但指出了较为明确的发展方向，而且第一次提出了"巩固与发展"相结合的方针。会议通过的《关于发展组织的实施方案》也强调："为了执行本党的历史任务，必须使本党成为经常保持进步性的、有群众基础的、巩固的党。"接着，朱蕴山等人分赴国家机关和各地进行座谈、宣传和动员，积极在各地建立了新的地方各级组织机构。

1951 年 3 月 20 日，民革中央第 50 次常委会上决定，由民革中央组织部与民革北京市委会共同组成"发展北京各机关组织临时工作委员会"。朱蕴山、吴茂荪等人代表民革到各国家机关向部领导提出发展组织的要求。在中共中央统战部、中共北京市委统战部和中央各部委的大力支持下，民革在国家各级机关中迅速建立起组织。监察委员会民革小组于 5 月 28 日成立；政务院民革小组于 5 月 30 日正式成立；海关总署民革小组于 6 月 14 日成立；交通部民革小组于 9 月 28 日成立；内政部、司法部、工会、人民银行的民革小组也先后建立。在政务院民革小组成立会上李琦代表中共讲话，他说："民革同志在政务院与各友党团结的很好，小组成立后，更加密切团结，从国家大事到岗位工作，都可以充分交换意见，把工作搞得更好，同时，民革政务院小组里的同志，在民革内部都是负很高责任的，对革命也有一定贡献，所以这个小组的成立，将能发挥很大的作用。"

在邮电部发展民革组织的动员会上，邮电部副部长王净首先讲话，然后吴茂荪、吴晗相继发言。吴茂荪重申民革对发展对象的要求：必须接受共产党的领导、坚持共同纲领、为新民主主义事业服务。参加民革不是与共产党远了而是近了。朱学范回忆说："这次动员效果很好，邮电部原来只有周颖、游子骧等几个民革成员，一下子发展成为有二十余人的组织，不久即正式成立了支部。" [26]

1951 年 6 月 18 日，民革东北临时工作委员会在沈阳正式成立，该委员会由 5 人组成，宁武为主任委员，刘启新、李桂森、白希清、黄方刚等为委员。7 月 10 日，民革东北临时工作委员会在沈阳举行首次常务委员会，宁武报告了民革的历史及目前的工作任务，讨论了民革在东北地区发

---

26 朱学范《我与民革四十年》，第 264 页，团结出版社 1990 年版。

展组织和进行宣传教育等问题。

10 月 11 日，民革中央发出的《关于检查并展开发展组织工作的通告》指出："务期于本年度最后三个月内，把发展组织任务提高到第一位，争取时效，集中精力，尽最大努力把这一中心工作做出一些成绩来。"[27] 各地组织立即传达了该《通告》，并制定了组织发展计划。以朱学范领导的邮电部为例。11 月 23 日，邮电部民革小组举行了第三次小组会，周颖传达了该《通告》精神后，大家讨论了发展组织的计划：11 月底前在部内 12 个单位普遍扎下根，每单位最低发展 1 人，每个成员最低发展 1 个；12 月份争取各单位普遍成立小组；争取完成 50 人的发展目标。

《民革汇刊》中关于民革组织发展工作的报道。

1952 年 5 月，民革中央常委会通过了《关于民革在缅甸华侨中的组织问题的决议》。8 月，民革中央常委会通过了《关于在新形势下进一步地发展与巩固组织的决定》，清洗了党内部分坏分子，提高了广大党员的思想认识，进一步划清了敌我界限。1953 年 1 月，民革二届三中全会再次明确了以中上层为主的发展组织方针。会后，民革吸收了大量影响较大的国民党民主人士入党。3 月 31 日，民革中央常委会通过《关于执行三中全会决议有关组织工作的指示》，指出："三中全会更明确了我们党必须团结与联系的主要对象是原来的国民党员及与国民党有历史关系的人士。"并强调："特别是要将有比较大影响和代表性的人士吸收到组织中来。"

---

27 《关于检查并展开发展组织工作的通告》，《民革汇刊》1951 年第 10 期，第 50 页。

民革中央着重进行巩固组织的工作，各省、市组织先后进行民主选举，检查了工作，加强了团结，健全了领导。基层组织在"面向工作、结合业务、改造思想"的方针下，充实改造了组织生活。领导力量较为薄弱的个别地方组织，经过大力整顿，清除了反革命及坏分子，工作有了显著的进步。中共各地组织对民革的组织发展给予很大帮助，中共各级党委和人民政府有关领导同志亲自出面做工作，动员和说服符合条件的机关工作人员参加民革。

这样，到 1953 年底，民革的党员数从二届二中全会前的 1600 余人，增加了两倍半以上，在大中城市建立了 29 个新的组织机构。党员成分72.9% 是人民政府行政机关工作人员，24.9% 是文教界、工商界及其他在职人员，失业党员比例降到 2.2%，同时还有 9% 的共产党员和共青团员。到 1956 年民革三大召开前，各省、市、县地方组织达 62 个，成员人数也比二大召开时增加了 5.5 倍。政府机关中和社会上的中上层成员比例占成员总数的 60% 以上。民革中央主席李济深在三大工作总结报告中指出："六年来，我们党是正确地执行了政治任务的。在政治协商机关和国家权力机关中，我们党参与了国家各项重大事件的协商和政策法令的制定；我们的成员当选为全国人民代表大会代表的有 68 人，被推选为中国人民政治协商会议第二届全国委员会委员的有 85 人，当选为各省市人民代表大会代表和被推选为协商机关委员的共五百余人。"民革在建国初期采取切实措施整顿和发展地方组织，为进一步巩固和发展组织、执行与完成各项政治任务提供了保证，也为民革党员在新中国发挥应有的作用创造了必要的组织条件。

第六章
参加国家管理，参与重大决策协商

　　中华人民共和国成立后，中国共产党领导的多党合作制度初步形成。在《共同纲领》的指导下，民革积极参加国家管理，一些民革领导人担任了中央人民政府副主席、委员，政务院委员，一些部委的部长、主任和地方各级人民政府的重要领导职务。他们依据中共提出的"团结、进步、发展"的总方针，充分发挥自己在建设新中国过程中的参政议政作用，与中共密切合作，参与国家重大决策协商，向中国共产党和人民政府献计献策，为稳固刚刚成立的新中国做出了积极的贡献。

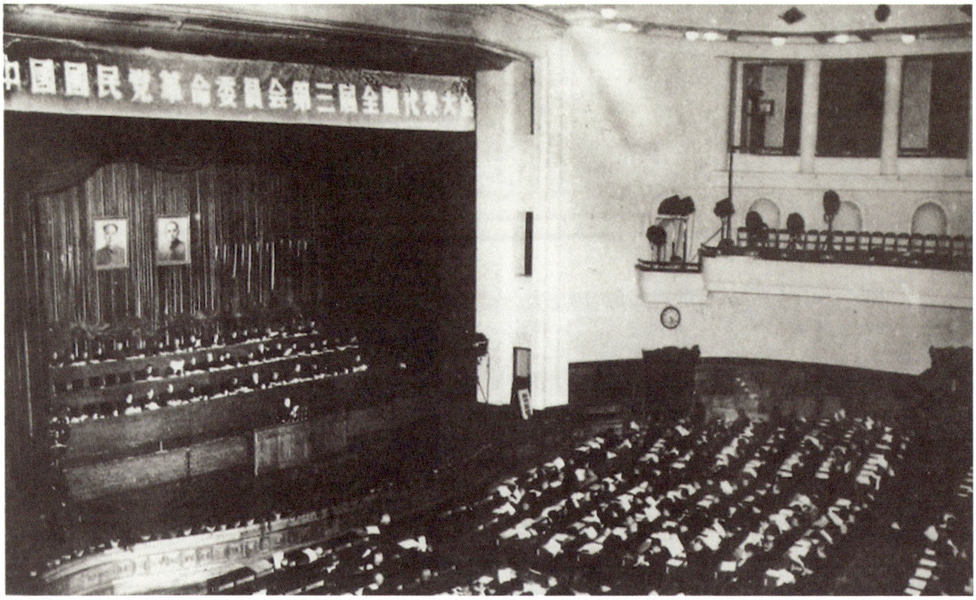
中國國民党革命委員会第三届全國代表大会

一、参加国家政权

新中国建立伊始，民主党派人士和无党派民主人士在人民政权中担任了很多重要领导职务，民革作为中共领导下的统一战线的重要成员，积极参加国家政权，参与中央及各地政府工作。从民革成员参加国家政权机关的范围上看，他们绝大多数集中于国家行政机关（政务院和地方各级人民政府）、国家权力机关（全国和地方人民代表大会和它们的常务委员会）、国家司法机关和国家检察机关中的许多重要领导岗位。

民革之所以直接参加国家政权，与各进步力量一道担负起治理新国家的历史重任，除了中国共产党对民革实行"团结、进步、发展"的方针之外，还与建国初期政党制度的特点及民革自身的特点有关。中国的基本国情特点，决定了中国不存在西方国家那样的"在野党"或"反对党"以及"轮流执政"的问题。从阶级属性上看，民革成员主要是中国民族资产阶级、城市小资产阶级及其相联系的知识分子。中国革命推翻了帝国主义、封建主义和官僚资本主义这三座大山的统治之后，民族资产阶级、城市小资产阶级及其知识分子不仅在中国合法地存在，而且还是中国人民民主统一战线的重要组成部分。因此，联系和代表这些阶级、阶层的民革，毫无疑问就应该在人民民主专政的国家中占有一定的位置，有着参与国家政权的有利条件。

同时，民革在反帝反封建的民主革命斗争中，有过与中国共产党合作的光辉历史，并对中国资产阶级民主革命做出过一定贡献。在筹备和建立新中国的过程中，中国共产党成为新中国的执政党，而民革与各民主党派一样又都公开宣布接受中国共产党的领导，接受《中国人民政治协商会议共同纲领》，并表示要在中共的领导下，为实现《共同纲领》、建设新中国而奋斗。这样，民革就有条件、有必要与中共继续合作下去，积极参加到新政权之中来发挥他们建设新中国的作用。

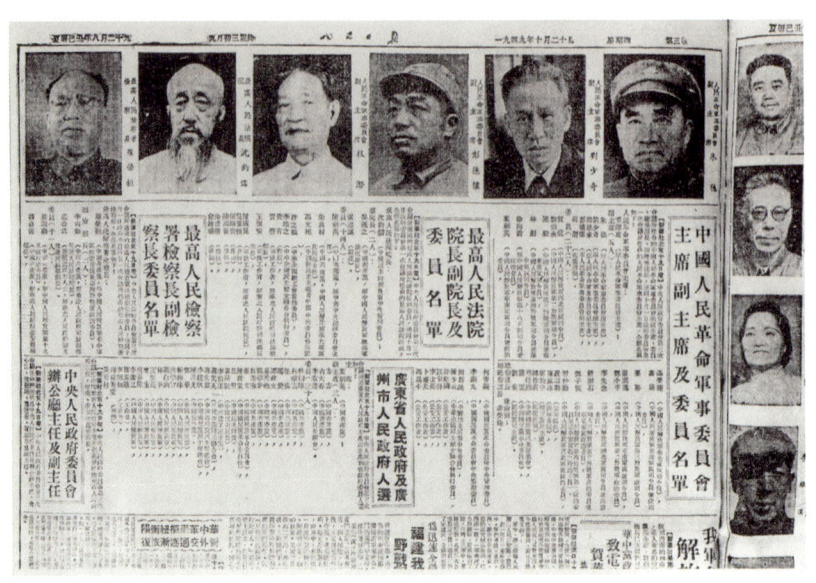

1949年10月19日，中央人民政府委员会第三次会议通过中央人民政府各委、部、院、署、行任命名单。这是《人民日报》当时的报道。

　　1949年9月30日，政协全体会议选举毛泽东为中央人民政府主席，李济深与朱德、刘少奇、宋庆龄、张澜、高岗为副主席。10月19日，中央人民政府委员会举行第三次会议，任命民革领导人谭平山为人民监察委员会主任、何香凝为华侨事务委员会主任委员、李德全为卫生部部长、朱学范为邮电部部长、余心清为中央人民政府办公厅副主任和国家典礼局局长、李世璋为人民监察委员会副主任、李任仁为华侨事务委员会副主任、陈其瑗为内务部副部长。谭平山、陈劭先、王昆仑、邵力子、黄绍竑等人为政务院政务委员，郭春涛为副秘书长。后来参加民革的程潜担任中国人民革命军事委员会副主席，张治中、蔡廷锴、龙云、刘斐等人担任军事委员会委员。民革中央委员陈其瑗、张文、王葆真、李任仁及民联中央常委陈铭枢、郭春涛、许宝驹等人担任政务院政治法律委员会委员。同时任命朱学范、钱昌照、梅龚彬、李民欣等人担任政务院财政经济委员会委员；柳亚子、陈此生、李德全担任政务院文化教育委员会委员；李任仁、陈其瑗、陈任一、蔡廷锴、邵力子等人担任华侨事务委员会委员；何香凝、李锡九还担任最高人民检察署委员，参加了中央人民政府各部门的领导工作。此外，中央人民政府委员会第三次会议通过广东省人民政府主席副主席和省政府委员人选，叶剑英为省人民政府主席，民革领导成员李章达任副主席，张文、陈汝棠、萧隽英、蒋光鼐、李民欣等人担任省政府委员。随后，一大批民革、民联和民促成员参加了各地新成立的军政委员会，为接收国民党政权和建设新中国贡献力量。

10月20日，中国人民革命军事委员会召开第一次会议，出席会议的有毛泽东、朱德、刘少奇、周恩来、程潜、贺龙、刘伯承、陈毅、聂荣臻、高岗、粟裕、张云逸、邓小平、罗瑞卿、张治中、傅作义、蔡廷锴、刘斐等18位委员，会议主要内容为讨论今后人民解放军的进军和建军问题。聂荣臻在会上就目前军事情况做了报告，民革党员程潜、张治中、蔡廷锴、刘斐等4人不仅参加了会议，而且对今后如何肃清残余国民党匪军和建设新的国防等问题都发表了意见。会议决定在人民革命军事委员会下成立国防研究小组，张治中担任组长，刘斐任副组长，聂荣臻、罗瑞卿、傅作义、蔡廷锴、李涛任组员，主持新中国国防的研究设计事宜。[1]张治中主持的国防研究小组，充分发挥自己的优势，为巩固国防而筹划，提出了许多有价值的建议，为新中国的国防事业做出了重要贡献。

10月21日，政务院政治法律委员会召开第一次会议。出席会议的有董必武、彭真、张奚若、陈绍禹、彭泽民、沈钧儒、章士钊等40人。董必武首先说明政治法律委员会的任务是负责指导内务部、公安部、司法部、法制委员会、民族事务委员会的工作。这一组织机构本身因系初次创立，工作伊始，特别需要周密讨论与计划。民革成员陈铭枢、郭春涛、许宝驹、陈其瑗、王葆真、李任仁等人作为委员参加会议，并就政治法律委员会的性质、任务发表意见，许宝驹、郭春涛与陈绍禹、张奚若、谢觉哉、罗瑞

---

1 《人民革命军事委员会首次会议讨论进军建军问题》，《人民日报》1949年10月21日。

卿等11人，负责起草政治法律委员会组织及工作条例。

同日，政务院人民监察委员会举行成立会，主任谭平山、副主任潘震亚，委员张秀岩、张慕尧、朱蕴山、韩兆鹗、张难先、宁武、郭任之、安子文、许立群、刘达潮、帅孟奇、萧明等共15人出席。谭平山宣布：根据中央人民政府委员会第三次会议通过的政务院人民监察委员会人选，正式成立中央人民政府政务院人民监察委员会，并根据新民主主义精神和人民政协共同纲领，开始建立人民监察制度，执行人民的监察工作。会议讨论了关于建立人民监察委员会组织机构的原则和今后的中心工作等问题，推选谭平山、潘震亚、张慕尧、安子文、郭任之5人组成人民监察委员会组织条例起草委员会。

220

同日，政务院财政经济委员会举行成立会议，出席者有在北京的委员30人，列席者有所属各部副部长副局长等16人，民革成员李民欣、钱昌照等人参加会议。陈云主任报告过去财经工作发展的过程，目前财政金融情况，和农业、工业、交通等的情况，并提出今后几个月内应该进行的主要工作，继由秘书长薛暮桥报告财经委员会机关内部情况。黄炎培、李书城、李立三、章乃器、钱昌照、马寅初、何长工、薄一波等人先后发言。最后通过决议：（一）推定宋劭文、薛暮桥、钱昌照、章乃器、俞寰澄、千家驹、胡子婴、李民欣等8人起草财经委员会组织条例草案交下次委员会议讨论。（二）各正副部长应迅速开始工作，原华北人民政府各有关部门人员负责向正副部长报告工作，办理交代。（三）各部自行拟订组织机构和条例草案，交下次委员会议讨论。（四）各部兼部

朱蕴山的中央人民政府政务院人民监察委员会委员任命书

1949 年 10 月，中央人民政府政务院财政经济委员会成立时合影。后排左四为钱昌照。

委员如何进行工作的问题，留待下次委员会议讨论；原则上每人均须选择有关的专门问题进行调查研究。（五）五个工业部门的业务范围问题，分别先行交换意见，必要时由计划局召集会议解决。（六）各工业部门会议，欢迎全国总工会派员列席。（七）建议政务院统一接收原南京国民党中央政府各部的人员和档案文件。[2] 随后，钱昌照和孙越崎被任命为财政经济委员会计划局副局长。

10 月 28 日，周恩来主持召开了政务院第三次政务会议，会议通过任命了 32 位政务院参事，其中民革成员吕集义、郑坤廉、许宝驹、吴茂荪、于振瀛、林一元、李蒸、许闻天、邓昊明、程星龄等被任命为参事。

民革在新中国建立之后直接参加国家各级政权工作，不仅使中共和民革及其他民主党派多党合作的政治局面得到了真正的实现，而且是各民

---

2 《政务院所属四委员会昨举行首次会议》，《人民日报》1949 年 10 月 22 日。

主党派在中国共产党的领导下发挥自己的监督职能，直接参加国家管理和国家各项重大决策制定的根本标志。民革成员参加国家政权和各级人民政府之后，有职有权，在中共领导下尽力工作，参加了国家事务的管理工作。

民革在建国初期参加国家管理和重大决策的制定，主要体现在：中央人民政府委员会历次会议的重要议案，在正式通过以前都要通过有民革和其他党派参加的中国人民政治协商会议常务委员会的慎重协商。对此，政协副主席陈叔通指出："中央人民政府委员会历次会议的重要议案，都经过常务委员会与有关负责方面的协商。其中1950年度全国财政收支概算，中苏友好同盟互助条约，中华人民共和国婚姻法等，更经过慎重的协商。"他还指出："各小组的工作，除国防组（组长生病，只有三个委员在京，无法开会）外，都已逐步地建立起来。"[3] 在这些决议案讨论过程中，民革与其他民主党派一起，研究和讨论了许多重大问题。

除了协商讨论和制定《1950年度全国财政收支概算》《中苏友好同盟互助条约》《中华人民共和国婚姻法》等议案外，民革参加的政协各小组参与审议的决议草案还有：（一）属于政治法律方面的有：地方各界人民代表会议组织通则草案，社会团体登记暂行办法草案，中国工会法草案，中央劳动部关于在私营企业中设立劳资协商会议的指示草案，省、市劳动局暂行组织通则草案，市劳动介绍所组织通则草案，新解放区农业税条例草案，夏季征粮办法草案等。（二）属于财政经济方面的有：公债发行，公债宣传，私人及华侨投资，新解放区农业税条例草案，夏季征粮办法草案等议案。（三）属于文化教育方面的有：政务院关于开展职工业余教育的指示草案，政务院文教委员会1950年工作计划等议案。（四）属于外交方面的有：中苏经济合作协定议案。（五）属于民族事务方面的有：目前

222

---

3 陈叔通《人民政协全国委员会常务委员会工作报告》，《人民日报》1950年6月18日。

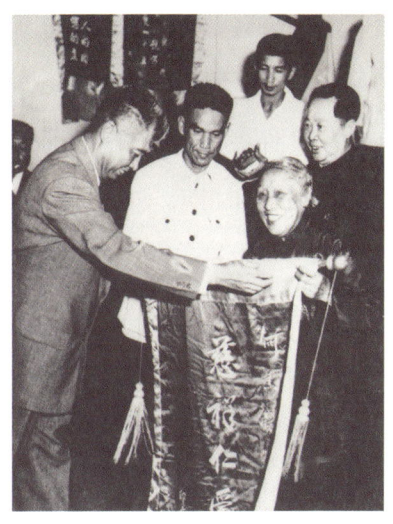

1952 年 4 月，李济深（左四），彭真（左二），张澜（右一），邵力子（左一）等在观看人民英雄纪念碑设计模型。（左）
何香凝接受印度尼西亚华侨归国观光团献旗。（右）

兄弟民族情况及民族政策和民族工作的方针等议案。（六）属于华侨事务组的有：护侨政策等议案。（七）属于宗教事务方面的有：基督教教会工作的改革方针等议案。"这些研究和讨论，或由小组发动，或由政务院及有关部、会的委托，而以后者占多数，政务院及有关部门供给材料并派员出席报告。有些小组已开始和不在京的委员通讯，有些小组并设法搜集会外意见，这将使各组工作的内容更为丰富起来。"[4] 在这些议案的研究审理过程中，民革中央发动本党党员集思广益，提出了许多正确的意见，为这些议案的最后制定提供了重要依据。

担任各级政府领导职务的民革成员，在中共各级党委的大力支持下，与中共党员干部紧密配合，大胆开展工作，取得了良好的政绩。何香凝担任国家侨委主任时年已古稀，但为开展新中国的侨务工作，她不惜以年迈之身，操心劳神。当时侨委每星期照例开一次常务会议，讨论重大问题，

4 陈叔通《人民政协全国委员会常务委员会工作报告》，《人民日报》1950 年 6 月 18 日。

何香凝都尽可能出席主持。在她主持国家侨委工作期间，侨委努力贯彻中国共产党的侨务政策，就各种具体的侨务问题，向中共中央和国务院提出了许多请示报告、建议和处理办法，有关部门据此发布了一系列的命令、条例和指示，其中比较重要的有：1951 年 8 月 21 日，政务院发布《土地改革中对华侨土地财产的处理办法》；1955 年 2 月 13 日，国务院发布《关于贯彻保护侨汇政策的命令》；1956 年 8 月 18 日，国务院转发中侨委、内务部《关于选举中改变华侨户地主成分的意见》；1957 年 3 月 6 日，国务院转发侨委《关于加强对归国华侨职工、干部的团结教育工作和适当照顾其生活的请示报告》。这些有关华侨问题方针、政策的出台和实施，体现了新中国对广大侨胞实际利益的关心和保护，极大地激发和调动了侨胞热爱新中国、建设新中国的热情。

谭平山与中监委的中共组织合作共事，以渊博的知识和丰富的经验，经常提出独到的见解和意见，为创建适合中国国情的人民监督体制和制度做出了自己的贡献。蒋光鼐在担任纺织工业部部长期间，与纺织工业部党组的同志关系融洽，互相支持，彼此尊重，表现了良好的合作共事关系，受到部各级领导和职工的爱戴。在中央政府各部门担任领导职务的民革同志，还经常得到周恩来的热情关心和指导，提高了领导、组织能力和水平。

政务院邮电部部长朱学范在第一次部务会议上表示："过去的人民邮政、电信业已有光荣的历史，伟大的成功。随着今天伟大的建设，也可以预知，一定有着伟大的将来。我们怎样去创造将来，这就必须遵照毛主席的指示，为人民服务，把邮政电信搞好。"朱学范出任邮电部部长时，对于幅员辽阔、百废待兴的新中国来说，各项建设事业和民主改革，都需要邮电通信来传达政令，沟通信息，推进工作。而旧中国留下的是支离破碎的邮电设施，全国仅有 31 万市内电话，25% 的县城没有邮政局，从北京寄到拉萨的信要绕道印度才能送到，大部分县没有电信局。在这样薄弱的基础上，朱学范领导的邮电部坚持自力更生、艰苦奋斗的方针，依靠各

1955 年谭平山在北京留影。（左）
1950 年，朱学范在捷克邮电会议上。（右）

级党委和政府的领导与支持，充分发挥邮电部门和广大职工的积极性，经过三年努力，初步形成沟通全国主要城市的通信系统，基本保证了通信需要。

1950 年 7 月，邮电部召开各大行政区邮电管理局局长会议，讨论新的管理体制方案。会议认为："邮政和电信是全国性的国营企业，是社会主义性质的经济，只有高度集中管理，才能有计划地适应国家整个经济发展的需要。"因此，决定实行邮政、电信企业行政管理领导的合一，即在邮电部集中领导下，部内实行专业分工，区管理局以下实行"邮电合一"。朱学范对中共中央和人民政府的这一决策完全拥护。9 月，他按照"积极贯彻、稳步前进"的原则，首先对邮电部进行了调整。随后按照国家行政区划，设立大行政区和省、自治区、直辖市邮电管理局。到 1952 年底，全国性的"邮电合一"工作基本完成。

随后，朱学范领导的邮电部提出了在第一个五年计划期间邮电建设方针：加强首都同各重要城市和新的工业城市的通信联系，并配合新工业城市建设的需要，积极整顿并稳定发展乡村的通信事业。与此同时，邮电企业要大力提高业务和技术水平，注意通信科学的研究工作，改进经营管理，提高设备利用率和工作质量，以适应国家和人民对邮电通信的需要。为了保证计划的贯彻执行，朱学范在政治上自我要求十分严格，以对党对人民高度负责的精神，认真履行各项职责，宣传贯彻党的方针政策，有力地推动了各项工作的开展。他在繁忙的政务和社会活动中，抽出时间亲自率领工作组深入基层，进行调查研究，针对存在的问题，对邮电企业的管理体制进行研究和调整，为建设和发展新中国的邮电事业做出了重要贡献。

二、为新中国建设献计献策

中国共产党对重大问题的决策，一般都要通过人民政协及其他形式，与各民主党派进行协商，听取他们的批评和建议。民主党派的批评和建议，对执政的中国共产党实行正确领导是非常有益的。

民革成员文化程度较高，具有一定的学识。据统计，在 1950 年上半年，民革全党 1600 多名党员中，受过大学以上教育的占 61.6%，受过中学教育的占 22.2%，军校出身的占 16.4%，小学毕业的占 0.8%。[5] 这些人具有较高的文化素质，他们运用自己的学识，为政府献计献策，在克服建国初期的财政困难，恢复和发展国民经济中充当参谋和助手。同时，民革成员分布范围较广，在工商界、金融界、医药卫生界、文教科技界等方面都有，这为民革在不同的领域里发挥重要作用提供了广阔天地。因此，民革成员在建国初期能够在较高的社会层次中发生广泛影响。

1950 年 6 月，朱学范在政协一届全国委员会第二次会议上，与胡厥文、黄炎培、冷遹、盛丕华、贾延芳等人联名提出建议案，请政府集中国

---

5 王中山、牛玉峰主编《中国民主党派史丛书·中国国民党革命委员会卷》，第 167 页，河北人民出版社 2001 年版。

内并聘请国外各学科、工程专家，统一规定农工、交通、机械、设备、器材及一切物器的名称、标准，并尽量编译各种科学技术新书，以利建设。这项建议受到中央人民政府的高度重视，其中大部分被及时采纳并付诸实施。

政务院财政经济委员会计划局副局长孙越崎，具体分工基本建设处、天然财富处和轻工业处。新中国建立之初，由于缺乏基本建设的经验，很多基建投资没有经过设计，只凭热情和愿望，就动了工。结果导致很多项目翻工重建，不但耽误了时间，还使国家建设资金蒙受了重大的损失。为了避免这种损失，1950年12月14日政务院规定："中央人民政府或地方人民政府批准的一切企业投资或文化事业的投资，在请领款项以前，必须审慎设计，做出施工计划、施工图案和财务支拨计划，并须经过各该级人民政府或其财经、文教机关的批准。未经设计，未做出施工计划、施工图案和财务支拨计划，或已作而未经批准者，财政部门应拒绝拨款。"此项规定主要目的是为了减少国家在建设中的浪费，也就是加强国家投资的计划性。正是根据政务院的规定，为了搞好新中国的基本建设，孙越崎与基建处副处长郭可诠、吕克白等人合作，制定了《基本建设工作程序暂行办法》，规定了在基本建设中进行勘探、设计、施工、验收等应该遵循的规程。1951年3月，该《暂行办法》以中财委计（建）第984号文件颁发各大行政区、省市实施。新中国建设之初甚至"一五"计划期间全国的基本建设工作，基本上是按照这个文件规定的规程实施的。

陈云非常重视孙越崎起草的这个文件，建议大力宣传。1951年6月16日，孙越崎起草的《没有工程设计就不可能施工》一文，以《人民日报》社论的形式公开发表。在该社论中，他明确指出，"施工必先有设计"是今后基本建设工作中的一个基本原则。"建设是我们国家工业化的具体路程，是百年大计的工作。基本建设工程都属现代的很繁复的工作。这种建设，往往牵连很广，影响重大。其质量的高低和价值的大小，都是由设

朱学范在广交会邮政营业窗口办理业务。（左）

《没有工程设计就不可能施工》。（右）

计的好坏来决定的。所以设计工作是基本建设施工以前的关键。"他指出，一般的计划只是说明"做什么"并不能说明"怎么做"，必须有了设计，才能解决"怎样做"的问题。因此，计划是设计的指导，设计是计划的进一步的依据。他认为，设计是一件综合性的非常细致复杂的组织工作和技术工作。进行设计或审核设计往往需要一个相当长的时间。在设计以前，必须收集一切有关资料，如厂址、工程地质、气候、风向、水源、动力、交通运输、原材料供应、资源情况等等，作为设计的依据，经过详细研究、调查和比较，结合理论、经验和实际情况，才能做出整个设计，决不能草率从事。

孙越崎在说明了设计工作的重要性后，分析了当时设计工作的困难条件：在基本建设方面还缺乏经验，设计工作人员还非常缺乏；有些同志习惯于农村生活那种比较散漫的工作方式，不深切了解工业的复杂性和严密性；有些同志对于工业基本建设有很高的兴趣，但却不知基本建设的规律，但他指出："对于我们进行基本建设的一个有利条件，是可以尽量吸取和学习苏联先进的经验，并可在重大而繁复的设计工作上取得苏联专家的帮助。因此，只要我们自己肯努力、肯学习，就能积累经验，为新中国的建

钱昌照晚年。

设创造更大的成绩。"[6]

这篇社论发表后，政务院各单位纷纷请他去作关于基本建设的报告，对推动新中国基本建设的规范化起了重要作用。

长期担任国民党资源委员会负责人的钱昌照，在中华人民共和国建立之初担任中央财政经济委员会委员兼中央财经计划局副局长，分管工业和交通。鉴于当时计划局工程技术力量薄弱的状况，钱昌照通过从华东区调进一批技术人员，并向财经委主任陈云介绍孙越崎、程义法、杨公庶等专家到京工作。钱昌照当时对曾经在他领导下的国民党政府部门内的工程师、技术员以及知识分子的前途很担忧，因此建议中央人民政府，给予他们工作试用期，看看他们干得如何，如果他们表现出良好的素质和工作能力，则过了一段时间可长期雇用他们。"毛主席的回答则出乎了钱昌照的预料，他告诉钱昌照，这种试用期没有必要。他强调说：主要问题是让他们能够为国家工作。经济处于困难时期，因此，他们的报酬或许不会很高。但他说，他们会共享我们拥有的一切，不会有人挨饿。"[7]

从 1951 年开始，钱昌照参与了新中国第一个五年计划的设计。根据中共中央的指示，计划局从 1951 年开始着手编制第一个五年计划。这是一项十分艰巨的工程，钱昌照为此做了大量工作。"他在注意搜集各方面资料的同时，还多次向苏联顾问费多罗夫了解该国搞五年计划的情况，每次谈话记录都送给陈云同志审阅参考。在周恩来、陈云主持下，由几百人参与编制的第一个五年计划，历时四年，五易其稿，终于在 1954 年 9 月

6 《没有工程设计就不可能施工》，《人民日报》1951 年 6 月 16 日。
7 英若诚《热心扶持科技工作的钱昌照先生》，张家港市政协学习和文史委员会编《纪念钱昌照专辑》，第 41 页，中国文史出版社 1999 年版。

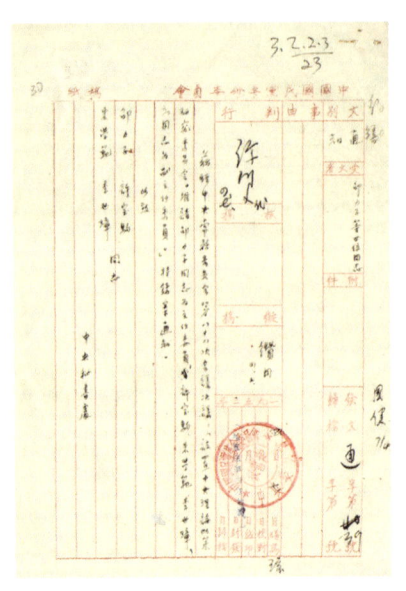

民革中央理论政策研究委员会的有关文稿。

基本定案，并在第一届全国人民代表大会第二次会议正式审议通过。在计划局工作期间，钱昌照还就加强地质调查、弄清资源情况、加强统计工作、积累重要资料等问题，向刘少奇同志提出书面建议。刘少奇对这些建议十分重视，及时印发各位领导及有关方面参考。"[8]

为了推动民革更好地参加政治生活和加强党内思想教育工作，李济深等民革领导人认为有必要设置有关理论政策的研究机构。1953年3月31日，民革中央第88次常委会决定设置中央理论政策研究委员会，推选邵力子为主任委员，许宝驹、李世璋和朱学范为副主任委员。4月初，邵力子召开首次会议，决定对社会主义建设基本理论、国家的本质、宪法及民主选举以及民革的思想建设和组织建设等重大理论问题，分组进行研究。

如在"革命的三民主义与新民主主义汇流"的问题上，民革二届二中全会座谈总结认为：以历史的观点来看，革命的三民主义对中国曾发生伟大的指导作用，决不应一笔抹杀；正由于它的历史局限性，我们在思想上就不应当停留在这上面而画地自限，妨碍前进；为了推动全党同志完全接受新民主主义思想并为其彻底实现而奋斗，我们对于革命的三民主义必须用新的科学方法来研究它、认识它。但是这句话又很容易使人认为孙中山

8 徐振旗《钱昌照传略》，张家港市政协学习和文史委员会编《纪念钱昌照专辑》，第260—261页，中国文史出版社1999年版。

革命的三民主义仍在循着科学规律向前发展，一直发展到毛泽东的新民主主义；好像是要党员只有通过对孙中山革命的三民主义的研究，才可能加强对于新民主主义的认识。中央理论政策研究委员会根据李济深、何香凝等人的历次谈话精神，提出了民革由联共发展到接受中国共产党领导是历史发展的必然，论证了民革除了接受中国共产党的领导走社会主义道路之外别无选择的重大问题，对统一全党的思想产生了重大影响。

三、为恢复国民经济做贡献

新中国成立初期，全国人民所面临的形势和任务是，国民党残余武装还盘踞在大陆的华南、西南等地负隅顽抗，企图卷土重来；国民党溃逃时遗留和潜伏下来的政治土匪、特务和反动党团骨干分子超过300万，他们以各种方式进行破坏和捣乱，妄图颠覆新生的人民民主政权；在广大新解放区，有3亿多人口还没有进行土地制度的改革，地主和农民的矛盾还没有彻底解决；而且，由于帝国主义的长期掠夺，国民党政府腐朽统治和战争的破坏，整个国民经济千疮百孔。因此，消灭国民党残余势力，建立和巩固各级人民民主政权，彻底完成民主革命任务，迅速恢复和发展国民经济，便成为当时摆在全国人民面前的主要任务。

由于新中国刚刚成立，还来不及清除国民党反动派所造成的极其紊乱的经济秩序，同时还由于大量军政费用的支出，以及对留用的几百万国民党军政人员采取包下来的政策，因而出现了大量财政赤字，造成了币值下跌、物价大涨的局面。中共中央和人民政府审时度势，当机立断，决定在三年内集中力量恢复和发展国民经济，争取国家财政经济状况的根本好转。民革中央积极拥护中共的经济建设方针，动员党员紧密配合各级人民政府，投身到新中国的经济建设中去，为国民经济的恢复和发展做出了一定贡献。

1949 年 12 月，政协会议通过《一九五零年度全国财政收支概算》和《关于发行人民胜利折实公债的决定》后，民革中央举行会议，发表了拥护"一九五零年度全国财政收支概算"及"发行人民胜利折实公债"的声明。图为 1950 年 1 月 5 日开始发行的第一期人民胜利折实公债券。

　　民革不但荟萃了一大批人才，而且在经济方面也拥有较雄厚的人才实力，是一大优势。民革的成员主要是民族资产阶级和小资产阶级的代表者，同这些阶级有着广泛而又密切的社会联系。据统计：民革成员有 24.9% 是工商界、文教界及其他在职人员，动员他们参加经济恢复和建设，能发挥重要的桥梁和纽带作用。1949 年后，为了尽快地改变我国贫穷落后的面貌，国家除主要依靠国营和集体经济外，还需要利用民族工商业的力量来比较迅速地恢复和发展国民经济。据统计，新中国成立初期，在现代工业中，私人资本主义的工业产值占工业总产值的 63.6%，雇佣职工 164 万人，占全国工业职工的 53.7%，尤其是私人资本经营的轻工业及其他与人民生活紧密相关的部门，所占的产品比重较大。[9]

　　同时，这些民族工商业者中不少人具有相当的经营、管理能力和比较

9 王中山、牛玉峰主编《中国民主党派史丛书·中国国民党革命委员会卷》，第 166 页，河北人民出版社 2001 年版。

丰富的业务经验，是具有一定科学技术水平的专门人才。民革成员有不少人是殷实的实业家和资本家及政治家，他们拥有相当可观的财富和巨额资金。因此可以运用所掌握的企业和资金为发展新民主主义经济、维持就业、支援解放军肃清残敌、抗美援朝等方面直接发挥作用。

1950 年 11 月 29 日，民革中央召开了二届二次会议，李济深在工作报告中指出，我们将工作划分为四个方面去进行：协助政府推行政策政令；整建组织奠定发展基础；加强党员思想教育、政策教育和端正作风教育；处理过去的策反关系和解决党员的失业学习改造等问题。在参加政府工作和协助政府推行政策政令方面，除参加中央及地方人民政府、人民政协全国委员会及地方各界人民代表大会、协商委员会外，动员全党同志拥护中苏友好同盟互助条约，春节拥军，救济失业工人，发动生产节约救灾，参加新区土改工作等，特别是把抗美援朝保家卫国运动，作为当时的中心政治任务。由于民革中央指导思想明确，积极主动地配合与协助共产党和中央人民政府的工作，以恢复和发展生产为中心任务，从而使他们成为当时活跃在经济战线上的一支重要力量。

1949 年 12 月，在政协会议讨论 1950 年度全国财政收支概算草案时，薄一波对草案的基本精神和实现这个概算的保证做了说明。他指出：1950 年度的财政任务，首先仍然是保证战争胜利的需要。接着他说明，人民政府不能不把所有的旧军队旧公教人员一齐包下来，给他们饭吃，以便逐渐加以改造，并且准备在一二年内转入经济建设。但是这样就使得 1950 年度全国估计要供给军政公教人员 900 万人，因此也就使得军事费和行政费占了全部支出概算的 60% 强，其中军政人员直接间接的开支占了最主要的部分。用在恢复生产上的经济建设投资占支出概算的 23.9%。他强调，这个概算草案兼顾了量出为入和量入为出，并且取之合理，用之得当。这个概算如能完满实现，对安定民生和发展生产是有利的，明年的物价状况也将比今年好得多。但是要使这个草案完满实现，还需要进行严重的斗争。[10]

李济深在会上赞同这个概算草案，同意发行公债，并特别赞扬人民解放军传统的艰苦奋斗的伟大精神。他指出，就是在过去国民党反动政府的平时预算中，也没有经济建设支出的预算，而我们在今天这样困难的战争情形下，还有 23.9% 的经济建设支出概算，更是难能可贵。关于公债，他希望大家努力完成并且超过规定的数额。

政协会议通过《一九五零年度全国财政收支概算》和《关于发行人民胜利折实公债的决定》后，民革中央常委谭平山立即在《人民日报》上发表《拥护发行人民胜利折实公债》。他指出：建立及巩固新中国的两大任务，即发展生产和提高文化两种主要工作，要有计划有步骤而陆续实行了，但中间必经过相当长远的艰苦的道路，而且这道路上一定会经过相当的困难，这是胜利中必有的困难。对于新中国初期物价高涨，人民生活颇不安定的现象，他表示理解，并对陈云副总理对这种暂时困难发生的原因和如何克服这种困难的方法表示赞成。他说："我对于陈副总理所说的物价高涨原因是完全同意的，所提出发行折实公债，以解决暂时的困难的办法，是完全拥护的。"[11]

他指出，以增发钞票增加税收两种方式来解除困难，都是不好的，"只有发行折实公债，少发钞票，紧缩通货，方可以除去这种弊害"。他解释说："而且这公债，是折实公债，对购买者是有充分保证的，一定取得人民的拥护，推销一定很顺利，这是从经济方面我赞成发折实公债的理由。"他指出，折实公债的发行，负担自然会多落在城市的人民身上，但这是凡属中国人民应该有的负担，所谓有权利一定必有义务，这是很明白的道理。"因此我相信城市中小资产阶级与民族资产阶级，以及一般市民，对于折

---

10 《薄一波副主任说明：一九五零年财政概算如完满实现可争取在一两年后走上建设大道》，《人民日报》1949 年 12 月 4 日。

11 谭平山《拥护发行人民胜利折实公债》，《人民日报》1949 年 12 月 5 日。

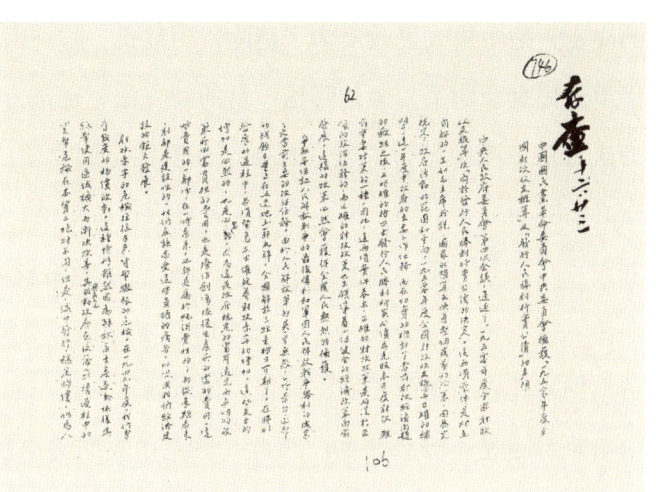

民革关于拥护人民胜利
折实公债的声明文稿。

实公债的发行，一定是拥护的，对将来公债的购买，也一定是踊跃的。因此对于发行折实公债，特别是对于居留城市小资产阶级和工商业者，以及一般市民，是一种严正的考验，也是一种广泛的教育。"[12]

　　1949 年 12 月，民革中央举行会议，发表了拥护"一九五零年度全国财政收支概算"及"发行人民胜利折实公债"的声明。这份声明指出：中央人民政府委员会第四次会议通过的《一九五零年度全国财政收支概算》及《关于发行人民胜利折实公债的决定》是相互关联的。《概算》正确地标明了这一年度中政府的主要工作任务，而在切实地检讨了当前财政经济问题的症结之后，又明确地指示出发行人民胜利折实公债为克服本年度财政难关重要对策的一种。因此，这两项案件表示，正确的财政政策是服从于正确的政治任务的，而正确的财政政策也正领导着一个健全的经济政策向前发展。它指出，争取并保证人民解放战争的最后胜利和巩固人民解放战争胜利的成果，是当前主要的政治任务。《关于发行人民胜利折实公债

---

12 谭平山《拥护发行人民胜利折实公债》，《人民日报》1949 年 12 月 5 日。

的决定》是中央人民政府为了消除货币危机，弥补财政赤字，稳定物价而借用人民剩余购买力来达到这一目的的方法。这个方法是有利无弊的，因为这方法中所拟发行的债券具备了许多优良的物质：（一）以人民基本生活必需品为综合折实单位，使购买者可以保持币值。（二）债券单位不大，利息亦以实物计算，比较优厚，可以吸引小额游资入于正当用途。（三）公债总额不多，充分表现了人民政府实事求是与负责任的作风。（四）公债消纳寄托较大希望于城市市民，比较城市人民与农村人民对于解放战争的贡献，也是十分公平的。因此，民革中央明确申明："人民胜利折实公债的发行，确切地符合着'公私两利'的原则，我们完全拥护中央人民政府委员会的这一决定，并愿与全国人民一致为响应政府战胜财产困难与争取物价稳定的号召而奋斗。"[13]

民革中央除了发表声明拥护《一九五〇年度全国收支概算》及《发行人民胜利折实公债》之外，还通知各级党部于政府正式宣布折实公债发行日期时积极发动党员购买、宣传及推销。为讨论扩大宣传办法及使党中干部进一步了解中央政府财政政策之健全的内容与革命的意义，12月8日，民革举行扩大座谈会，报告并讨论中央人民政府通过的一九五〇年度国家财政收支概算和发行胜利折实公债。座谈会由李济深主持，中央及民革北京市分会委员共42人出席。中央委员王昆仑作了《为稳定物价平衡收支执行概算推销公债而斗争》的报告。李任仁、李世军等十余人热烈发言。会议认为：政府成立概算和发行公债，是对人民负责任的表现，是适合时宜的措施。从概算支出各项目所占的百分比看，可以更进一步地保证战争的完全胜利和生产的逐步恢复；收入方面百分比以公粮为最大，其次为各项税收，这是取之于民，而用之于得当的。发行公债，弥补概算赤字的一部，减少货币的发行，这是稳定物价的有效办法。同时发行偿还，均以折

---

13 《民革中央委员会发表声明，拥护财政概算及发行公债》，《人民日报》1949 年 12 月 7 日。

实计算，使人民不吃亏。发行的对象着重在工商业，负担合理，也照顾周到。这样正确的财政政策，各民主党派及全国人民一定会拥护的。最后，李济深总结说：明年的概算和发行公债是国家的大事，我们有了正确彻底的了解后，进一步要展开普遍的宣传。座谈会以后还要继续举行，希望大家继续研究。[14]

1950 年 1 月 10 日，民革中央发出指示，号召各地分会或分会筹备委员会协助人民政府推销人民胜利折实公债。指出："关于协助政府推销胜利折实公债问题，本会至为重视，列为中心工作，展开宣传动员。在京中央委员在李主席领导之下，定于本月十日上午十时集体前往前门大街一号人民银行亲自认购。并经第七次中常会决议成立胜利折实公债推销工作组，集中力量，共策进行。除俟推进办法决定另行通知外，希即于文到三日内迅速集议，确定一定时间，由自己同志尽先共同购买，起带头作用，并展开宣传运动。其对于两广、香港侨胞方面工商业界、金融界人士，尤应通过友好关系劝销为要！"[15]

民革以实际行动投入购买人民胜利折实公债运动中。1 月 10 日，首都共售出 91852 份。中共中央工作人员购买 28335 份，民革中央领导人李济深、谭平山、蔡廷锴、蒋光鼐等 16 人购买 1496 份。同日，南京市民革党员举行座谈会，推选余立奎等 30 人为推销委员，当场认购 100 余份，并决定分组劝购，发动全体会员购买。1 月 15 日，民革北京市分部为响应政府扩大推销人民胜利折实公债的号召，召开市全体党员大会，动员全体党员踊跃认购公债，并请李济深、秘书长梅龚彬、宣传部长许宝驹出席讲话。

根据《共同纲领》正确处理好公私关系和劳资关系是发展生产、繁荣

---

14 《民革座谈国家财政概算，拥护人民政府财政政策，一致认为发行公债可稳定物价》，《人民日报》1949 年 12 月 18 日。

15 《协助政府推销公债，民革发出号召、民建通过决议》，《人民日报》1950 年 1 月 11 日。

经济的重要前提条件，民革为此做出了巨大的努力。由于革命胜利引起的社会经济的改组和战争带来的工商业的某些破坏，再加上建国初期的物价大涨风被刹住之后，一些靠不正当经营的私营工商业厂家发生困难，甚至企业倒闭，引起了民族资产阶级中的很多人不满，有的趁机解雇工人。一时间，公私关系、劳资关系非常紧张。为了解决矛盾，缓和关系，中央人民政府采取了一系列的具体办法来调整公私关系和劳资关系。

1950 年 5 月 1 日，中共中央发布了《庆祝五一劳动节口号》，要求"贯彻公私兼顾，劳资两利，调整工商业"的方针政策，并号召"工人阶级联合民族资产阶级，协力渡过暂时困难"。五一劳动节口号的发表立即得到了民革以及其他民主党派的热烈响应。同日，民革和其他民主党派为拥护中共中央五一劳动节口号发表了《联合声明》。它指出，少数工厂商店停业与部分失业现象是经济改造恢复过程中必然要经过的痛苦，也只是暂时的现象。只要我们的工商业得到合理的调整，我们的国营和私营经济做到配合发展，各得其所，全国农村地主经济消灭，土改完成，农民购买力将普遍提高。同时，在苏联的互助合作和支援下，工商业不久便可以根本好转，大步向前发展。我们相信中央人民政府不仅有信心，而且有实际战胜困难的办法。我们更相信全国劳动人民的伟大斗争性与创造性的发挥，也能在政府领导之下，彻底消灭困难。声明最后表示："我们中国各民主党派，衷诚表示拥护中共中央发布的庆祝五一劳动节口号，特别是这几个口号，即：支援解放军，打到台湾去，完成国土全部解放；贯彻公私兼顾、劳资两利，调整工商业，工人阶级联合民族资产阶级，协力渡过暂时困难；实行有准备有步骤有秩序的土地改革，争取经济状况的根本好转；增进中苏友好互助盟谊，巩固苏联为首的世界和平民主阵营，反对新战争的挑拨者。我们各民主党派无条件地决心在伟大人民胜利组织者中国共产党与伟大的中国人民领袖毛主席领导之下，团结一致，努力完成这些号召，共同建设独立、自由、民主、统一与富强的新中国。"[16]

因此，民革在国民经济恢复时期对于增加生产、活跃市场是起了一定作用。李济深在政协一届二次会议上指出："自去年人民政协第一届全体会议以来，中央人民政府致力于共同纲领之实现，在军事、政治、外交、财经等工作上，都获得了巨大的成就。"他敬告城市的工商业者们说："调整公私企业，实现公私兼顾、劳资两利政策，是中央人民政府在物价稳定后正以全力推行的重点工作。凡非为帝国主义、封建势力和官僚资本服务而为我们国家和人民服务的工商企业，政府都将尽力加以保障或扶助。但不遵行政府法令，仍肆其投机倒把、破坏金融、扰乱市场、流毒社会的所谓工商业者，亦必予以应得之惩处！"最后，他代表民革向全会建议：接受财经、外交及土地改革等各方面的报告，建议政府，采择实行；还代表民革中央"对于毛主席及中共中央的正确领导，表示衷心的感谢与爱戴，并号召中国国民党革命委员会全体同志为全会决议的实现而奋斗到底"。[17]

民革对建设新中国的作用，除了直接参加中央及各地人民政府外，还主要体现在利用其广泛的历史和社会关系，团结、教育和改造民族资产阶级，协助党和政府完成各项任务和计划。1953 年 1 月，民革二届三中全会召开，会议指出应该动员、组织、教育全党党员及所联系的群众，面对国家的新形势与新任务，响应祖国的号召，个人在工作岗位上服从中国共产党和中央人民政府的统一领导，搞好业务，搞好团结，搞好统战工作，争取完成国家所给予的任务。在民革中央的带动下，各级组织和成员，积极投入国家建设，在文教、科技、医药、财经等各项事业中做出了自己的贡献。在这一阶段中，先后被评为模范和优秀工作者的有 500 多人。民革三

16 《各民主党派劳动节发表声明拥护中共中央五一口号，团结一致努力完成号召》，《人民日报》1950年 5 月 3 日。

17 《在政协全国委员会二次会议十七日大会上民革主席李济深的发言》，《人民日报》1950 年 6 月20 日。

李济深给戴安澜家属有关享受烈属待遇问题的亲笔信。（左）
袁崇焕墓。（右）

大以后，广大成员投入到社会主义的三大改造和社会主义建设高潮中去。民革在这一期间大力开展对社会人士的联系工作，在 24 个省、市联系了 22463 名社会人士，组织他们学习，加强对他们的团结、教育、改造，使他们愿为国家贡献力量。

作为民主党派的领导和政协副主席，李济深利用与毛泽东及中共领导人的友好关系，密切联系各界人士，做了许多工作。当有人因遇到一些困难去找他时，他总是热情接待，有求必应，认真负责地与有关部门联系，尽力帮助解决。有些重大问题具体部门无法解决的，李济深就直接写信给毛泽东或周恩来，请他们批示。毛泽东、周恩来总是很快给予答复。然后他根据答复，再与有关部门联系，使问题获得解决。如上海有个私营工厂主，在 1949 年前夕曾准备将工厂迁往国外，听李济深的劝告留了下来。但有关部门对该工厂主并未按政策办事，此人到北京找到李济深请求帮助。李便将此事写信报告了毛泽东。毛泽东很快复信李济深，与有关部门进一步联系，很快解决了此问题。

围棋名家过旭初请李济深支持新中国围棋事业的发展。李济深知道过旭初有高超的棋艺，并撰写过《围棋布子要则》一书，就写信给文化部部长沈雁冰，介绍说"过氏兄弟精研围棋"，数十年如一日，现来京"欲与北京围棋高手一较优劣"并"拟在京成立棋艺研究社，请沈部长大力支持"。沈雁冰报经周恩来批准，决定由政府拨款，支持过旭初等人于1952年在北京成立了棋艺研究社。棋艺研究社推李济深为名誉社长，黄绍竑为社长，过旭初等人为指导员。后棋艺研究社在房屋问题上碰到困难，李济深又写信给北京市副市长张友渔帮助解决，对新中国围棋事业的发展起了重要的支持作用。[18]

为解决各界人士提出的要求和建议并改进人民政协工作，李济深经常向毛泽东和周恩来提出建议。1952年春，有人向李济深提出，明代辽东巡抚、兵部尚书袁崇焕在守卫边关中曾立下汗马功劳，后因崇祯皇帝误中离间计而被杀害，他的祠墓应该保存。李济深与爱国人士叶恭绰等人写信给毛泽东，建议保存北京城内袁崇焕祠墓。5月25日，毛泽东复函同意："我意如无大碍，袁崇焕墓应予保存。"1954年12月22日，李济深向毛泽东建议："政府凡有一件比较大的事，都先行经过协商机关座谈一次，然后提交政府委员会通过公布。"毛泽东复函李济深表示："你的意见是对的，已告有关同志注意。"[19]

四、安抚起义军政人员

由于历史的原因，民革与国民党军政人员有着密切的联系。正是利用这种密切的联系，民革在策动国民党军政人员起义方面取得了很大成绩，

18 参见王中山、牛玉峰主编《中国民主党派史丛书·中国国民党革命委员会卷》，河北人民出版社2001年版，第200—201页。

19 彭建新《毛泽东和李济深的交往》，《团结报》1994年11月9日。

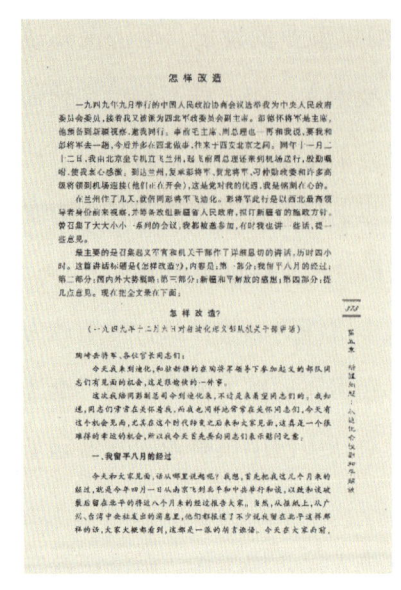

张治中所作的《怎样改造》。

242

为新中国的建立做出了较大贡献。但如何改编、改造这些起义的国民党官兵，如何安抚和安置旧国民党军政公务人员，成为摆在新政权面前迫切要解决的问题。民革在中国共产党的领导下，积极发挥自身优势，在安抚和安置起义军政人员方面作了不懈努力。

新疆建立人民政府后，张治中被任命为西北军政委员会副主席。10万国民党起义官兵被改编为人民解放军。1949年11月12日，刚刚参加过中国国民党民主派代表会议的张治中从北京直飞兰州，随后飞往迪化视察工作。12月6日，为了做好起义官兵的改编、改造工作，张治中召集起义军官和机关干部座谈会，发表了长达4个小时的讲话。

在题为《怎样改造》的讲话中，张治中重点阐述了新疆和平解放的感想。他向广大起义军官指出：新疆和平解放不但对国家对人民是有百利而无一害，就是对国民党全体官兵也是有百利而无一害，等于使国民党官兵从黑暗的深渊走向了光明的大道。国民党起义官兵改编为人民解放军，不仅仅是名义上改变，而是从制度上、思想上、教育上、经济上和纪律上"都要彻底加以改造"，为此，他重点阐述了国民党起义官兵的改造问题。他认为，国民党起义官兵必须从四个方面进行改造：

（一）改造思想。在消极的方面应该把我们过去一切陈旧的、封建的、落伍的思想意识排除净尽；积极方面应该毫不犹豫地遵行由新民主主义到社会主义到共产主义到世界大同这一革命的路线，自己思想上的一切都要能够和这一路线的发展相适应。

（二）改变领导方式。要按照解放军的民主制度进行领导。部队里的一切都用民主方式来处理，所谓三查四评，三大纪律八项注意，所有人事、经济、教育、纪律等，都经过大家的讨论，每个人意见都有尽量发表的机会，然后形成部队铁的纪律与铁的团结。

（三）改变工作作风。要讲责任，讲效率，讲纪律，讲公德，讲风格，一反过去的旧作风、旧行为、旧观念，诚诚恳恳地切实纠正，努力学习，养成负责的、勤敏的、真实的、廉洁的、有组织的和有纪律的工作作风。

（四）改变生活习惯。要把过去的生活习惯如赌博、散漫、懒惰、腐化等完全改正过来，养成刻苦的、勤劳的、简朴的、严肃的生活习惯。我们一切生活习惯，不但要对国家对人民对部属负责任，而且还要对自己负责任。

最后，他鼓励说："过去的让它过去吧。我们要重新来做人，重新来做事，重新把握我们革命的立场，恢复我们革命的精神、革命的热情和勇气。"[20]

张治中的讲话对起义官兵产生了深刻的影响，对起义官兵的思想改造和改编的顺利进行起了积极的推动作用。12月13日，张治中再次在第一兵团与起义部队机关干部会上讲话。他将自己的讲话题目定为《再谈怎样改造》，在介绍和称赞中共与各民主党派在筹备新政协会议过程中的民主作风后，针对起义官兵中存在的一些思想问题作了深入阐述：

（一）针对部分官兵认为国民党在斗争中失败的言论，他指出：就主义和革命而言，我们是成功的。国民党已经走上了反革命、反三民主义的道路，我们转变到中共领导的革命的、为人民的新民主主义道路上来，从反三民主义转移到等于三民主义的新民主主义阵营，是胜利而不是失败。

（二）针对部分官兵的反苏思想，他阐述了孙中山的"联俄"政策，

---

20 张治中《张治中回忆录》，第 384-389 页，华文出版社 2007 年版。

1949 年 11 月，周恩来为张治中夫妇送行。前往送行的有赵寿山、邓宝珊、张一纯、张素久等。

认为苏联是"以平等待我"的友好政府，中苏应该亲善，共同携手为世界民主和平而奋斗。

244

（三）针对部分官兵中对新疆三区民族军队的敌视，他批评了大民族主义和狭隘的民族主义思想，呼吁新疆各民族应该平等团结友好合作。

然后，张治中鼓励广大起义官兵加紧学习，努力改造，尽快成为名副其实的人民解放军。他对起义官兵提出了这样的希望："下次彭主席再来而我又有机会陪同一起来的话，相信一切的一切已经大大地改观了，大家都成为名实相符的人民解放军了，将来更能在此基础上进一步成为中华人民共和国的强大的现代的国防军！"[21]

张治中的讲话深入浅出，说出了发自内心的老实话，表达了他对曾经患难与共的起义部队的真诚愿望，因此在新疆起义部队中产生了很好的影响。西北军政委员会主席彭德怀建议将讲稿整理后公开发表。张治中接受了彭德怀的建议，将这两篇讲话整理后在《新疆日报》上发表，随后国内各地报刊，如兰州的《甘肃日报》、西安的《群众日报》、北京的《光明日报》等相继转载，有些教育起义人员的单位还将其印成小册子，作为起

---

21 张治中《张治中回忆录》，第 384—389 页，华文出版社 2007 年版。

义官兵学习的参考资料，对各地起义部队的改造和安抚工作产生了积极的促进作用。

张治中的讲话加快了新疆起义部队的改造步伐。按照中央军委的命令，新疆起义部队改编为人民解放军第22兵团，陶峙岳任司令员。在彭德怀、王震和陶峙岳等人的不懈努力下，起义部队的改造比较顺利地进行。1950年9月，在新疆起义一周年之际，第22兵团举行授旗典礼，标志着起义官兵的觉悟和新生，标志着他们走向为人民服务的成功与胜利。张治中立即致函陶峙岳表示祝贺。

张治中在贺词中说：在起义一年中，起义官兵投入了生产，进行了改造，全心全意接受了中国共产党、人民解放军的新的教育，走完了改造过程的第一步。今天举行的授旗典礼，是我们同志们应该引为无上光荣的。他充分肯定了起义官兵政治和思想上的进步，勉励他们继续虚心向第一兵团的指战员学习，争取更大的进步。他向起义官兵提出了更高的希望："我希望同志们今后不断提高自己，不断向前进步，耐心学习生产技能，发挥高度英雄气概，和先进部队第一兵团团结一致，和民族部队第五兵团团结一致，和新疆人民团结一致，共同地把建设新新疆的重大任务负担起来。"[22] 张治中对新疆起义官兵顺利地进行改造感到极大的欣慰，为十万袍泽有这样良好的结果而欣喜。

五、为祖国统一而努力

蒋介石为首的国民党反动集团被逐出大陆以后，盘踞台湾。1950年6月，美国发动侵略朝鲜战争，加紧干涉印度支那战争，同时派遣美国第七舰队侵入台湾海峡，阻止人民解放军解放台湾。台湾当局与美国签订所谓

---

22 张治中《张治中回忆录》，第407页，华文出版社2007年版。

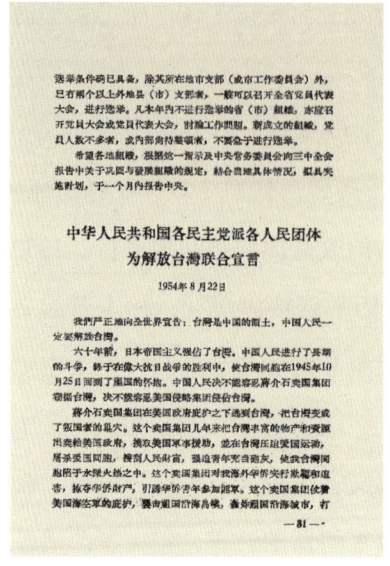

《为解放台湾联合宣言》。

246

《共同防御条约》后，台湾正式被美国保护，成为美国侵犯中国大陆和破坏远东和平的基地。中国政府对美国的侵略政策和武装干涉台湾问题始终持反对态度，表示一定要解放台湾，消灭蒋介石集团。

1954年8月20日，政协第一届全国委员会第58次会议在北京召开，周恩来在会上就目前国际局势、外交政策和解放台湾的任务等问题作了报告。8月22日，会议经过充分讨论，一致通过《中华人民共和国各民主党派各人民团体为解放台湾联合宣言》，庄严地向全世界宣告：为了保障祖国安全和领土完整，为了保障亚洲及世界的和平，中国人民一定要解放台湾。台湾是中国领土不可分割的一部分，决不容许美国侵占，也决不容许联合国托管。解放台湾，消灭蒋介石卖国集团，是行使中国的主权，是中国的内政，决不容许任何外国干涉。如果外国侵略者敢于阻挠中国人民解放台湾，那就是干涉中国的内政，侵犯中国的主权，破坏中国的领土完整，他们就必须承担这一侵略行为的一切严重后果。《宣言》充分显示了中国各民主党派、各人民团体对中国共产党解放台湾、完成祖国统一政策的坚决支持和积极拥护。

民革领导人李济深、朱学范、唐生智、邓宝珊、裴昌会、李德全、宁武、陈汝棠、钱昌照等人先后发表书面意见，一致赞同会议通过解放台湾的联合宣言，表示要更加紧密地团结起来，从各方面加强工作，决心为解放台湾的神圣任务而奋斗到底。李济深郑重宣告："台湾是中国的领土，中国人民一定要解放台湾。这是我们全国人民的决心和力量。这次会议所要通过的联合宣言向全国人民提出了为解放台湾而必须在各方面努力完成的任务。我认为这一切都是非常对的。我们愿意和全国人民共同来完成这个任务。"

8月25日，各民主党派北京市地方组织和北京市各人民团体的负责人在《北京日报》上分别发表书面谈话，热烈拥护《中华人民共和国各民主党派各人民团体为解放台湾联合宣言》。民革北京市分部召集人蒋光鼐等人表示：台湾是中国的领土，中国人民一定要解放台湾。这是中国六亿人民钢铁一般的、不可动摇的共同意志。中国人民有足够的力量把蒋介石卖国集团彻底消灭。他们号召说，北京市的工人、农民、学生、妇女和各社会阶层的人民要加倍努力生产，努力工作，提高警惕，严防敌人的破坏活动，用实际行动支援中国人民解放军完成解放台湾的神圣事业。[23]

8月27日，民革中央小组举行扩大座谈会，李济深、陈绍宽、贺贵严、但懋辛、钟体乾、裴昌会、梅龚彬、侯连瀛、唐生智、陈其瑗、朱蕴山、张治中、龙云、朱学范等人在会上讲了话。大家认为，民革的每一个党员都是反对蒋介石的，是革命的；民革当前的任务，应和争取和平解放台湾的伟大任务密切联系；蒋贼一人而外，任何人都可弃暗投明，既往不咎的政策是符合两岸人民的愿望的。会上还提出，许多民革同志有亲属在台湾，建议民革迅速成立对台工作机构以便开展对台广播，进行宣传政策等工作。

9月3日，民革中央常务委员会举行扩大会议，讨论并通过了《中国国民党革命委员会中央常务委员会扩大会议拥护解放台湾的决议》，指示民革各地方组织，应立即展开学习和宣传工作，使全体成员和所联系的群众能够充分了解解放台湾的伟大政治意义，提高爱国主义思想，严格划清

23 《北京市各民主党派、人民团体负责人发表谈话，热烈拥护为解放台湾联合宣言》,《人民日报》1954年8月26日。

敌我界限，提高警惕，做好工作。该决议号召全党从各方面加强工作，和全国人民一道，贡献一切力量，支援中国人民解放军，为完成解放台湾、消灭蒋介石卖国集团的神圣任务而斗争。

根据这一决议的精神，民革中央指示各级地方组织，立即展开学习和宣传工作，号召全党进行反对侵略，保卫祖国，保卫和平的思想教育。同时组织成员及所联系的群众进行对台湾广播，号召台湾的国民党军政人员弃暗投明，为祖国立功。接着民革中央在北京、陕西、云南、西康、湖北及沈阳、青岛等地组织举行了座谈会。张治中说："台湾是我国的领土，是应该而且一定要解放的。"广大民革成员也纷纷表示要以实际行动加强团结，加强学习和工作，为完成解放台湾的神圣任务而斗争。

随后，李济深发表《粉碎美国的战争挑衅》一文，驳斥了美国总统艾森豪威尔的战争挑衅行为，再次向全世界宣告："台湾是中国的领土不可分割的一部分。解放台湾是中国的内政，联合国或任何外国都无权干涉中国人民解放台湾，我们决不能同意和蒋介石卖国集团实行所谓的停火。"并表示："我们一定要像解放一江山岛一样胜利地解放沿海岛屿，解放澎湖，解放台湾，完全消灭蒋介石卖国集团，彻底粉碎美帝国主义的侵略计划。"他还呼吁台湾国民党军政人员弃暗投明，早日回到祖国的怀抱。他说："在纪念孙中山先生逝世三十周年的今天，应该忠诚地秉承着孙中山先生的遗教，认清叛徒蒋介石卖国殃民的罪恶，辨明是非，看清大势，响应祖国人民的号召，及早地弃暗投明，回到祖国的怀抱。这是唯一的光明大道！"[24]

随着国内大规模的和平建设和资本主义工商业的和平改造的顺利进行，中共中央提出了和平统一台湾的新方针。1956年1月30日，周恩来在全国政协二届二次会议提出了"为争取和平解放台湾，实现祖国的完全

---

24 李济深《在孙中山先生逝世三十周年纪念大会上的讲话》，《人民日报》1955年3月12日。

1956 年 1 月 30 日，周恩来在全国政协二届二次会议上提出了"为争取和平解放台湾，实现祖国的完全统一而奋斗"的号召。2 月 21 日，李济深在民革三大上作《工作报告》，其中有关争取和平解放台湾一段文字，是根据周恩来讲话精神在会前修改和补充的。图为民革第三次全国代表大会会场。

统一而奋斗"的号召。他指出：我国大陆人民和台湾人民都有一种共同的爱国的责任，这就是在积极准备必要时用战争方式解放台湾的同时，努力争取和平方式解放台湾。他宣布："凡是愿意回到大陆省亲会友的，都可以回到大陆上来。凡是愿意到大陆来参观和学习的，也都可以到大陆上来。凡是愿意走和平解放台湾道路的，不管任何人，也不管他们过去犯过多大罪过，中国人民都将宽大对待，不咎既往。凡是在和平解放台湾这个行动中立了功的，中国人民都将按照立功大小给以应得的奖励。凡是通过和平途径投向祖国的，中国人民都将在工作上给以适当的安置。"[25]

民革中央立即响应并支持中共中央"和平统一台湾"的方针。由于民革成员和所联系的各界人士中有不少人的亲属在台湾，与台湾各界有着一定的联系，所以，可以动员他们起来为和平解放台湾事业服务，起到沟通

---

25 周恩来《政治报告》，《人民日报》 1956 年 1 月 31 日。

两岸关系的独特作用。李济深表示："对国民党的工作，一直是我们民革的首要工作。过去为了分化和瓦解国民党，我们才成立的民革。新中国成立后，我们一直重视这项工作；现在中共中央提出争取和平解放台湾的方针，我们更应有所行动，具体办法是成立对台工作委员会。"当朱学范提出能否在即将召开的民革三大上作出一个有关解放台湾问题的决议时，李济深表示："不仅要作决议，还要发表《告台湾军政人员书》。"

1956 年 2 月 21 日，李济深在民革三大上作了工作报告，其中有关争取和平解放台湾一段文字，是根据周恩来讲话精神在会前临时修改和补充的。李济深结合民革的特点，要求成员与所联系人士，通过广播、写信和其他有效方式，向台湾国民党军政人员阐明新中国的宽大政策。他指出：中国国民党革命委员会坚决拥护周恩来总理在人民政协第二届全国委员会第二次全体会议上的政治报告中指出的除了积极准备在必要的时候用战争方式解放台湾外，努力争取用和平方式解放台湾的政策，号召国民党的军政人员早日站到爱国主义旗帜下来，走和平解放台湾的道路，为实现伟大祖国的完全统一而立功。[26]

大会通过了中国国民党革命委员会第三届全国代表大会决议，指出："中国人民一定要解放自己的神圣领土台湾。我们全党同志必须和全国人民一道，除了积极准备在必要的时候用战争方式解放台湾以外，努力争取用和平方式解放台湾。我们要从各方面加强工作，全力支援解放台湾的斗争，要充分利用过去的历史关系和社会关系，采取各种有效方式，向台湾国民党军政人员阐明国家的宽大政策，争取他们早日站到爱国主义旗帜下，起义立功，为解放台湾作出贡献。"[27]

2 月 29 日，中国国民党革命委员会第三届全国代表大会发表《告台

---

26 《民革第三届全国代表大会开幕》，《人民日报》1956 年 2 月 23 日。
27 《民革第三届全国代表大会闭幕》，《人民日报》1956 年 3 月 1 日。

民革中央主办的《团结报》开辟了"爱国一家"专栏，宣传和平统一政策，推动两岸交流。（左）

民革三大通过的《告台湾军政人员书》。（右）

湾军政人员书》，以饱满的热情向台湾国民党军政人员提出了以下三条原则：

（一）高举孙中山的革命旗帜。它指出：我们和你们，原先都是属于孙中山先生手创的中国国民党的。在过去的岁月中，我们和你们之间有的人曾在爱国的革命事业中共过患难，有的人曾在反抗侵略的战场上同过生死，可是后来就中道分离了。我们坚持中山先生的革命精神，遵守着中山先生"求中国之自由平等"的遗教，在辽阔广大的祖国大陆上，和六万万同胞一起，努力于反对侵略、保卫和平和建设新国家的光荣事业，过着亲朋团聚、和平幸福的生活；而你们呢，却跑到台湾，受着美国侵略者的武力控制，得不到自由安乐的生活，回不到自己祖国的怀抱，这就是我们和你们之间迥然不同的处境。我们中国国民党革命委员会正在扩大团结、广泛联系原国民党及与原国民党有历史关系的人士，使大家能够共同参加保卫和平和建设祖国的事业。它呼吁："曾经拥护过孙中山先生的人们！中山先生生前的理想在我们祖国里，已经完全实现，中国人民永远纪念着伟大的爱国主义的革命导师。北京的碧云寺中山堂，修建一新；南京的中山陵，巍然在望。如果你们也还纪念着中山先生，你们就应当及早回来，和我们一同去春秋祭扫。"

（二）在爱国主义的旗帜下实现统一与团结。它指出：尽管处境不同，无论在大陆、在台湾，总都是中华民族同一祖先的儿女，总应当爱自己的祖国。在你们离开亲人，抛弃乡土，背离祖国的几年中，我们的祖国已经是河山生色，万象更新，和你们离开以前的那种疮痍满目、民不聊生的情况，真是判若天壤。在我们新的国家里，工人农民的生活日益富裕，工商业日趋繁荣，国家工作人员和广大知识分子的能力和智慧可以充分发挥，古人所说的"老有所终，壮有所用，幼有所长，矜寡孤独废疾者皆有所养"，在我们国家里将不是一句空话；而蜀道通，黄河清，已经不是梦想。国家是这样的美好，难道你们宁愿过着那样道路越来越狭窄、精神越来越苦闷的生活，而反不愿意回到自己可爱的祖国来吗？它向台湾国民党军政人员发出号召："觉悟吧！抛弃祖国、寄人篱下的人们！国家对你们是宽大的。只要你们毅然决然反对美帝国主义，争先起义，投向人民，为和平解放台湾实现祖国的完全统一而尽力，就对你们化敌为友，既往不咎。回来吧！抛弃亲人远离故土的人们！自己的家乡有温暖的生活，自己的亲人在殷切盼望；只要你们还不愿意终身流落，埋骨他乡，那么台湾和大陆不过一海之隔，并不是通航无路。"

（三）高举国共合作与和平解放台湾的旗帜。它指出：近来周恩来总理关于解放台湾的庄严而恳切的宣告，你们应该是听见了的。只要你们有觉悟，下决心，和祖国人民、台湾同胞共同负起解放台湾这一爱国事业的责任，你们就可以为祖国立功。民革的同志们和各民主党派的同志们紧紧团结在中国共产党的周围，同心同德，精诚合作，协商国事，参加政权，参与制定全国人民所一致拥护的宪法，担任中央或地方政府的各种职务，都能积极勤劳地工作，自由愉快地生活，我们贡献了自己的力量，在国家的事务中和国际影响上起了应有的作用。它向台湾国民党军政人员发

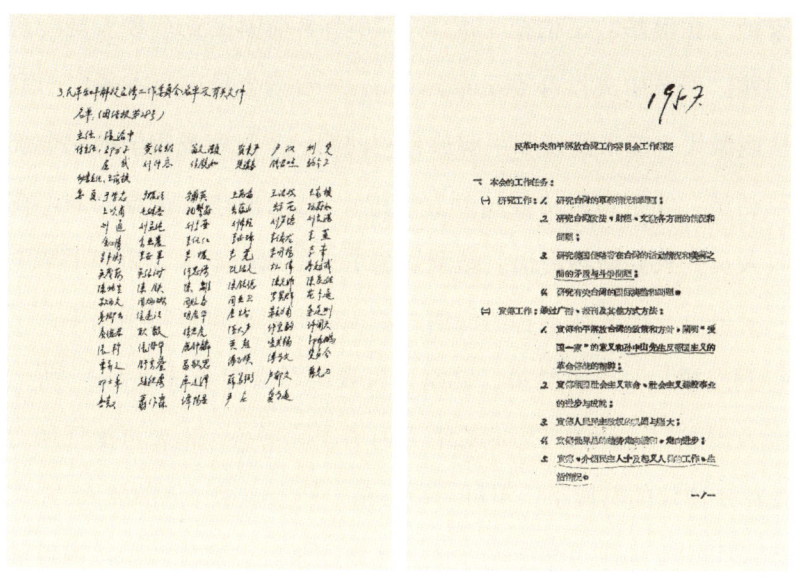

民革中央和平解放台湾工作委员会相关文献。

出号召："台湾的军政人员们！是非之心，人皆有之；爱国思乡，谁独不然？弃暗投明，回头是岸！往者不谏，来者可追！祖国向你们召唤，爱国主义旗帜在你们面前飘扬，做自己国家的主人还是做别人的奴隶，走生路还是走死路，就在一念之间！为国家、为自己，你们应该善自选择，当机立断！"[28]

1956 年 2 月 25 日，李济深召集张治中、邵力子、蔡廷锴、卫立煌、龙云、朱蕴山、蒋光鼐、朱学范、梅龚彬等人举行座谈会，商讨成立对台工作机构的问题。会上，大家踊跃发言，一致认为民革应该尽快成立这一机构。李济深立即邀请卫立煌协助张治中着手筹备。6 月 5 日，民革中央第 3 次常委会正式决定成立以张治中为主任的和平解放台湾工作委员会，以开会、写信、对台广播宣传等方式积极开展工作。

7 月初，民革北京市委员会邀集侯镜如、丁贵堂、黄雍、冯钦哉、何

---

28 《告台湾军政人员书》，《人民日报》1956 年 3 月 6 日。

基鸿、王家祯、张潜华、王伯范、周岱等70余名前国民党军政人员座谈解放台湾问题。民革中央候补委员覃异之说："台湾当局应当本爱国一家的原则，从速派代表前来商谈和平解放台湾问题，早日实现祖国的完全统一。"民革党员、北京市政协委员刘春岭说："政府的政策是宽大的。在台湾的军政人员，只要幡然悔悟，站到爱国主义的旗帜下来，为和平解放台湾立功，就可以获得既往不咎的待遇，不仅生命财产可以得到保障，工作也可以得到安排。"民革党员、北京市人民委员会专员沈克说："所谓'识时务者为俊杰'，台湾当局应看清当前的国际局势，不要再抱任何幻想。是接受和谈建议的时候了，不可一错再错，甘当国家民族的罪人。"[29]

民革各级组织发动成员和所联系的人士撰写稿件，宣传政策，通过各种形势，向台湾国民党军政人员介绍祖国大陆的发展情况，阐明"爱国一家""爱国不分先后"的道理，为和平统一台湾贡献自己的力量。

---

29 《北京天津社会人士分别举行座谈，表示努力争取和平解放台湾》，《人民日报》1956年7月9日。

新中国建立后，为了巩固新生的政权，为了实现《共同纲领》，中国共产党通过多党合作的政治形式，领导全国各民族、各阶级、各民主党派、各人民团体、各界爱国民主人士，在政治、经济、思想、文化等多方面开展了斗争。特别是在 1950 年至 1952 年，在全国范围内开展了抗美援朝运动、土地改革运动、镇压反革命运动、"三反""五反"运动和思想改造运动。在中国共产党的领导下，民革中央以高度的政治责任感，发表声明和指示，表明对这些政治运动的基本立场和积极态度，组织民革成员学习有关方针政策，参观考察运动实践，组织民革成员直接投身于大规模的群众性政治运动中，接受革命斗争锻炼和思想观念的深刻教育。

一、确定抗美援朝为政治任务

1950 年 6 月 25 日，朝鲜战争爆发。27 日，美国总统杜鲁门发出破坏远东和平、威胁世界安全的声明，宣布武装干涉朝鲜内政，扩大朝鲜战争，把战火烧到鸭绿江边，直接威胁中国东北国境。同时，美国派遣第七舰队到台湾海峡，"阻止对台湾的任何进攻"，公开干涉人民解放军武力解放台湾。28 日，周恩来代表中国政府发表声明，强烈谴责美国政府侵略朝鲜、侵略中国台湾以及干涉亚洲事务的野蛮行径。

民革和各民主党派对美国的侵略行径极为愤慨，坚决拥护周恩来代表中国政府的严正声明，表现出高度的爱国热忱。6 月 29 日，民革发表书面声明，抗议美国总统杜鲁门命令美国第七舰队阻止我解放台湾的侵略行为。声明指出，美国总统杜鲁门这种直接以武力干涉中国内政的无理行为，不但是企图对中国人民解放事业妄加阻挠，而且是对整个亚洲人民发动侵略战争的挑衅。民革中央坚决拥护周恩来的声明，并表示："中国国民党革命委员会将遵循孙中山先生的遗教，联合东方各被压迫民族，来进行不可动摇的解放斗争。"[1]

1950 年七一前夕，各民主党派联名致电毛泽东和中共中央，祝贺中国共产党成立 29 周年。李济深、何香凝、邵力子、陈铭枢、张治中、蔡廷锴、蒋光鼐、谭平山等人代表中国国民党革命委员会在贺电上签名。贺电表示：我们愿在今天中国共产党诞生的纪念日，竭诚相誓，昭告天下，中国人民坚决拥护你和中国共产党的领导，万众一心，共同奋斗，以达到驱逐美帝、收复台湾和一切属于中国领土的目的。7 月 5 日，李济深在北京人民广播电台发表《反对美国的侵略行为》的讲话，强烈谴责美帝国主义侵略朝鲜，并派第七舰队到台湾海峡武装干涉中国内政的行径。7 月底，

---

1 《民革发表书面声明，抗议杜鲁门侵台叫嚣》，《人民日报》1950 年 6 月 30 日。

李济深代表民革发表声明，抗议美国战机侵犯中国领空。

8月1日，李济深在北京各界庆祝八一建军节反对美国侵略台湾朝鲜示威大会上发表演说。他指出：人民解放军一定能把敌人逐出台湾，台湾是要解放的，而且也一定能解放的；亚洲人民将坚决奋斗，恢复远东和平，争取民族解放，使亚洲成为亚洲人民自由自主的世界。他向留在台湾的国民党官兵呼吁："你们被蒋介石带到台湾已经是走上末路了。现在蒋介石还打算把你们送到朝鲜去作美国的帮凶，去屠杀朝鲜人民，你们的迷路将愈走愈远，最后只有死路一条。我号召你们赶快觉悟，拒绝蒋介石的命令，断绝与帝国主义的一切关系，不要到朝鲜去当炮灰，停止一切绝望的抵抗，当我们进军解放台湾的时候，你们应该毫不犹豫地实行敌前起义或自动放下武器；在蒋介石匪帮强迫驱使你们到朝鲜作炮灰的时候，你们也应该毫不犹豫地和朝鲜人民军站在一起，向美帝国主义作战。"[2]

随后，李济深主持召开民革中央常委会，决定派中央常委许宝驹参加"全国人民反对美国侵略台湾朝鲜运动委员会"。8月11日，以郭沫若、李立三为首的新中国人民代表团从北京启程赴朝鲜。代表团系由各人民团体、各民主党派、少数民族代表23人组成，蔡廷锴代表民革参加了该代表团。代表团的任务是庆祝八一五朝鲜人民解放五周年、慰劳进行抗美战争的朝鲜人民，并对朝鲜人民过去对于中国革命的帮助，表示深切的感谢。代表团携有两面赠送金日成将军及朝鲜人民军的锦旗及药品、影片、慰劳信等。蔡廷锴参加中国人民代表团慰问朝鲜归来后，向全国同胞广播访问伤兵医院的情况。

8月22日，面对美军对中朝边境的轰炸，民革与中共及其他各民主党派、人民团体对美国空军滥炸朝鲜一事发表抗议："我们认为这种轰炸完全违背联合国宪章和一切国际公法，并且完全违背人道。美国空军对于朝

---

2 《国民党革命委员会主席李济深的演词》，《人民日报》1950年8月2日。

贺龙、蔡廷锴（后排右五）率领代表团到朝鲜慰问志愿军时合影。

鲜的野蛮轰炸，以及美军在朝鲜制造无人区的野蛮行为，证明了美国政府及其追随者对于无论朝鲜北部或南部的人民都没有丝毫的同情心，证明了他们是杀人不眨眼的侵略者。"[3] 呼吁全世界一切具有人类同情心的人们共同奋起，制止美国空军的灭绝人性的暴行。

8月27日，美军飞机五次侵入中国东北领空，沿鸭绿江右岸扫射建筑物、车站、车辆及人民，以致伤亡情形极为严重。28日，李济深特发表声明："我们坚决拥护周外长在抗议书中的要求，立即惩办美国空军这种挑衅和残暴行为，并负责赔偿中国方面所受的一切损失。"声明指出：因为美国的军队侵略朝鲜，使联合国安全理事会已经遭受到严峻的考验，因为美国侵略军队扩大其暴行，使中国人民遭受了重大的损失，联合国安全理事会更应当考虑到世界各个区域的安全究竟何所寄托。现在，全中国的人民，全亚洲的人民，全世界的人民，都在注视美国政府和联合国安全理事会对于我中央人民政府合理的要求与建议将如何反应。

---

3 《我国各民主党派各人民团体抗议美空军滥炸朝鲜》，《人民日报》1950年8月23日。

　　湖南省军政委员会主席程潜也发表谈话说：经过长期革命锻炼的中国人民，是不怕任何挑衅的，必定能够打败任何侵略者，坚决解放台湾。民革河南分部负责人刘积学也表示：我们全国人民绝不能忍受美帝这种暴行。民革上海市分部筹委会与民盟上海市临时工作委员会、九三学社上海分社等各民主党派在上海市的地方组织联合发表宣言，抗议美国飞机侵入我领空的挑衅行为。联合宣言指出：美国此次侵犯我领空、残杀我人民的行动，不但严重侵犯了中国主权，同时构成不可赦的扩大战争破坏和平的罪行。宣言坚决表示：上海市各民主党派的全体成员，愿在毛主席领导之下，为维护中华人民共和国的领土主权的完整，保障世界和平，反对美帝国主义侵略而坚决奋斗到底。同日，中国各民主党派在重庆的地方组织分别致电联合国安全理事会主席马立克及秘书长赖伊，对美帝国主义侵略朝鲜的军用飞机侵入中国东北领空的残暴挑衅行为提出抗议。民革重庆市临时工作委员会的电文申明："我们的领土主权决不能容忍有丝毫损害，对于侵略我国领土的帝国主义者，必给以坚决的还击。我们要求安理会立即接受我国周外长的正确的建议，迅速对违反联合国宪章、破坏世界和平的美帝国主义采取有效制裁。"[4]

　　9月15日，美军在朝鲜仁川登陆，占领汉城，越过三八线，把战火烧到中国东北边境，并轰炸中国东北边疆城市和乡村。全国人民对美帝国主义的侵略行径表示极大愤慨。在这种情况下，毛泽东与中共中央决定派志愿军赴朝作战，援助朝鲜民主主义人民共和国。10月8日，中共中央作出了"抗美援朝、保家卫国"的决定，命令中国人民志愿军赴朝参战。全国人民立即开展了轰轰烈烈的抗美援朝、保家卫国运动。民革与其他民主党派一起，坚决支持中共中央的决定，发动民革党员投身到抗美援朝运动之中。

---

4 《各民主党派地方组织痛斥美国侵略者暴行》，《人民日报》1950年9月1日。

1950 年 10 月 8 日，中共中央作出了"抗美援朝、保家卫国"的决定，命令中国人民志愿军赴朝鲜参战。全国人民立即开展了轰轰烈烈的抗美援朝、保家卫国运动。民革与其他民主党派一起，坚决支持中共中央的决定，发动民革党员投身到抗美援朝运动之中。

当时，民革和其他民主党派中有不少人存在崇美、恐美、亲美的思想，把美国的力量估计过高，认为它是真老虎，存在着怕打仗、怕原子弹、怕"引火烧身"的思想顾虑，主张"自扫门前雪"，甚至有极少数人主张"隔岸观火"。中共中央对此采取了非常慎重的态度。早在美国侵朝之初，中共中央与各民主党派多次进行会谈后达成了共识：对美帝国主义侵略中国的邻邦不能采取置之不理的态度。在作出"抗美援朝、保家卫国"的战略决策之后，中共中央派周恩来、李维汉等人与民主党派代表人士多次进行协商座谈，征求他们的意见。中国人民长期遭受帝国主义的侵略和欺凌，经过千辛万苦、艰苦卓绝的奋斗取得新民主主义胜利之后，岂容美帝国主义再次虎视眈眈地觊觎中国领土，李济深代表民革中央带头明确表示赞成出兵援朝，各民主党派很快消除了分歧，取得了一致意见。

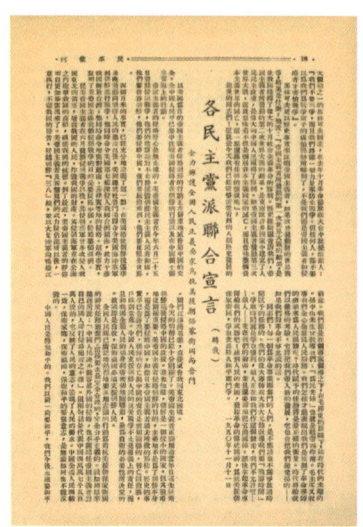

262

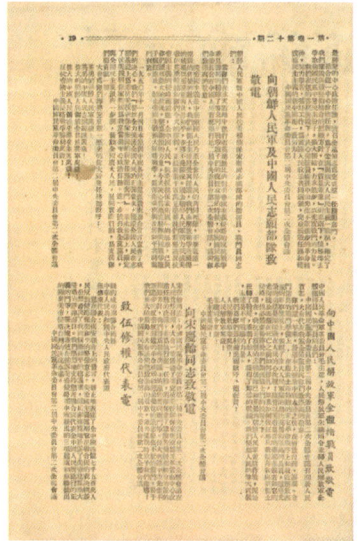

《各民主党派联合宣言》。（上）
民革的相关致敬电。（下）

在此基础上，1950 年 11 月 4 日，由中国共产党领衔，中国国民党革命委员会、中国民主同盟、中国民主建国会、中国人民政协无党派民主人士、中国民主促进会、中国农工民主党、中国致公党、九三学社、台湾民主自治同盟以及中国新民主主义青年团联合发表抗美援朝保家卫国的《各民主党派联合宣言》。该宣言强烈抗议以美国为首的帝国主义侵略朝鲜的行动，揭露美帝国主义出兵朝鲜的目的，不仅要摧毁朝鲜民主主义人民共和国，而且要"侵略中国"，"统治亚洲"；中国人民支援朝鲜人民的抗美战争不只是道义上的责任，而且和中国全体人民的切身利益密切相关，是由自卫的必要性所决定的。"唇亡则齿寒，户破则堂危"，"救邻即是自救"，保卫祖国必须支援朝鲜人民。《宣言》最后表示："中国各民主党派誓以全力拥护全国人民的正义要求，拥护全国人民在志愿的基础上为着抗美援朝保家卫国的神圣任务而奋斗。"[5]

随后，民革中央和各地方组织表

5 《各民主党派联合宣言》，《人民日报》1950 年 11 月 5 日。

现了高度的爱国热情，坚决支持中国政府出兵援朝，积极地参加了轰轰烈烈的抗美援朝运动，为支援中国人民志愿军打击美国侵略者而不倦地进行着工作。

11 月 5 日，民革中央召集在京的中央委员、团结委员及总部、北京市分部的工作人员 100 余人举行座谈会，反对美帝国主义侵略朝鲜。会议由李济深主席主持。首先由邵力子作了《分析美帝侵朝战争和我们援朝的意义》的中心发言，分析了朝鲜战争的本质，说明了朝鲜战局的变化及其前途，指出了美帝国主义正在走着日本帝国主义企图霸占世界，曾经走过因而造成自取灭亡的老路。邵力子指出："美帝国主义侵略朝鲜的战争目前已严重地威胁到我们祖国的领土安全，所以，从任何角度看，我们都不能坐视美帝国主义对朝鲜的疯狂侵略而置之不理！"柳亚子继起发言，激昂愤慨地痛斥了美帝国主义侵略台湾、侵略朝鲜的罪行。他说："美帝国主义如果胆敢发动第三次世界大战，杜鲁门、麦克阿瑟、马歇尔等必将逃不脱他们的前辈希特勒、墨索里尼和东条的命运！"他激愤地说："美帝如果真要这样做，来吧！我们不怕。"接着，由最近自欧洲回国的朱学范作了《关于目前欧洲形势和德国问题》的报告，发表了欧洲局势及朝鲜问题的意见。他说："欧洲各国人民一般都认为西德问题和朝鲜问题是亚洲和欧洲和平的关键，美、英、法帝国主义正图把德国作为反苏反共的基地，但德国的人民是坚决反对的。"他说："欧洲的德国问题和亚洲的朝鲜问题是分不开的，同是世界和平的关键。"并强调："全世界的劳动人民团结在和平民主阵营方面，这对于保卫世界和平是一个很大的贡献。"接着，他报告了欧洲帝国主义国家内劳动人民为争取和平与民主，扩大反侵略运动的热烈情形，并做出结论："全世界的劳动人民团结在以苏联为首的和平民主阵营方面，这对于保卫世界和平是一个很大的贡献。"[6] 民革座谈

263

---

6 《民革举行座谈会，反对美帝侵略朝鲜》，《人民日报》1950 年 11 月 8 日。

会始终在热烈的气氛中进行，大家一致表示，决心以实际行动贯彻 11 月 4 日各民主党派联合宣言的精神。

11 月 8 日，民革中央召开第二次扩大座谈会，中央委员李济深、何香凝、柳亚子、邵力子、陈劭先、王昆仑、朱学范、蒋光鼐、于振瀛、李世璋、许宝驹等，团结委员于学忠、王树常、冯占海、刘云昭、屈武、凌其翰等及总、分部工作干部等 50 多人参加。何香凝在发言中提醒大家记取"九一八"的历史教训，记取孙中山临终遗言"和平、奋斗、救中国"，并提出民革同志年轻的去参军，年老的做后方支援工作。她说："我可以动员党员家属去做救护工作。"骆介子在发言中指出："我们现在已到了行动的阶段，除拥护人民志愿军参战外，主张民革在志愿的基础上，联合各民主党派从速进行组织宣传队、慰劳队、救护队以及文工团支援志愿军，并赴全国各地开展宣教活动，激励全国人民为抗美援朝的神圣事业而奋斗。"凌其翰表示："我已经填了参军志愿书，做好了准备，随时入伍赴朝。"柳亚子则说："我虽年纪老了，不能去打仗，但是我可以去担任管理美国俘虏的工作。"从这些民革同志的发言中可以看出，当时民革多数同志具有高涨的爱国热情，尤其是那些从旧社会国民党阵营走到新中国人民行列中来的人，"此时此地都不约而同地产生了一种不甘落后的精神面貌"，这在当时是难能可贵的。[7]

此外，何思源发表《从我认识的美国说到美帝冒险侵略的前途》，陈铭德发表《为抗美援朝保家卫国献出我们的力量》，程元堪发表《一致奋起抗美援朝》，谌小岑发表《在毛泽东旗帜下为争取持久和平而战斗》，胡彦云发表《对敌人宽容便是对自己残酷》等文，表达了支持抗美援朝运动的决心。

11 月 19 日，民革北京市分部全体党员通过向朝鲜人民军和中国人民

---

7 朱学范《我与民革四十年》，第 269—270 页，团结出版社 1990 年版。

抗美援朝志愿部队致敬电,表示愿尽一切力量支援他们的军事行为。《致人民军电》指出:"现在我们志愿军正在和你们并肩作战,又给敌人以严重的打击,你们这样为祖国为和平伟大的英勇战斗,使我们非常敬佩。我们愿尽一切的力量,来支援你们,迅速消灭敌人,取得最后胜利。谨向你们致崇高的敬礼!"《致中国人民抗美援朝志愿军电》指出:"你们以实际行动来抗美援朝,保家卫国,这样的爱国热情,充分表现了今天的中国人民不仅有着高度的新爱国主义精神,而且有着高度的国际主义精神。为着朝鲜,为着亚洲,为着全世界的和平,自然也是为着自己,我们不容许帝国主义者肆无忌惮的横行侵略,只有一齐奋起,给战争贩子们一个迎头痛击。你们在冰天雪地之中,不避艰险,与朝鲜人民兄弟部队并肩英勇抗战,打击美帝,使其惊慌逃跑,不敢疯狂北进,对你们这种伟大而光荣的胜利,我们怀着无限的敬佩心情,谨向你们致以崇高的革命敬礼!"[8]

中国人民志愿军出国后,同朝鲜人民军一起,连续进行了五次重大战役,取得了光辉的胜利,根本扭转了战局。为了统一全党的认识,民革决定召开二届二次会议。1950 年 11 月 27 日至 12 月 6 日,民革在北京召开第二届第二次中央委员会全体会议。李济深致开幕词指出,这次会议的两个中心议题是抗美援朝保家卫国问题和确定党的组织路线问题。他说:"抗美援朝保家卫国是我国人民当前最中心的神圣任务。这次会议应号召全党同志一致奋起,统一认识,整齐步伐,抱定决心,献出力量,为抗美援朝保家卫国而奋斗到底。"[9]李济深在闭幕词中强调:"这次会议是在全国人民轰轰烈烈地展开抗美援朝保家卫国运动中,是在朝鲜人民军与中国人民志愿部队并肩作战击败了美帝总攻的新形势下举行的,具有特别重要的意

---

8 《民革北京市分部全体党员,电朝人民军及我志愿部队表示敬意并愿全力支援》,《人民日报》1950 年 11 月 21 日。

9 《民革二中全会开幕,中心议题为抗美援朝保家卫国并将解决该党的组织路线问题》,《人民日报》1950 年 11 月 28 日。

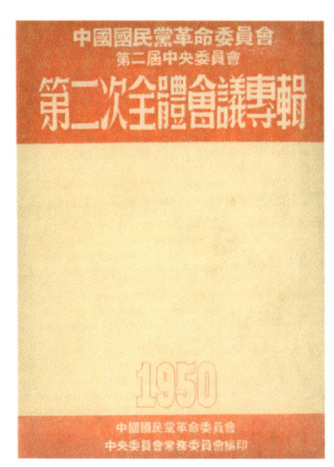

民革二届二中全会会议专辑。

义。"他号召全体党员一面要继承孙中山先生反帝救国的革命传统，一面是要发扬孙中山先生的不断求进步的精神，加强学习马列主义与毛泽东思想，加深认识爱国主义与国际主义相结合的重要意义，为拥护各民主党派联合宣言，切实执行大会决议，完成伟大的历史任务而奋斗到底。[10]

在民革二届二次会议上，与会全体中央委员、团结委员及各地分部代表，听取了中央常务委员会及组织部、宣传部三个工作报告，在大会及小组会上展开热烈的讨论，最后通过了《确定抗美援朝保家卫国为本党当前中心政治任务的决议》《致伍修权代表拥护控诉美帝侵略案电》《拥护周外长关于对日和约问题声明的声明》《向毛主席致敬电》《向中国人民解放军全体指挥员、战斗员致敬电》《向宋庆龄同志致敬电》等六个文件。《致伍修权代表拥护控诉美帝侵略案电》指出："您在联合国安理会上的发言，严正地表达了全中国五万万人民反对侵略保卫和平的坚强意志。美帝国主义运用它在联合国的表决机器，公然否决了我国保卫和平的建议案，这正赤裸裸地暴露了美帝阴谋扩大侵略的狰狞面目。我们热烈地支持您在联合国代表全中国人民所进行的正义的斗争，坚决拥护您在控诉美帝侵略案中所提出的三项建议和苏联提出的关于美帝侵略台湾的决议草案。"《确定抗美援朝保家卫国为本党当前中心政治任务的决议》是民革二中全会最大的收获。《决议》指出："本党是中国人民民主统一战线中的一员，并深念孙中山先生生前革命救国联苏反帝及争取世界被压迫民族独立自由的主张，认为抗美援朝保家卫国不但是今日全中国

---

10 《民革二中全会闭幕，确定抗美援朝为当前中心政治任务》，《人民日报》1950 年 12 月 7 日。

人民共同的神圣任务，也正是本党所应有的历史使命。"为此，民革中央决定首先要在党内和广大人民中进行普遍及深入的宣传教育工作，使每个同志和广大人民都能深切认识美帝国主义是一百年来对中国人民最狡猾最阴险最凶恶的侵略者。我们要想自救，必须救邻；要想保障国家建设，争取世界和平，必须抵抗暴行，制止侵略。"我们要使每个同志和广大人民都能深切认识美帝国主义是中国人民的死敌，也是全世界人民的死敌，它是极其孤立

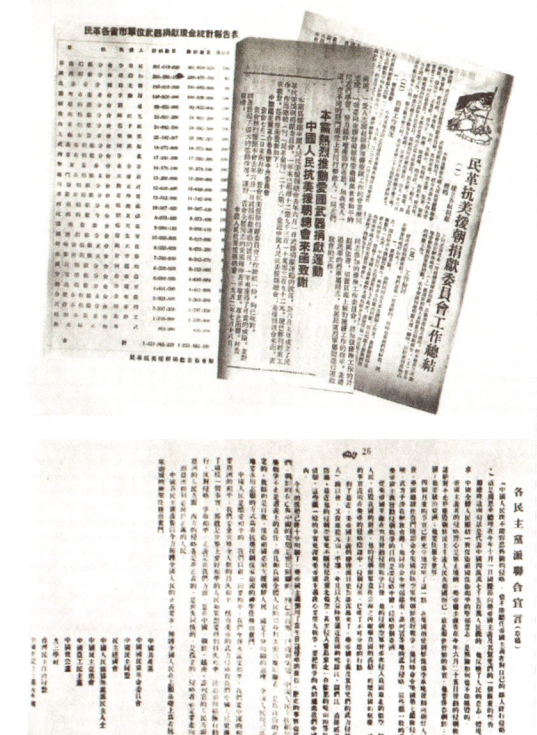

民革抗美援朝有关文件。

的，是外强中干脆弱腐朽的纸老虎；一切亲美的反动思想和恐美崇美的糊涂思想，必须清除。"《决议》对民革各级组织及党员在抗美援朝中的工作做了具体要求和部署：不但要在抗美援朝保家卫国的持久斗争中提高自己，教育别人，还要把正确理解与坚强信心付诸行动，在广大人民及本党所联系的群众中积极地发挥骨干作用，为支援前线及一切志愿动员的工作而服务。[11]朱学范感慨地说："这次大会，显示了民革同志继承了孙中山不断进步的精神，是能够随着时代的节奏同步前进的。"他认为："抗美援朝运动的伟大，不仅仅是战场上打败了美军及其附庸军，而且使中华民族扬眉吐气，普遍增强了民族自豪感，受帝国主义铁骑蹂躏的日子已一去不

---

11 《民革二中全会通过决议，以抗美援朝保家卫国为当前中心任务》，《人民日报》 1951 年 1 月 5 日。

复返了。"[12]

民革二届二中全会后，李济深以民革中央的名义向全党发出《关于实施二中全会抗美援朝保家卫国决议案的指示》，要求各地民革组织密切配合各级人民政协、抗美援朝分会、各民主党派、各人民团体、各界爱国人士积极搞好抗美援朝工作。民革各地组织热烈拥护二中全会将抗美援朝保家卫国作为本党当前中心政治任务的决定，决心为实现这项政治任务而努力。民革华南临工会萧隽英在广州市各民主党派及无党派民主人士座谈会上传达民革中央决议时表示："我们要努力学习孙中山先生能够适应世界潮流的精神，坚决地倒向以苏联为首的和平民主阵营，制止帝国主义的侵略战争，保卫世界和平；而当前的具体任务就是抗美援朝保家卫国。"[13]

为实行抗美援朝保家卫国的神圣任务，民革中央常委会拟定了详细的实施方案，确定对其所联系的群众进行切实而有效的鼓动宣传，加强爱国主义与国际主义的思想教育，并组织了学习。民革各级组织按照《确定抗美援朝保家卫国为本党当前中心政治任务的决议》的要求，在党员中广泛开展了爱国主义和国际主义教育，揭露美帝国主义的纸老虎本质，克服各种不正确的认识，增强抗美援朝必胜的信心。民革党员积极自觉地履行抗美援朝各项义务，实践爱国公约，许多党员动员自己的子女和亲属踊跃参军，赴朝参战。

二、通过"战争关"的考验

毛泽东在政协一届二次会议闭幕词中指出，民主党派要过"三关"：战争关、土改关和社会主义关。所谓战争关，就是放弃"第三条道路"的

12 朱学范《我与民革四十年》，第 271 页，团结出版社 1990 年版。
13 《为巩固与扩大反美爱国统一战线，各民主党派正贯彻两大决议，开展抗美援朝运动与巩固发展组织》，《人民日报》1951 年 1 月 24 日。

幻想，放弃对美国的幻想，赞同对苏联的"一边倒"政策，并在抗美援朝战争中认清美国的侵略本质，坚定地站在人民一边。但建国初期的民革党员及其联系的民族资产阶级，深受欧风美雨的熏陶，有相当多的党员存在着崇美、恐美、亲美的思想，过高地估计美国的军事力量，存在着怕打仗、怕原子弹、怕"引火烧身"的思想顾虑，"某些人的思想中存在过某种程度的动摇"。[14] 因此，民革和各民主党派要顺利通过"战争关"并不容易。

1951年春，为了提高党员的政治认识和政治觉悟，为开展抗美援朝工作奠定坚实的思想基础，民革与各民主党派一道，积极参加拥护缔结世界和平公约和反对美国武装日本的群众性运动。民革中央专门对各地方组织发出指示，作出了四项重要规定：

（一）在思想教育上，必须使党内同志及与党有联系的群众深切了解响应世界和平理事会的决议是与抗美援朝保家卫国的神圣斗争任务不能分开的，特别是拥护五大国缔结和平公约；反对美国武装日本；反对美国单独对日媾和，是与全中国人民的一向和平志愿及切身的利益更相符合的。

（二）在领导进行这一运动的方式方法上，要灵活运用。除在大规模的集会上应与当地民主党派、人民团体协作进行收得更大效果外，本党内部亦可举行多种小型会议，依照规定办法，进行签名投票，务使党内每一同志及与党有联系的群众受到这一运动的和平民主爱国教育，并作为拥护世界和平和打击帝国主义侵略者的一分力量。

（三）抗美援朝总会公布的《关于五一劳动节示威游行时唱歌的通知》中所规定五首歌曲，特别是国歌（《义勇军进行曲》）及中国人民志愿军战歌（《打败美帝野心狼》）是群众示威游行时所唱的基本歌曲，本党同志应热烈学习会唱，在集会和游行时，纯熟唱出，提高爱国家、爱人民、

269

14 《在中国人民政治协商会议第二届全国委员会第一次全体会议上的发言》，《人民日报》1954年12月23日。

爱政府、爱和平以及爱我们英勇卫国的志愿军战士们的热烈情绪。

（四）在检查工作、总结经验、报告成绩这一方面，希望各地方组织于自己举行签名投票运动工作结束后，即将事前的计划，推行的经过，获得的成绩，发现的优点与缺点，详为报告，以供中央参考，并可使各地交流经验。[15]

1951 年 2 月 27 日，民革中央发出指示，要求各地组织普遍深入地开展抗美援朝保家卫国运动。规定："在思想认识上，要更彻底更普遍地消除崇美、亲美、恐美的思想，更巩固地建立仇视、鄙视、蔑视美帝国主义和民族自尊的观点。在实际行动上，不可使这一运动孤立起来，而应与土地改革和镇压反革命活动相结合。"还指示：在进行宣传工作时，要经常以时事发展中新的事件向人民宣传，还要结合群众的经验和他们自身的利益，以激发群众的爱国心，引导他们从事于实际的爱国运动。在组织志愿动员工作方面，最重要的是号召以各种方法继续支援中国人民志愿军和朝鲜人民军；其次应该努力推广订立爱国公约。[16]

民革及各民主党派组织进行了较大规模的抗美援朝宣传教育工作，使各民主党派的成员以及他们所联系的群众受了一次爱国主义教育。据统计，民革及各民主党派的各级组织在抗美援朝开始后的一年间，共举行了 400 多次座谈会和 350 多次演讲会、报告会，宣传抗美援朝。民革福建、广西、湖北等地方组织都利用黑板报、画报、快板等方式进行宣传，受到当地人民群众的热烈欢迎。同时，民革及各民主党派关心和热爱为保卫祖国而战斗的中国人民志愿军，撰写了不少慰问信，捐献了不少慰问金，慰劳志愿军将士。据民革上海、北京等 17 个地方组织的不完全统计，共发出慰劳信 4000 多封，慰问金 7000 余万元。民革中央和各级组织普遍注意了优待

---

15 《民革中央委员会指示各地方组织，号召热烈参加拥护缔结和平公约的签名及关于日本问题的投票》，《人民日报》1951 年 4 月 13 日。

16 《民革指示该党地方组织普遍深入开展抗美援朝运动》，《人民日报》1951 年 3 月 4 日。

革命烈士家属和革命军人家属的工作。民革北京市分部在 1951 年春节配合北京市第一区人民政府举行晚会，招待烈士家属和军人家属 1000 余户，并组织了慰劳队下乡慰问住在农村里的烈士家属和军人家属。[17]

1951 年 6 月初，参加中国人民赴朝慰问团的各民主党派代表与无党派民主人士曾联合举行座谈会，讨论在赴朝慰问过程中对朝鲜战争的进一步认识及各民主党派今后在

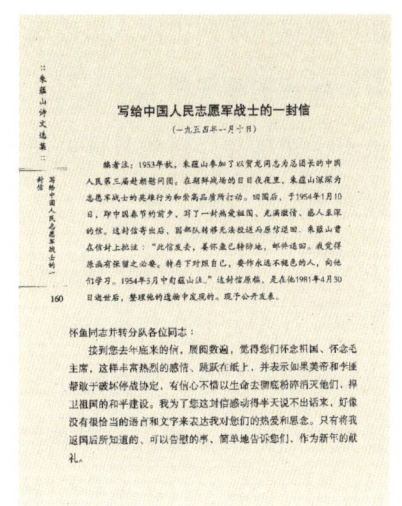

朱蕴山写给志愿军战士的一封信。

加强与深入抗美援朝运动、全力支援前线工作中的任务。座谈会召集人为许宝骙、周鲸文、凌其峻，出席的有中国国民党革命委员会、中国民主同盟、民主建国会、中国民主促进会、中国农工民主党、九三学社、台湾民主自治同盟等党派的代表及无党派民主人士代表共 26 人。民革代表周范文在座谈会上说：抗美援朝不应只停留在我们党内的思想教育与口头宣传上，应该面向群众，宣传教育工作应与实际行动相结合。他提出民革今后的具体任务：（一）号召各种职业的党员参加各种工作队到朝鲜前线去为志愿军战士服务；（二）参加抗美援朝总会动员人力物力支援前线的各项工作；（三）动员群众展开拥军优属运动；（四）多向海外华侨进行抗美援朝宣传，并在华侨中发动捐献运动；（五）继续选派党员参加土地改革，并协助政府镇压反革命。[18]

1951 年 6 月 1 日，中国人民抗美援朝总会发出捐献飞机大炮支援在

17 《一年来各民主党派的抗美援朝工作》，《人民日报》1951 年 10 月 25 日。

18 《慰问团民主党派代表座谈，全力支援前线》，《人民日报》1951 年 6 月 4 日。

朝鲜前线作战的中国人民志愿军的号召，民革中央立即热烈地响应这个号召，展开捐献飞机大炮运动。6月7日，民革中央召集常委会，讨论响应抗美援朝总会号召的具体办法，特别是关于如何捐献飞机大炮的办法。经过热烈发言之后，李济深首先认捐5000万元，蒋光鼐捐1000万元，接着王昆仑、蔡廷锴、陈铭德、屈武、柳亚子、陈劭先、李俊龙、王树常等各捐600万元至100万元不等，共捐了1亿元。1951年6月9日，民革中央成立了捐献总会，何香凝、蒋光鼐、龙云、陈铭德、许宝驹、蔡廷锴、李俊龙、屈武、朱蕴山、梅龚彬、陈劭先等21人为委员，何香凝任主任委员（蒋光鼐代），蒋光鼐、龙云、许宝驹、陈铭德任副主任委员，陈铭德兼秘书长，先后建立了各级地方组织，计成立大行政区总分会3个，省市级分会18个，县市级支会6个，共分支会20个单位。

6月12日，民革约集中央委员、团结委员等举行座谈会。李济深在会上致辞说："向志愿军捐献飞机大炮具有重要意义，因为后方多流一滴汗，前方就少流一滴血。"他提出民革将捐献的首次目标定为15亿元（旧币），半年完成，并报告李锡九病中不忘捐献，愿将最珍爱的米南宫墨迹一册捐出义卖。李济深带头认捐，决定将自己在香港的一幢房子卖掉，捐献全部款项。龙云在讲话中表示，他和他的夫人顾映秋决意捐出在昆明的两座大房子，共有100多间（曾经当地民主评价约值10亿元左右），此外他本人再捐现金2000万元。胡庶华、王葆真都在会上宣称每月捐薪十分之一，直到抗美援朝战争胜利为止；胡庶华还表示要在暑期内整理讲义，捐献全部稿费。吴家象、张谞文、赵钟毓等也当场相继认捐。最后蒋光鼐宣称，除以前已认捐1000万元外，再捐献华南的房屋两幢，一幢是抗日战争前以银币3万元购置的，一幢稍小，时价约值1亿元；大房完全捐献，小房捐出一半。在李济深、龙云等人的带动下，民革领导成员和普通党员纷纷踊跃捐献，仅5天时间，民革中央所提出的首次捐献15亿元的目标就超额完成了。

1951年6月1日，中国人民抗美援朝总会发出捐献飞机大炮支援在朝鲜前线作战的中国人民志愿军的号召，全国人民广泛开展了捐献运动。图为北京市民召开捐献飞机大炮群众大会。

为使全党一致动员并发动所联系的群众以实际行动来响应抗美援朝总会的三大号召，民革中央特作出《关于实践爱国公约捐献飞机大炮做好优抚工作的决定》。该《决定》规定：

（一）关于实践爱国公约，中央以及各地组织已订有爱国公约的，首先审查内容是否切实具体，否则应通过群众，重新改订或增订；没有订立的应从速订立。同时并决定发动党员订立三个月或半年的个人保证计划，与集体的爱国公约相配合。而且，爱国公约与个人保证计划均须作适时的检查。更须鼓动或帮助群众订立公约和计划。

（二）关于捐献飞机大炮，决定发动党员组织突击的捐献与经常的捐献。中央组织抗美援朝捐献委员会（简称民革捐献总会），各地组织抗美援朝捐献委员会分会或支会（简称各地民革捐献分会或支会），办理捐献工作。突击的捐献暂以捐献15亿元购置战斗机一架为目标，期间定为半年。突击的捐献以尽力量力在党内捐献为原则。经常的捐献系按每月工薪或固定收入就实际生活情况可能节省的数额固定长期捐献，直到抗美援朝完全胜利为止。该决定强调本党党员应在群众中起推动带头作用，增加生产，增加收入，踊跃捐献，加强抗美援朝的力量。

（三）关于做好优抚工作，决定协助政府、配合各党派、团体及时慰劳伤病残废军人和烈属、军属，并解决烈属军属职业及其子女就学问题。[19]

1951年7月初，民革捐献总会发出通告，号召各地党员继续开展捐献运动。据不完全统计，一月来民革各地党员捐献总额已达25亿元以上（包括现金及各种实物折价）。7月6日，民革捐献总会召开例会，汇报了捐献运动开展的情况，并决定通告各地组织，依照中国人民抗美援朝总会7月4日的通知，继续加强捐献工作。通告指出：在目前朝鲜停战有了可能性的情况下，必须继续开展捐献运动，不应有丝毫的松懈。通告称：我们唯有加强国防建设，才能争取朝鲜问题的和平解决，才能早日解放台湾，保卫中国、亚洲和世界的持久和平。通告最后要求各地组织已有捐献成绩的，应继续努力推进捐献运动；尚未展开捐献工作的，应即加紧动员，以期完成预定的任务。

截止到8月23日，民革党员共认捐现金829066643元，房屋9所，字画88件，银圆200枚及其他实物多件，初步估计可值10亿元，连现金共计在18亿元以上，完成了捐献战斗机一架的预定目标。[20]

随后，民革党员继续进行捐献运动。到1952年5月底，民革中央及地方党员直接向总会与各地分支会认捐和代募款总数为人民币1331765322元（在本工作岗位上捐献数字均未计算在内），缴款总数为人民币1293100392元，约97%。至个人捐献在1亿元以上者，有孙蔚如2.2934亿元（捐房卖价），蒋光鼐1.32亿元，王国桢党内捐款虽只1000万元，

---

19 《民革中央作出决定，实践三大爱国号召，定半年内捐献飞机一架》，《人民日报》1951年6月14日。

20 梅龚彬《中国国民党革命委员会一年来在三大运动中的主要工作》，《民革汇刊》第2卷第10期，1951年9月。

但在福州市工商界曾捐献 2.5 亿元，潘锷镝党内捐款虽仅 500 万元，但为响应蚌埠市号召，曾捐献 1.93 亿元，都起了带头推动作用。在武器捐献运动热烈进展中，民革党员捐献房产 10 所，蒋光鼐、顾映秋、陈名豫各捐 2 所，孙蔚如、孔繁蔚、林梦飞、刘凯南各捐献 1 所，党员还捐献衣服书籍字画等 184 件。据民革中央统计，平均每同志捐款约 90 万元，"这说明每一同志都已尽了最大的努力，发扬了爱国主义与国际主义相结合的精神"。[21]

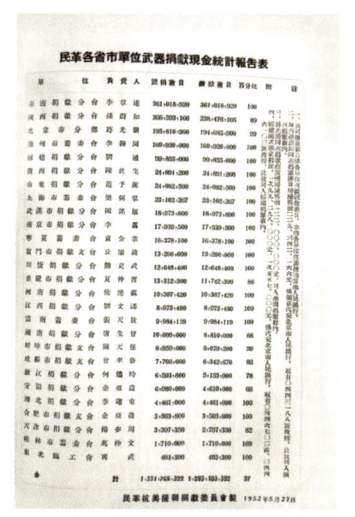

捐献情况统计表。

1951 年 10 月，中国人民政治协商会议第一届全国委员会第三次会议在北京召开，毛泽东在开幕词中提出了中国人民当前的三项基本任务：继续加强抗美援朝运动、提倡和推动爱国增产节约运动、推动思想改造运动。10 月 24 日，李济深在发言中赞同毛泽东提出的"继续加强抗美援朝运动"的主张。他指出："我们中国人民和美国军队作战，是因为美国政府派兵占领了我们的台湾、侵略朝鲜和侵犯到了我国的东北边疆。我们是坚决地要和平，但我们有力量把侵略者打退。所以美帝国主义一天不知难而退，不接受和平，我们就一天不停止斗争！因此，我们中国人民就必须把抗美援朝运动更向前推进一步，而首要的任务就是扩大和加强我们的增产节约运动，发挥我们无穷无尽的力量，准备和美帝国主义作长期的斗争，实现朝鲜问题的和平解决，并且我们一定要从美国侵略者的手中解放我们神圣的国土台湾！"他代表民革表示："完全同意和坚决拥护，我将号召民革

21 《民革抗美援朝捐献委员会工作总结》,《民革汇刊》第 28 期，1952 年 6 月。

全体同志身体力行，推动自己所联系的群众和号召广大人民，把抗美援朝增产节约当作我们当前最主要的政治任务，坚决努力，为完全实现这个决议而奋斗！"[22]

1951年11月12日，是孙中山85周年诞辰纪念日。李济深发表了《纪念孙中山先生要为贯彻今天的中心任务而奋斗》一文，阐述了孙中山晚年着重于对帝国主义的斗争精神，肯定了抗美援朝战争的正当性，呼吁继续加强抗美援朝运动。他代表民革表示："中国国民党革命委员会是人民民主统一战线的一员，应向全国人民郑重地表示，我们是竭诚拥护毛主席在第一届全国委员会第三次会议的开会词，并将号召民革全体党员为贯彻他所指示的'中国人民今天的中心任务'而奋斗到底。"[23]

12月18日，为了贯彻执行政协一届三次会议决议的三项中心任务，民革举行中央常委会扩大会议。会议由李济深主持，出席者有在京中央委员陈劭先、蔡廷锴、邵力子、柳亚子、龙云、朱学范，团结委员屈武、王树常等和总部干部共46人。会议决定在1952年2月中旬召开二届三中全会扩大会议，总结二中全会以来参加抗美援朝、土地改革、镇压反革命三大运动的工作经验，讨论如何更进一步巩固与发展组织，以及如何贯彻执行全国委员会三项中心任务的具体实施方案，特别是进行思想改造运动的具体方案和步骤。

会议通过了《关于贯彻执行中国人民政治协商会议第一届全国委员会第三次会议三项中心任务的决定》。它指出：中央常务委员会扩大会议一致拥护中国人民政治协商会议第一届全国委员会第三次会议关于继续加强抗美援朝运动；提倡和推动爱国增产节约运动；推动思想改造运动，有系统地组织对于马克思、列宁主义与中国革命实践相结合的毛泽东思想的学

22《人民政协全国委员会第三次会议二十四日会上各界代表发言全文》，《人民日报》1951年12月29日。

23 李济深《纪念孙中山先生要为贯彻今天的中心任务而奋斗》，《人民日报》1951年11月12日。

程潜（左四）等人与志愿军英模代表合影。

习运动三项中心任务的决议，定为全党当前的中心政治任务。

（一）关于继续加强抗美援朝运动，它具体规定的工作重点是：如期完成捐献计划，做好优抚工作及其他各项任务；并以检查、修订和切实执行爱国公约为主要的工作。必须将思想改造和增产节约的具体内容，补充到爱国公约里去。

（二）关于爱国增产节约运动，它具体规定的工作重点是：中央和地方组织应即设立"节约检查委员会"，有计划地展开全党的增产节约，反贪污、反浪费、反官僚主义的群众运动。全党同志要结合爱国公约，订出个人工作计划，并积极发挥革命热情，努力钻研业务，改进工作方法、加强组织性与纪律性，提高工作效率，保证完成任务。机关工作同志，在执行机关增产节约计划时，更要起带头作用。

（三）关于思想改造运动，它的工作重点是：中央和地方组织应即设立学习委员会，在全党广泛展开一个自觉的自我教育与自我改造运动，同时要密切和扩大与群众的联系，帮助所联系的群众组织起来，有系统地学习，共同进步。这是我们贯彻执行全国委员会三项中心任务的基本工作。[24]

从 1951 年 7 月 10 日起，中朝军队代表和美国为首的联合国军代表在朝鲜开城举行停战谈判。但美军不甘心在朝鲜战争中的失败，不断阻挠停战谈判，并悍然蹂躏国际公约，公开使用大规模细菌战。民革中央与各民主党派一起，坚决抗议侵朝美军散布细菌，声讨侵朝美军在朝鲜前线和后方疯狂散布细菌的滔天罪行。

在长达两年的板门店停战谈判过程中，美国不断设置障碍，并在战俘遣返问题上制造所谓"自愿遣返原则"或"不强迫遣返原则"，实际上就是企图借此来破坏朝鲜停战谈判，破坏日内瓦公约，破坏国际惯例和人道原则以及破坏双方所协商好了的朝鲜停战协定草案。民革与各民主党派一起，对此感到极大的愤慨，并以召开座谈会、发表声明和谈话的形式，对美国破坏亚洲和平、继续扩大朝鲜战争的阴谋进行揭露，对周恩来代表中国政府提出的和平解决朝鲜问题的提案表示拥护和支持。

在停战谈判期间，民革与各民主党派积极参加赴朝慰问团，到前线慰问志愿军将士。1952 年 10 月，中国人民第二届赴朝慰问团成立，民革中央委员于振瀛、宁武参加并担任分团副团长。他们年底回国后，在中央人民广播电台进行广播，介绍中朝军民在朝鲜战场的战斗生活事迹，及赴朝慰问的感受。第一分团副团长于振瀛演讲了《我们带回来了志愿军的斗争精神和他们热爱祖国的心》。1953 年，中国人民第三届赴朝慰问团成立，贺龙为总团长，朱学范等人为副团长，下设八个总分团。各民主党派、各

---

24 《民革中央常委会和九三学社中央常务理事会作出决定，贯彻执行人民政协全国委员会的决议》，《人民日报》1951 年 12 月 22 日。

人民团体和各兄弟民族的代表共 5000 余人参加，是历次赴朝慰问团中人数最多、规模最大的一次。蔡廷锴（担任分团长）、陈此生、孙蔚如、萧隽英、朱子帆、陈离、陈铭德、范绍韩、曹惠文等 20 余位民革同志参加了这次慰问团。

于振瀛

1953 年 7 月 27 日，由于中朝人民军队在战场上的不断胜利，在谈判桌上有理有利有力的斗争，朝鲜停战谈判协定正式签订，抗美援朝运动胜利结束。李济深代表民革中央发表谈话，热烈拥护朝鲜停战协定。他指出："朝鲜停战协定的签订，是朝中两国人民反对美国侵略战争的伟大胜利，是以苏联为首的和平民主阵营所一贯坚持的和平政策的伟大胜利，是全世界爱好和平人民的大团结，要求和平协商解决国际争端的正义主张的伟大胜利。"[25]

在中国共产党的领导和帮助下，民革中央坚定地拥护中共中央关于"抗美援朝、保家卫国"的战略决策，并与中共和各民主党派发表联合声明，誓以全力拥护全国人民的正义要求，拥护全国人民在志愿的基础上为着抗美援朝保家卫国的神圣任务而奋斗，坚决支持中国政府出兵援朝，热烈地参加了轰轰烈烈的抗美援朝运动，并确立了"抗美援朝保家卫国为本党当前中心政治任务"，在全党广泛开展了爱国主义和国际主义教育，揭露美帝国主义的纸老虎本质，克服各种不正确的认识，增强抗美援朝的信心。民革成员自觉地履行抗美援朝各项义务，实践爱国公约，捐献飞机大炮，开展宣传教育，慰问伤病员和烈军属，参加爱国卫生运动。民革中央和地方组织的部分领导人还先后参加慰问团，深入前线，慰问中国人民志

25 李济深《庆祝第四届国庆节》，《人民日报》1953 年 10 月 1 日。

279

第七章 全党动员，参加"三大运动"

愿军和朝鲜人民军。在抗美援朝运动中，民革为巩固新中国尽到了自己的一分力量，所有成员受到了深刻的爱国主义和国际主义教育，增强了民族自豪感，顺利通过了"战争关"的严峻考验。

三、参加土地改革运动

土地改革运动是一场伟大的反帝反封建的革命群众运动。要在全国2.46亿农业人口的新解放区完成土地改革，这是建国初期面临的一项重大的革命任务。1950年6月，毛泽东在中共七届三中全会上作了书面报告，向全党全国人民提出"为争取国家财政经济状况的基本好转而斗争"的现阶段的中心任务。会议指出，要获得国家财政经济状况的根本好转，要用三年左右的时间，完成三个任务：土地改革的完成；现有工商业的合理调整；国家机构所需经费的大量节减。为此，会议讨论通过了《中华人民共和国土地改革法》草案，并提交人民政协一届二次会议审议。

1950年6月14日至23日，中国人民政治协商会议第一次全国委员会第二次会议在北京举行。这次会议的中心议题是土改问题。中共中央向会议提出了《中华人民共和国土地改革法》草案，刘少奇在会上作了《关于土地改革问题的报告》，系统地说明了土地改革的必要性和各项方针政策。会议对《中华人民共和国土地改革法（草案）》做了热烈的讨论和若干修改补充，并予通过。

6月17日，李济深在政协会议上发言中，明确表示完全同意刘少奇副主席的报告，拥护土地改革运动。他指出，实行土地改革，就是实现孙中山先生提倡的"耕者有其田"主张，这既是完成民主革命的遗留任务，关系到千千万万贫苦农民的解放，也是争取国家财政经济状况根本好转的重要条件。"封建半封建土地所有制的存在，障碍了人民的中国走上工业化现代化的前程，我们中央人民政府和人民民主统一战线的每一个参加单位，

中共七届三中全会会场。

都以最大的决心，来完成土地改革这一历史任务。"他郑重申明："我谨代表中国国民党革命委员会向全会建议，接受财经、外交及土地改革等各方面的报告，建议政府，采择实行。我更代表中国国民党革命委员会，对于毛主席及中共中央的正确领导，表示衷心的感谢与爱戴，并号召中国国民党革命委员会全体同志为全会决议的实现而奋斗到底。"[26]

　　李济深的这一讲话对于统一民革全党的思想认识起了很大作用。当时不少党员存在着"和平土改"的幻想，主张"只要政府颁布法令，分配土地，不要发动群众斗争"。一些从地主阶级分化出来的开明绅士和起义爱国将领，则对土改运动表示怀疑、不满，甚至出现抵触情绪。他们说："地主养活农民"，"地主和佃农相依为命，谁也离不开谁"，"地主的好处不可一笔抹杀"等。有人则提出"江南无封建"的言论，对土改运动进行抵制。对于这些错误言论，有些民革成员，也一度附和共鸣。因此，李济深

_____

26 《在政协全国委员会二次会议十七日大会上民革主席李济深的发言》，《人民日报》 1950 年 6 月 20 日。

的讲话有利于提高全党成员认识。

毛泽东在闭幕词中热切希望各民主党派、各人民团体积极帮助农民进行土地改革，希望各民主党派像过战争关考验一样，过好"土改关"，对人民有所贡献。6月30日，中央人民政府正式颁布《中华人民共和国土地改革法》，决定在新解放区分批分期进行土地改革，彻底废除封建的土地制度。李济深领导的民革中央坚决拥护《土地改革法》，并号召党员积极投身到土地改革运动中去，为土改圆满完成而努力奋斗。李济深在中共中央组织的座谈会上发言指出："封建半封建土地所有制的存在，障碍了人民的中国走上工业化现代化的前程，我们中央人民政府和人民民主统一战线的每一个参加单位，每一位同志，都应该看到这个情况，从大局出发，支持土地改革运动，使土地改革这一历史任务顺利完成。"[27]

李济深以实际行动坚决支持土改。当他听说家乡广西苍梧县开展土改的消息后，立即写信给苍梧县县长熊清河，主动将家中所有土地交给政府重新分配，表明他竭诚拥护土改的态度，给民革及其他民主党派成员树立了良好榜样。中央人民政府委员会委员兼河北省人民政府副主席李锡九指出：土地改革就是彻底消除封建势力；也就是要三千年来被压迫被剥削的农民能够翻身。"以华北为例，新老区的土改都已完成。除了冀东极少地区因水灾影响尚待恢复外，其他各处农民分得土地，致力生产，改善生活，受到了土改的好处，无不心悦诚服，感谢共产党和毛主席的领导。以后的问题是恢复生产到发展生产的过程，也就是如何改良工具、改良耕种技术以及如何选择种子与修水利防止灾害的问题。"[28]

民革有很多成员本身就是地主或者地主子弟，故土改对民革成员的冲击很大。民革党员中的一些爱国起义将领在各种场合表明支持和拥护土改。

27 姜建、王庆华《李济深与中国国民党革命委员会》，第208页，广东人民出版社2004年版。
28 《革命五十年，北方一元老》，《民革汇刊》第2卷第2期，1951年2月。

刘文辉在四川大邑安仁古镇的旧居。

刘文辉在一次大会上表态说："我就是一个大地主，拿四川话说，就是一个'大绅粮'，我决定无条件、无保留地献出我所有的一切土地，分给农民。"他的表态赢得了与会人员的热烈鼓掌。卢汉说："自己原来是一个地主，回到家乡，一定要多方解说、劝导，为实现土改而斗争，自己首先放弃了过去地主享有的非法权益。"邓锡侯也说："我下定决心，不仅做到军事上的'起义'，而且要做到阶级上的'起义'。"民革川康临时工作委员会负责人熊克武号召川康的民革同志们："积极地投向土地改革的斗争，尽量参加土地改革的实际工作，自己有土地的同志，率先奉行人民政府的法令，在地主阶级中起带头作用，为迅速摧毁封建的土地制度，发展生产力而奋斗；坚决地投向镇压反革命的斗争，利用我们特殊的历史关系和社会关系，协助人民政府，扑灭特务匪特，为彻底肃清反革命，巩固革命秩序而奋斗。务期做出实际的成绩，真正发挥统一战线一个成员的作

为了加强土改工作的领导，党和政府组织了由党政军干部、民主人士、知识分子等组成的土改工作队，深入农村。图为 1950 年冬，四川金堂县农民欢迎土改工作队进村。

用，与全国人民、全世界人民共同来完成当前的伟大政治任务。"[29] 民革这些领导人的表态，减少了土改运动的阻力，受到了人民的欢迎。

全国政协一届二次会议以后，根据中共中央的建议，经与各民主党派协商同意，决定组织民主党派成员及民主人士参加、参观土改工作，以使他们获得一次学习和锻炼的机会，并在推进土改的胜利完成中发挥积极作用。1950 年 8 月 3 日，政务院总理周恩来将此协议内容电告各行政区军政委员会，要求他们与当地各民主党派领导机关协商执行。民革是人民民主统一战线的一员，"耕者有其田"也是孙中山先生的革命主张之一，动员党员参加土地改革运动，为完成这一伟大运动而斗争，是民革实践共同纲领，完成新民主主义建设所应有的历史使命，同时也是改造党员思想作风，

29 熊克武《为巩固统一战线贯彻政治任务而斗争》，《民革汇刊》第 2 卷第 7-8 合刊，1951 年 8 月。

坚定他们的革命立场最有益和最有效的考验和锻炼。1950年8月2日，民革中央向各地方分部发出了《本党关于参加土地改革工作的指示》，号召民革党员踊跃参加土地改革工作，并具体规定了各地组织发动党员参加土改的条件、步骤与方法。民革中央认为，完成广大新解放区的土地改革，为人民民主统一战线的中心任务，对本党同志的思想改造锻炼与提高，具有积极的作用与意义，应列为本党当前最主要的工作。指示要求各地组织接到这个指示后，立即开会讨论，并与有关机构协商进行办法，切实遵照执行。该指示主要包括四方面的内容：

（一）全党同志应做思想上的总动员，学习中央人民政府颁布的土地改革法和刘少奇关于土地改革问题的报告，政务院颁布的划分农村阶级成分的决定，农民协会组织通则及其他与土改有关的文件，并与孙中山先生的"耕者有其田"的革命主张联系起来，融会贯通，力求实现。"尤其是地主家庭出身的本党同志，更应放弃本身阶级立场，在土改工作中，以身作则，虚心学习，努力工作，以期在工作中彻底改造自己思想观点，向劳动人民看齐。"

（二）实行土改地区的各级党部应将发动党员报名参加土改工作，列为今年最大中心工作之一，于本指示到达之日起，即在领导党和当地政府统一领导之下，发动党员广泛深入地学习、宣传并踊跃地参加土地改革，在明年实行土改地区的各级党部，也应广泛地发动党员进行学习和宣传土地改革，特别应注意各地的土改经验和参加典型的试验区工作，作为将来参加土改工作的准备。

（三）今年实行土改的地区的各级党部，接到本指示后，一面应即于当地方政府及统战部协商各民主党派参加土改工作之具体办法；一面应即召开党员大会（或代表会议）号召党员自动报名申请参加，并填写申请书（格式由各级党部自拟）及自传两份：一份存各级党部（参加土改工作的同志，一经选定后，应于一周内将名单汇送中央），一份送当地统战部，

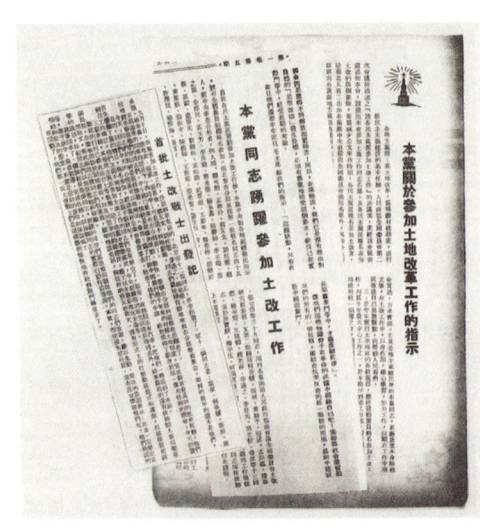

民革土改工作有关文件及报道。

286

以备甄选。各地同志申请参加的实践，不得迟过当地政府所规定的期限，以便参加学习机构，进行统一学习。

（四）各级党部对申请参加土改的同志，应事先有计划有步骤地进行工作上的一切准备，并与当地执行土改工作机构，商洽决定。指示明确指出："凡申请参加土改的同志，应事先考虑自己的刻苦耐劳的决心和体力，一经决定，必须贯彻始终，不得虎头蛇尾，半途而废。在工作中，必须无条件地执行人民政府颁布的土改法令政策，服从执行土改工作机构的统一领导，虚心学习，深入考察，积极工作，不得闹独立性，尤应坚定立场，不得有徇情偏私，包庇掩护等行为。"[30]

8月13日，为了动员民主党派成员参加土地改革工作，民革北京市分部、民盟北京市支部和农工民主党北京市党务整理委员会举行全市党、盟员动员大会，邀请京市郊区工作委员会主任柴泽民作报告。到会的各民主党派成员达300多人。李济深主持会议并致开会辞，阐明了新区土改的伟大意义，及民主党派参加土改的重要性。柴泽民就京市郊区土改的实际情

---

30 《本党关于参加土地改革工作的指示》，《民革汇刊》第 1 卷第 4 期，1950 年 8 月。

况和经验做了报告，阐述了土改事前应有的准备和实施的步骤，并指出知识分子第一次参加土改应注意的地方。周新民传达了政协全国委员会关于各民主党派参加土改的决定及办法：参加土改的党、盟员，居住在中央直属省市者，由中央人民政府分别介绍到土改地区工作；居住在土改地区者，即在本省市参加；在实行减租地区如西南区，党、盟员亦可参加减租工作。民革中央委员陈铭枢号召党、盟员踊跃参加土改。最后，李济深宣布，请参加土改运动者三日内向党、盟京市组织报名，以便审核转报。**31**

7月底，西南军政委员会第一次全体委员会议通过以反恶霸和减租为西南区当前中心任务后，民革与各民主党派在重庆的地方组织先后召开全体党员会议进行传达，并确定以学习有关减租文件和展开宣传减租为今后一个时期的中心工作。8月16日，各民主党派在重庆的地方组织工作人员70多人联合举行座谈会，讨论关于发动各民主党派党员参加即将在西南地区农村中展开的反恶霸和减租运动的问题。民革党员表示坚决拥护农民减租要求，希望亲身参加减租运动，以锻炼和提高自己的政治思想水平。

287

民革中央《本党关于参加土地改革工作的指示》下达后，民革中央又分别发出三件参加土改工作的补充指示，关于参加办法，参加者应有之条件，及生活照顾等都有详细的说明。同时，规定每一同志按月寄送一次工作报告于其原隶属的党部，并抄一份寄中央。其范围具体规定为：（一）工作进行情况；（二）生活实际情况；（三）思想尚存在着何种问题；（四）小结工作经验等四项。中央为了统一掌握情况，亦成立了土改指导小组，负责汇集、整理与分析研究各同志的工作报告，并适时地予以指导。

民革中央发出指示之后，北京市分部党员首先响应号召，志愿报名的有50多人。经民革中央审查，合格者，有何人瑞、谭兆熊、孟启汾、郭

---

31 《民进总部及民革民盟农工民主党京市组织动员会党盟员参加土改》，《人民日报》1950年8月21日。

陈铭德文。

288

友文等 39 人，"开列名单函送人民政治协商会议全国委员会土改研究组审核"。[32] 陈铭德在《民革汇刊》上发表《参加土改工作应有的认识与准备》一文，积极宣传土改运动的重要性，认为"土地改革是完成新民主主义革命的重要工作"，号召民革成员"竭力争取参加土改工作机会"，"藉参加土改工作深入学习"，并阐述了"参加土改应有思想上的准备"等问题。[33]

8 月 30 日，民革中央召集报名参加土地改革的党员举行会议，中央组织部部长朱蕴山和北京市分部常委宁武到会指示关于参加土地改革工作应有的准备和应注意的事项。9 月 1 日，民革中央举行欢送座谈会，李济深亲自主持会议，出席会议的有中常委、总分部工作人员及参加土地改革工作的党员 70 余人。李济深首先致辞，说明土地改革的重要和参加土地改革工作应有的态度。接着，邵力子、陈铭枢、蔡廷锴、陈劭先、梅龚彬、许宝驹、李世璋、于振瀛、宁武等人发言，一致勉励此次参加土地改革的民革党员，要一面好好工作完成任务，一面在实际工作中努力学习改造自己。座谈长达三个小时，最后由参加土改工作的杨集贤代表致答词，保证一定完成任务。[34]

9 月 11 日，中共中央中南局统战部就各民主党派成员参加土地改革工作问题邀请有关各方举行座谈会。座谈会由中南局统一战线工作部部长张

32 《本党同志踊跃参加土改工作》，《民革汇刊》第 1 卷第 5 期，1950 年 9 月。

33 陈铭德《参加土改工作应有的认识与准备》，《民革汇刊》第 1 卷第 4 期，1950 年 8 月。

34 《北京各民主党派欢送参加土改人员出发，首批四十一人已由京赴沪》，《人民日报》1950 年 9 月 15 日。

执一主持，出席人员有民革中央委员陈铭枢、农工党中央委员黄琪翔、武汉市和湖北省各民主党派负责人、中南军政委员会土地改革委员会副主任杜润生、秘书长任雷远以及中共武汉市和湖北省委员会统一战线工作部的负责干部等。陈铭枢介绍了北京各民主党派成员参加土地改革工作的情况。他说："民主党派成员参加土地改革工作是一个学习和锻炼的机会，从实际工作中改造自己，求得进步，这比什么教育都好。但是参加这场革命战争须具备战斗员的条件，先要好好学习有关土地改革的政策、法令，并要决心吃苦，服从组织分配。" [35]

9月16日，中南军政委员会第二次会议开幕。邓子恢副主席、程潜副主席、张难先副主席和委员等72人，列席代表271人出席。此次会议的主要议题是讨论土地改革法，制定中南区土地改革的实施方案和实施办法。邓子恢在开幕词中说："此次会议，到会人员比上次多，除本会委员出席之外，还有各省市人民政府代表，有各省市协商委员会代表，有特邀代表，有各党派代表，有本会及中南军区各部门负责人及工作人员代表，有第四野战军战斗英雄与各地劳动英雄，还有兄弟民族代表列席参加讨论。这样吸收各方面代表，就使我们更能够集中广泛的意见，来检讨过去的工作，决定今后的方针、政策与任务。因此，希望出席委员、列席代表本着知无不言、言无不尽的精神，大家畅所欲言，把此次会议开好。"民革中央常委程潜、陈铭枢及刘斐等人相继发言，一致赞扬中南军政委员会自成立以来的工作成就，热烈拥护土地改革并愿为其彻底实现而努力。[36]

据不完全统计，北京、广东、福建、河南等11个单位参加土改的民革党员干部共计125人。"他们一般都能坚定全心全意为农民服务的观点，在统一的领导下，遵守纪律，积极工作，光荣地完成了任务。有的同志，

---

35 《中南局统战部邀请有关方面座谈民主党派成员参加土地改革问题》，《人民日报》1950年9月22日。

36 《中南军政委员会二次会议开幕，讨论中南区土改实施方案，各界代表讲话一致拥护土地改革法》，《人民日报》1950年9月20日。

民革党员参加各地土改工作时所用的旗帜。

如南昌市支部筹委会黄鸣九及罗云同志，且当选为工作模范。"37

1951 年 5 月，民革中央向全党发出指示，进一步提出党员普遍参加土改工作的三项办法，并要求除身体不好者外，民革中央委员、团结委员会委员和省市委员均应尽可能参加土改。《本党同志分期参加土改工作》规定办法：（一）中央及省市地方组织，应大力发动党员，使能在自愿原则之下，分期参加土改工作。（二）中央委员、团结委员、省市分部委员或筹备委员，除因体力关系不能参加者外，应尽可能争取参加机会。（三）中央总部及各地方机构中的工作同志，还未参加土改工作的，应使每人都有一次参加的机会（已参加过的同志，如果愿意再去，亦可按其情况再参加一次），即使该工作部门本身业务稍受影响，亦当努力克服。38

这个指示发出后，民革中央和各级地方组织，又组织了大批成员，包括部分中央委员和团结委员到农村参观和参加土改。民革中央总部及北京市分部立即组织了三批人员参加土改，其中包括中央委员、团结委员及工作干部。据统计，占总数 1/4 的民革党员投入了土改运动。他们在土改工作中一般都能坚定地为农民服务，遵守纪律，积极工作，努力完成任务。有些成员还当选为土改工作模范。民革党员在土改运动的实践中受到了很

290

37 梅龚彬《中国国民党革命委员会一年来在三大运动中的主要工作》，《民革汇刊》第 2 卷第 10 期，1951 年 9 月。

38 李济深《本党中央为号召本党同志分期参加土改工作的指示》，《民革汇刊》第 2 卷第 5 期，1951 年 5 月。

好的锻炼和教育，提高了政治觉悟，增强了对劳动群众的感情，获得了不同程度的进步。在土改运动中，民革中央要求全体党员站稳革命立场，特别是一些出身于地主阶级家庭的党员，更要求他们不仅在口头上拥护土地改革，而且要在行动上和思想上彻底背叛原来的阶级，与地主阶级划断一切的联系，全心全意拥护并参加农民反封建的正义斗争。各地党员都认真地学习了土改的政策和法令，首先在思想上明确了对土改的认识，同时以不同方式参加土改的各项实际工作，从反封建的实际斗争中，认识农民的正义行动与地主阶级的罪恶。经过了必要的学习，在 1950 年秋冬和 1951 年春夏进行土改或减租退押的地区，民革一般党员都能遵守政府法令和积极地支持农民的正义斗争及要求。如团结委员龙师会、伍毓瑞在江西省第一届各界人民代表会议讨论土地改革时发言，公开向大会保证一定站稳革命立场，并动员地主成分的亲戚朋友实行阶级起义，老老实实地遵守政府法令政策。各地组织在教育党员的同时，更坚决执行党的纪律，清洗了党内个别抵抗土改、破坏土改或有着政治罪恶的地主成分的分子，被开除党籍共计 23 人，进一步纯洁了党的组织。[39]

在土改运动进行中，地主、特务曾大肆造谣破坏，打击干部，诬蔑农民，尤其当美帝国主义侵略军在朝鲜仁川登陆以后，更到处散布"变天"谣言，威胁农民群众。民革各地组织和党员对于打击敌人的造谣破坏做了一定的工作。如在当地协商委员会的领导下，民革与其他民主党派组织座谈会，邀请各界人士参加，一方面揭穿与打击地主阶级及特务的造谣和叫嚣，同时更动员工商界支援农民的正义行动和合法要求。参加土改工作的同志，回到城市以后，更是组织报告，或在报刊上发表工作的感想和认识，使城市的人民能够了解土地改革进行的真相，一致地拥护政府的土改政策

---

39 梅龚彬《中国国民党革命委员会一年来在三大运动中的主要工作》，《民革汇刊》第 2 卷第 10 期，1951 年 9 月。

法令，一致起来支援农民的正义斗争。他们在参加土改工作中，也受到了很好的阶级教育，更进一步地了解了农民所受封建压迫的痛苦，因而加强了对地主阶级的仇恨，并建立起真正同情农民的思想。通过他们的报告，帮助了其他同志的进步，提高了其他同志对土改的认识。[40]

李济深在《中国国民党革命委员会第二届中央委员会工作报告》中也指出："在土地改革运动中，我们党号召全体成员投入这个伟大运动，动员四分之一以上的成员参加了实际斗争，通过学习和实践，使全体成员受到了反封建的阶级斗争的教育，认识了地主阶级的罪恶，批评了'和平分田'等思想。"[41] 土地改革运动的伟大胜利，摧毁了帝国主义和蒋介石集团的社会基础，巩固了工农联盟，巩固了人民民主专政的国家政权，解放了农村生产力，有力地支援了抗美援朝，进一步促进了国民经济的恢复和发展。民革在土改运动中经受了严峻的考验，顺利地通过了"土改关"。

四、拥护镇压反革命运动

镇压反革命运动是为肃清国民党反动派在大陆上的残余武装力量和匪特、恶霸及其他反革命势力，保卫人民革命成果和巩固人民民主专政的一场运动。新中国成立初期，残留在各地特别是广大新解放区的土匪恶霸、国民党特务、间谍、反动党团骨干以及各种反动会道门头子等反革命活动十分猖狂。尤其是在美国发动侵朝战争以后，他们认为梦想的"第三次世界大战"就要爆发，蒋介石反攻大陆的时机已到，纷纷进行各种反革命破坏活动。他们到处刺探情报，制造谣言，炸毁铁路、桥梁，破坏工厂和矿山，烧毁仓库，抢劫物资，纵火放毒，暗杀革命干部，残害群众，甚至组

---

40 梅龚彬《中国国民党革命委员会一年来在三大运动中的主要工作》，《民革汇刊》第 2 卷第 10 期，1951 年 9 月。

41 中共中央党校党史教研室编《中国民主党派文献续编》（社会主义时期），第 29 页。

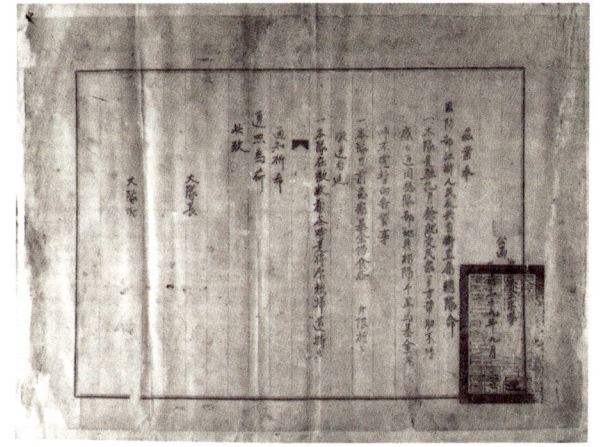

中华人民共和国成立初期，残留在各地特别是广大新解放区的土匪恶霸、国民党特务、间谍、反动党团骨干以及各种反动会道门头子等反革命活动十分猖狂。朝鲜战争爆发后，反革命分子气焰更加嚣张。图为 1950 年 9 月国民党匪特武装"国防部江浙人民反共自卫总队第一支队第一大队"向当地人民勒索钱粮的"公函"。

织反革命地下军，进行反革命武装暴乱，严重地威胁着新中国的经济建设和人民群众的生命财产安全。《中国人民政治协商会议共同纲领》第 7 条规定："中华人民共和国必须镇压一切反革命活动，严厉惩罚一切勾结帝国主义，背叛祖国，反对人民民主事业的国民党反革命战争罪犯和其他怙恶不悛的反革命首要分子。对于一般的反革命分子、封建地主、官僚资本家，在解除其武装，消灭其特殊势力后仍须依法在必要时期内剥夺他们的政治权利，但同时给以生活出路，并强迫他们在劳动中改造自己，成为新人。假如他们继续进行反革命活动必须予以严厉的制裁。"[42] 中华人民共和国成立初期，各级人民政府司法机关就是依照《共同纲领》的这一规定开展了镇压反革命运动。

1951 年 2 月，中央人民政府颁布《中华人民共和国惩治反革命条例》，条例贯彻了镇压与宽大相结合的原则，规定对各种反革命案件的处理原则和方法，使镇压反革命的斗争有了法律依据和量刑标准，镇反运动随即在全国开展。在这场与国民党反动派在大陆上的残余势力的严重斗争中，民

---

42 《中国人民政治协商会议共同纲领》，《人民日报》1949 年 9 月 30 日。

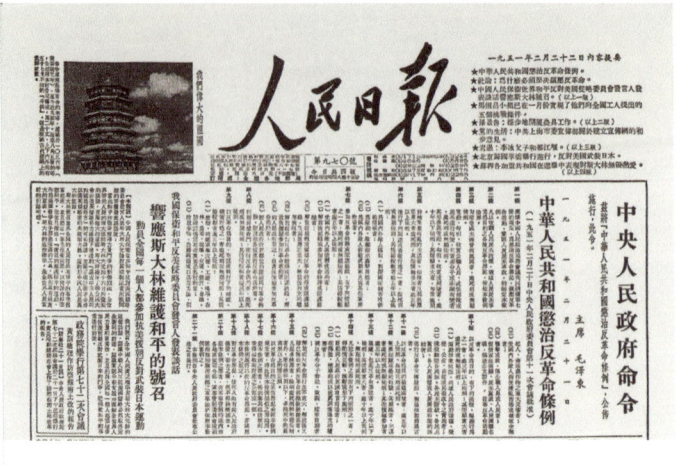

1951 年 2 月 20 日，中央人民政府委员会第十一次会议批准《中华人民共和国惩治反革命条例》，并于 21 日公布。

革做了大量的工作。

如果说参加抗美援朝是通过"战争关"考验民主党派立场的第一道难关的话，那么参加土地改革运动通过"土改关"则是第二道难关，参加镇压反革命通过"镇反关"则是第三道难关。由于民革是从国民党政权内部分化出来的，与原国民党军政当局有着较多的历史联系，故在镇压反革命运动中面临的考验也更加严重。

李济深带领民革组织，积极拥护和响应毛泽东和中共中央"镇压反革命"的号召，认为镇压反革命是巩固人民民主政权的必要措施，也是《共同纲领》规定的一项重要政治任务。因此，当《中华人民共和国惩治反革命条例》颁布后，李济深立即指示民革中央发表谈话，拥护中央人民政府公布的《惩治反革命条例》，要求全体民革党员提高警惕，严防反革命分子破坏，坚决镇压反革命，巩固人民民主专政。同时，他要求全党提高警惕，防止反革命分子钻入民革组织，或假借民革名义从事反革命活动，号召民革全体党员以实际行动拥护镇压反革命运动，并积极投入肃清反革命分子的伟大政治运动中。

1951 年 4 月 1 日，为了集中表现党员对镇压反革命运动的坚决意志和提高思想教育，造成典型，扩大效果，民革中央和北京市组织举行了"拥护镇压反革命运动加强党内思想教育大会"，在京的民革中央委员、团结委员和北京市分部的党员 235 人参加了大会。李济深主持大会并发表重要讲话。他首先强调镇压反革命是人民的政治任务，引证《共同纲领》第 7 条，说明镇压反革命与人民革命、建国不能分开；自从公布《惩治反革命条例》，更有了一个强有力的武器，民革同志要加强党内思想教育，用各种各样的方式方法，以实际行动来拥护政府的政策与措施，这是这次举行大会的主要意义。[43]

民革中央宣传部部长王昆仑随后作了《从镇压反革命说到巩固和发展组织》的报告。王昆仑在报告中首先对于镇压反革命几种错误思想作了分析，指出民革党内存在着"对于反革命抱着轻视和旁观的态度"，存在着"仁慈观点，片面宽大，温情主义，敌我不分的模糊思想"，存在着"对于镇压反革命政策的错误认识"，存在着"对统一战线与镇压反革命问题的混淆"等严重的错误思想。他在回顾了民革的革命历史传统后指出，革命与反革命必须划清界限，"在政治关系上，过去反蒋反美运动是民革同志们的第一关、第一个考验。这一关我们过去了，基本上成功了。但也有个别少数分子反蒋很勇敢，反美就搞不清，加上李宗仁、白崇禧一时的新花样，更有些摇动；终于落了伍。土地改革是第二关。不少的人不免带有旧的封建关系，千丝万缕地牵连着，有的因此对土地改革政策不能正确认识，甚至同情地主，有的分子竟反对土地改革，我们已把他们开除党籍。这一关还没有完全过去。现在又面临着镇压反革命——严峻的考验"。如何顺利通过这场严峻的考验？王昆仑对全体民革成员提出了要求："目前在镇压反革命高潮中要每一个同志把思想搞通，立场站稳。最重要的是第一，对自己要守身如玉，不要让反革命的污泥沾染。第二，对敌人要嫉恶如仇。时刻记着对敌人宽大就是对人民残忍。见狼不打，就是让狼吃人。遇到自己亲友关系中发现了反革命分子，就要放弃温情，一刀两断，大义灭亲。"[44]

这次动员大会后，为帮助各地成员了解镇压反革命的意义和方针政策，李济深指示《民革汇刊》2卷第4期刊载了"镇压反革命专号"。在这个专号上，何香凝发表的《人人有责镇压反革命》一文指出："我们必须提高警惕，发扬维护人民祖国利益的积极性，协助人民政府，检举反革命分子，严厉镇压反革命分子，这是我们中华人民共和国全体人民的责任。"朱蕴山在该专号上发表《镇压反革命与巩固统一战线》一文，指出"为了巩固人民民主统一战线，我们必须镇压反革命，这是毫无疑问的"。为了更实际有效地进行镇压反革命运动，民革中央和各地组织必须贯彻四方面的具体工作：（一）认真学习研讨以《惩治反革命条例》为中心的镇压反革命的文件，认清"对反革命分子的宽大就是对人民的残忍"的真理，提高党员政治思想水平，站稳人民民主革命的政治立场，分清敌我的界限；（二）要分清敌我，坚定立场，必须大胆揭发检举反革命分子；（三）应该重视这场运动，参加这场运动，并有责任把这个运动深入到群众中去，向自己联系的群众进行宣传教育，以扩大党的政治影响，加强发展组织的条件；（四）要认识到镇压反革命与发展组织相结合是一项经常性的运动。

民革各地方组织和基层组织纷纷举办讲演会、座谈会，学习和宣传有关文件；有的协助当地政府监视和防止特务活动；有的号召党员利用社会关系，规劝特务和反动党团分子进行登记等。民革上海市组织还与上海民盟、民建、民进、农工、九三、台盟和青年团等组织联名发表《拥护政府逮捕反革命罪犯》声明，号召全上海各界人民动员起来，"控诉反革命的

---

44 王昆仑《从镇压反革命说到巩固和发展组织》，《民革汇刊》第2卷第4期，1951年4月。

民革有关"三反"运动的文件和报道。

罪恶，检举与监视反革命分子，认识反革命的危害，使人们看清反革命分子是我们人民的公敌"。

随后，民革中央对全体成员进行了分清敌我的教育，协助政府宣传政策，并结合镇压反革命运动发动检举反革命分子。如民革北京市分部"发动同志参加了北京市各区控诉会七次，参观美蒋特务罪证展览两次"；清理了混入民革组织的反革命分子十五名，并就这一事件在党内进行了深刻的检讨，明确了责任，对应负责的同志分别给予了适当的处分。西安市分部筹委会首先在党内学习文件，从思想上坚定立场，分清敌我，并发动群众举行控诉反革命罪行座谈会。浙江省分部筹委会认真开展了学习《惩治反革命条例》的活动。在学习中，筹委会充分掌握成员思想状况，先后运用动员报告、大组座谈、分组讨论及控诉大会，揭露混入党内的反革命分子。

各地民革组织除发动成员检举揭发社会上的反革命分子外，还结合巩固与发展相结合的组织方针，对民革组织内部进行了清查，将少数混入民革内部的反革命分子清除出党，进一步纯洁了民革组织。从1951年1月到8月中旬，各地组织共有109个党员被开除党籍，8个党员停止党权，其中有的系匪特分子，有的为恶霸地主，有的有重大罪行或丧失了革命立场。这些分子的清除，更进一步地保持了组织的严肃性和纯洁性。

民革中央指示各地进行学习宣传，并积极协助公安机关工作。各地组织先后展开了拥护镇压反革命运动，从党内文件学习，小组讨论，大组座谈，组织小型控诉，发展到参加各界人民的控诉大会，进行对外宣传教育。如北京市分部曾配合政府工作，到南郊及东郊进行宣传；湖北省分部筹委会曾组织街坊小型座谈会、控诉会；武汉市分部筹委会曾召集旧"将级军人"举行座谈会，发动他们控诉美蒋罪行。经过文件的学习与各种形式的宣传运动，提高了各个党员及所联系的群众对反革命分子的仇恨，加强了对反革命活动的警惕，进一步认识了坚决镇压反革命以巩固人民民主专政的必要。**45**

在镇反运动中，毛泽东批评了党内的神秘主义倾向，批评了不敢发动群众，更不敢让各民主党派、民主人士介入的现象。毛泽东多次强调，对反革命分子判处死刑一般须经过群众并使民主人士与闻。当时杭州市曾吸收有民革成员和其他民主党派人士参加的审查反革命案，华东各地组织了有民革和其他民主党派人士参加的"反革命案件审查委员会"。中共中央还建议民革等民主党派组织参观团或参观组到基层去参观镇反工作，民革中央一级人员只要愿意去都可以去。同时中共中央还经常就运动进展情况，向包括民革在内的各民主党派通报。这样做，既打击了反革命分子的嚣张气焰，又增强了同各民主党派的团结。

民革通过参加镇反的实际斗争，目睹了反革命分子的残暴，亲身接受了群众的教育，思想觉悟进一步提高。而且正是由于民革的与闻，对于克服镇反运动中的草率从事的作风和不依法办事的做法，起了重要的检察监督作用。镇反运动使民革进一步纯洁了组织，增强了党内团结。李济深在中国国民党革命委员会第二届中央委员会工作报告中指出：镇压反革命运

298

---

45 梅龚彬《中国国民党革命委员会一年来在三大运动中的主要工作》，《民革汇刊》第 2 卷第 10 期，第 29 页。

动使我们组织受到了严格的考验。我们党号召成员忠诚老实，分清敌我，坚决清洗了一批混入党内的反革命分子。民革的积极行动壮大了革命声势，打击了反革命分子的气焰，从而支援了镇压反革命运动的胜利。

五、参加"三反""五反"运动

中国共产党七届三中全会以后，人民政府在全国范围内对现有工商业进行了合理调整，改变了经济上的无政府状态，使国家的财政经济状况迅速好转，促进了国民经济的恢复和发展。资本主义工商业在"公私兼顾，劳资两利"方针指导下，有了相当恢复和发展。但一些资本家唯利是图、投机取巧、损人利己、追逐暴利的恶习也开始膨胀起来。他们违背《共同纲领》，反对国家限制，不惜破坏国家的经济建设，向工人阶级和社会主义发动猖狂的进攻。他们大肆进行行贿、偷税漏税、盗窃国家财产、偷工减料、盗窃国家经济情报等总称"五毒"的违法活动。国家机关和经济部门中的少数干部，有的追求物质享受，讲排场，大肆铺张浪费；有的滋长官僚主义恶习，脱离群众，脱离实际；有的同不法资本家勾结，堕落为蜕化变质分子。

为此，毛泽东和中共中央从 1951 年 11 月起，发出了一系列指示，要求"大张旗鼓地、雷厉风行地开展一个大规模的反对贪污、反对浪费、反对官僚主义的斗争"。于是从 1951 年 12 月开始，在全国范围内开展了轰轰烈烈的"三反"（反贪污、反浪费、反官僚主义）运动。1952 年 1 月 26 日，中共中央向全党发出了《关于在城市限期展开大规模的坚决彻底的"五反"斗争的指示》。这样，大规模地反对行贿、反对偷税漏税、反对盗窃国家财产、反对偷工减料和反对盗窃国家经济情报的斗争也在全国展开。

"三反""五反"运动是新中国成立初期的一次大规模改造运动。李

1951 年 12 月，党中央决定在党政机关工作人员中开展"三反"运动。图为河北省人民法院组织的公审大贪污犯刘青山、张子善大会现场。（左）

民革召开"三反"动员大会的相关报道。（右）

济深领导民革积极参加了"三反"运动。1951 年 12 月 18 日，民革中央常委会举行扩大会议，一致拥护中共中央关于进行"三反"运动的决策，并作出《贯彻执行三项中心任务的决定》。12 月 25 日，民革中央及北京市分部联合举行反贪污、反浪费、反官僚主义动员大会，李济深亲自主持并讲话指出：贪污、浪费和官僚主义是违反《共同纲领》的行为，严重破坏了国家财富的积累，影响我们建设繁荣昌盛的国家，所以必须与这些错误行为作坚决斗争。他要求全党立即行动起来，认真检查民革党内贪污、浪费的情况，坚决肃清官僚主义作风，并推动所联系的群众，参加这一具有重大意义的政治运动。会议决定成立民革中央节约检查委员会，开展"三反"运动。

1952 年 1 月 15 日，民革中央向全党发出了《关于增产节约运动与反贪污、反浪费、反官僚主义斗争的指示》，提出了开展运动的基本方针是无情揭露，严格检查，分别处理，达到整顿思想、转移风气、改进制度、节省开支、提高工作效率的目的。《指示》还规定了开展运动的三个步骤：

首先学习文件，联系思想、作风和工作实际，加深理解，扫除思想顾虑；然后发动揭发，由领导带头检讨，发扬民主，用批评和自我批评的方法，普遍揭露贪污、浪费和官僚主义的现象；最后进行坦白和检举，分别是非轻重，做出适当处理。

《指示》发出后，各地组织先后成立了节约检查委员会，在当地协商机关和省（市）节约检查委员会领导之下进行，一般都是按照以下三个步骤进行：学习文件、检查党内工作、投入"三反"运动。"在'首长带头、层层下楼'的原则下，群众基本上发动起来，初步检查了党机关内部的贪污、浪费和官僚主义现象，搜捕出来了一些贪污分子，动员党员参加所在地及任职机关的'三反'运动，并且也取得了一定的成绩。"[46]

随着运动在全国范围内日益展开，民革中央于2月29日发布《关于加强"三反"运动坚决反击资产阶级猖狂进攻的指示》，着重批判了各地组织普遍存在的右倾思想，对民革各级组织和成员参加"三反"运动提出了三条要求：

（一）批评了右倾思想。指出根据民革中央总部机关节约检查委员会第一阶段工作的检查与部分地方组织的初步总结报告，都或多或少地存在着"民主党派清水衙门无虎可打"，"民主党派斗争适可而止"，以及松懈自满等各式各样的右倾思想。这些错误思想的存在，必然会限制运动的发展和工作的深入。所以各级组织绝对不许主观地妄断敌情，满足现有的成绩。必须组织专人深入检查专案，穷追猛打贪污分子。手上不干净的，在未把问题交待清楚以前，绝对不容许参加检查机构，如节约检查委员会中发现有手上不干净或消极怠工的分子，即应撤销其职务。领导干部如有右倾思想执迷不悟者，亦应令其当众检讨给予批判，情况严重者令其停职

---

46 《三反运动步步深入各路大军捷报频传——本党各级组织反贪污反浪费反官僚主义斗争情况报道》，《民革汇刊》第26期，1952年3月、4月，第57页。

反省。任何人敢于破坏或抗拒运动，应即坚决把他清除出党。

（二）强调必须把党内的"三反"运动和广大人民反行贿、反偷税漏税、反盗窃国家经济情报、反偷工减料、反盗窃国家资财的斗争密切结合起来。各级组织应立即与有关方面进行协商，有计划有步骤地动员党员干部积极参加"五反"斗争，已发动的应继续深入。除有因健康原因或其他特殊原因者外，任何人不得置身于"三反"运动之外，且必须分配以具体的任务和工作。而且民革中央在指示中还具体规定：在各机关任职的党员，仍在其任职机关的统一领导下参加运动，应切实做到带头检讨，带头坦白，积极检举，争取做一个光荣的打虎队员。对于不在职的党员，经过一定的动员和教育后，以介绍参加当地人民的"五反"斗争为原则，其不得参加的，应进一步地加以组织，进行教育，提高其思想认识，使其把一切问题交待清楚。

302

（三）必须充分认识这场斗争的重大意义。指示强调：这场运动是打退资产阶级猖狂进攻，巩固人民民主专政的阶级斗争；另一方面也就是各民主党派、各人民团体、各界民主人士所一致进行的今年的整风运动。我们要通过这一运动，在思想上、政治上、组织上更进一步地靠近工人阶级，并为我党今后的思想改造运动打下一个坚实的基础。

根据这个指示，许多地方组织都以严肃的态度作了深入的检查，有计划有步骤地发动党员干部积极参加"五反"斗争。[47]

为帮助民革广大党员提高思想认识，李济深发表了《结合反贪污浪费反官僚主义斗争展开思想改造运动》的文章，动员全党成员积极投入这场伟大运动，并结合反贪污浪费和反官僚主义斗争进行思想改造，号召大家通过"三反"运动，彻底清除帝国主义、封建主义和官僚资本主义长期统

---

[47] 《三反运动步步深入各路大军捷报频传——本党各级组织反贪污反浪费反官僚主义斗争情况报道》，《民革汇刊》第26期，1952年3月、4月，第57页。

"三反"运动期间，民革领导人在学习。

治下遗留的坏思想、坏习惯、坏作风，清除资产阶级散布的腐化堕落思想。并要求"各民主党派，各界进步人士在这个伟大斗争中，在其所联系的群众中，必须起带头的作用"。[48] 根据李济深的要求，民革各级组织有计划有步骤地发动干部和党员参加了"三反""五反"斗争，并对一些有问题的党员建立了专案进行审查，使民革成员在斗争中深受教育，得到很好的锻炼。

经过"三反""五反"运动，打退了违法资本家的猖狂进攻，同时也巩固了工人阶级对社会主义经济的领导地位，巩固了工人阶级与民族资产阶级的联盟。民革广大成员经过斗争的考验和锻炼，得到了很大的提高，无论从思想上还是组织上均有较大的发展。李济深在1953年的《中国国民党革命委员会第二届中央常务委员会报告》中指出："我们首先在党内展开划清敌我的思想斗争，通过土地改革和镇压反革命运动，批判了我们党内存在的封建思想和敌我不分的思想；通过抗美援朝运动，批判了我们

---

48 李济深《结合反贪污浪费反官僚主义斗争展开思想改造运动》，《人民日报》1952年1月18日。

党内存在的亲美、崇美、恐美思想；通过'三反'、'五反'运动，教育了党员认清'三害'、'五毒'对国家的危害性，进一步树立了以工人阶级为领导的思想。同时我们配合人民政协全国委员会的学习计划，部署我们党在各个时期的学习内容，也通过党员在各方面的实践与学习进行党内的思想改造。两年来，我们党在二中全会的明确方针之下，不断地在党内展开为新民主与旧民主、共同纲领与非共同纲领的思想斗争。经过一系列的思想教育工作，党内的错误思想逐步受到批判与纠正，新民主主义思想在党内已经属于主导地位了。"他还说："通过这些运动，我们锻炼了组织，发展了两倍半以上的党员，并清洗了一部分坏分子，进一步划清了敌我界限，提高了党的政治性和思想性。"[49]

通过抗美援朝运动、土地改革运动、镇压反革命和"三反""五反"运动，民革各级组织和全体党员经受了一系列重大锻炼和考验，提高了政治觉悟，明确了前进的方向，为迎接即将来到的社会主义革命高潮作了必要的思想准备。李济深在总结三大运动的经验时说："总之，我们进一步坚持中国共产党的领导，坚持走社会主义道路，这说明民革在前进。在这样伟大的时代洪流中，我们不仅没有掉队，更是不甘落后。"

---

[49] 王中山、牛玉峰主编《中国民主党派史丛书·中国国民党革命委员会卷》，第164页，河北人民出版社2001年版。

第八章
参加人民代表大会选举，参与多党合作制度建立

　　随着国民经济的恢复和各地人民代表会议制度的建立和完善，实行全国人口登记并通过普选建立人民代表大会制度的条件日益成熟，制定《中华人民共和国宪法》以真正确立新中国的政治制度，彻底完成建国任务的时机逐渐成熟。为了适应大规模社会主义改造和社会主义建设的新形势，进一步发扬社会主义民主，充分调动人民群众参加国家建设事业的积极性，中共中央决定将国民经济恢复时期所推行的人民代表会议制度过渡到人民代表大会制度，制定并公布了《中华人民共和国选举法》和《中华人民共和国宪法草案》。民革中央动员全党积极参加普选，热烈进行宪法草案的讨论，在全国人民代表大会制度制定、会议筹备和代表选举中扮演重要的角色。新中国成立之初，民革作为中国共产党领导下的人民民主统一战线的成员，参加了中国共产党领导的多党合作，担负起了历史赋予的使命，为中国共产党领导的多党合作制度的确立和完善做出了贡献。

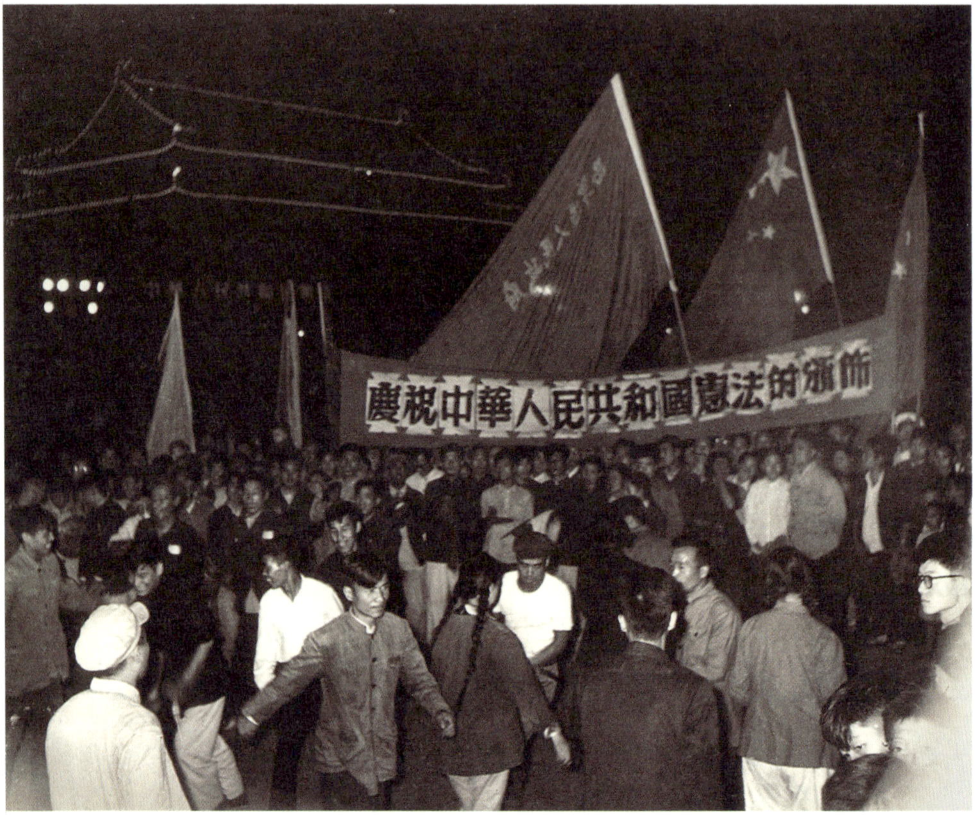
慶祝中華人民共和國憲法的頒佈

一、参加各级人民代表大会选举

1952 年 12 月 24 日，全国政协常委会举行第 43 次会议，就中国共产党提议由中国人民政治协商会议向中央人民政府委员会提出定期召开全国人民代表大会和地方各级人民代表大会的建议交换意见。民革中央主席李济深主持会议，民革领导人王昆仑、蒋光鼐、陈劭先、梅龚彬、黄绍竑、陈铭枢、柳亚子、龙云等人参加了会议。周恩来代表中共中央说明中国共产党的提议。他指出：为了适应新时期国家大规模的经济建设、国防建设、文教建设的需要，必须实施共同纲领所规定的人民代表大会制度，以进一步地巩固人民政权，充分发挥人民群众参加国家建设事业的积极性。今天，在召集全国人民代表大会和地方各级人民代表大会的条件已经具备的时候，我们就应该依照共同纲领第十二条、第十三条、第十四条的规定，及时召开由人民用普选方法产生的全国人民代表大会和地方各级人民代表大会，改变现在由中国人民政治协商会议的全体会议执行全国人民代表大会职权的办法和地方各界人民代表会议代行地方人民代表大会职权的办法。为此，中国共产党提议由中国人民政治协商会议向中央人民政府委员会建议，根据中央人民政府组织法第七条十款所规定的职权，于 1953 年召开全国人民代表大会和地方各级人民代表大会，并开始进行起草选举法和宪法草案等准备工作。在周恩来报告后，李济深代表民革在发言中对定期召开全国人民代表大会和地方各级人民代表大会的建议表示赞同。

1953 年 1 月 13 日，中央人民政府委员会举行第 20 次会议，讨论中共中央提出的关于召开全国人民代表大会及地方各级人民代表大会的建议。在听取周恩来的说明之后，李济深首先发言，表示完全赞成中共中央的提议。他说：这一提议很适时，很实事求是。人民代表大会的召开，可以使人民民主制度发挥更大力量，可以配合抗美援朝斗争和国家的各项建设，使各种工作做得更好，做出更大成绩。黄炎培、章伯钧、张治中、傅作义、陈叔通、马叙伦、彭泽民、乌兰夫、陈嘉庚、李章达、何香凝等中央人民政府委员也相继发言，一致赞同中共中央的提议，并指出召开人民代表大会的条件已完全具备。

在这次会议上，中央人民政府通过了《关于召开全国人民代表大会及地方各级人民代表大会的决议》。《决议》规定：1953 年召开由普选方式产生的乡、县、省（市）各级人民代表大会，以代替现在由中国人民政治协商会议的全体会议执行全国人民代表大会职权的形式。决议明确规定："在这次全国人民代表大会上，将制定宪法，批准国家五年建设计划纲要和选举新的中央人民政府。"会议除了决定成立中华人民共和国宪法起草委员会外，还决定成立中华人民共和国选举法起草委员会，周恩来为主席，邓小平、安子文、李维汉、蔡廷锴、张治中、章伯钧等 23 人为委员。民革北京市分部召集人蒋光鼐称赞这是一个正确的、英明的决议，表示完全拥护。他说："在三年来所获得的一系列胜利的基础上，这一伟大的政治任务是一定能够胜利完成的。我们民革同志要在中国共产党领导下，和各友党在一起，以实际行动来努力完成这一光荣的任务。"[1]

1953 年 1 月中旬，民革在北京召开的二届三中全会决定将国家的三大中心任务作为民革全党的政治任务，并明确规定："应该动员民革党员及其所联系的群众，学习有关民主建政的文件，准备迎接全国和各级人民代表大会的召开。"全会致电毛主席，表达了热诚拥护召开全国人民代表大会及地方各级人民代表大会的愿望："我们全体同志一致为这一伟大的决议欢欣鼓舞，并表示真诚的拥护。"并指出："我们的会议对于如何迎接普选、实行人民代表大会制度、进一步巩固人民民主专政的伟大政治任务，正在进行热烈的讨论。我们向您保证：要在您和中国共产党的英明领导下，动员全体党员向人民群众进行广泛的宣传，积极地参加各项巨大的准备工

---

1 《北京天津沈阳武汉西安等地人民拥护开全国人民代表大会》，《人民日报》1953 年 1 月 17 日。

作，为贯彻这一伟大的政治任务而奋斗！"[2]

1953年2月4日，第一届全国政协第四次会议在北京举行。周恩来就筹备召开全国人民代表大会、制定中华人民共和国宪法等问题作了政治报告。2月6日，李济深在大会发言中再次表示赞成中共中央提出的实行普选、召开各级人民代表大会的建议。他指出："为了适应国家大规模建设的需要，更由于三年来巨大的社会政治改革和经济恢复工作的完成，使我们已经具备了实行普选的条件，因此，我们还要召开全国人民代表大会及地方各级人民代表大会，由人民选举自己的政府。这样我们伟大的人民民主专政的国家制度就将更加完备，人民群众的革命积极性和劳动积极性就将更加大大地提高，顺利地实现我们国家的建设计划。"他代表民革郑重表示："完全拥护周恩来副主席的继续加强抗美援朝斗争，开始第一个五年的国家建设计划，完成和超额完成1953年度的建设计划任务和动员全国人民积极准备和参加全国人民代表大会及地方各级人民代表大会选举的号召，并动员中国国民党革命委员会全体党员及所联系的群众为其彻底实现而奋斗！"[3]

为此，李济深提出两点意见以供参考。（一）关于共同纲领的修改："我认为共同纲领的总则应作必要而适当的补充。三年来，全国人民通过革命的实践和学习，思想认识已经有了很大的提高，对于美好幸福的社会主义社会有着无限的向往。因此，我提出建议，共同纲领总纲中应明确规定我们国家走向社会主义社会的前途，以符合全国人民的积极愿望。"（二）关于人民政协第二届全体会议的筹备工作，由本届常务委员会来负责筹备，是非常恰当的，"我完全赞同增加常务委员会委员的名额，使能更广泛地吸收各方面的意见，集中各方面的力量，以利筹备工作的进行"。

2 《中国国民党革命委员会中央委员会第三次全体会议致电毛主席，拥护实行人民代表大会制度》，《人民日报》1953年1月17日。

3 李济深《人民政协第一届全国委员会第四次会议上的发言》，《人民日报》1953年2月9日。

邵力子（中）、李蒸（左）与张治中在北平和谈期间合影。（左图）

李蒸文章。（中图）

邵力子文章。（右图）

310

最后，李济深代表民革全体党员向大会提出三点保证：

（一）在继续加强抗美援朝的伟大斗争中，一定加强爱国主义与国际主义的学习，首先提高对于公开和隐蔽的敌人的警惕，严格划清敌我界限，为人民民主统一战线的巩固和纯洁而斗争；

（二）在国家进行大规模建设的工作中，一定严格遵守国家纪律，发挥积极性和创造性，完成国家建设的具体任务；

（三）在国家进行人民代表大会普选工作中一定积极在人民群众中展开宣传教育工作，我们更要在人民群众的面前，认真地检查我们的工作，考验我们的干部，以进一步地发挥在人民民主统一战线中的作用，更好地担当起我们应负的任务。[4]

3月4日，李济深代表民革发表公开谈话，表示拥护实行人民代表大会制度和赞成人民代表大会选举法。他说，人民代表大会制度体现了民主精神，体现了国家一切权力属于人民的宗旨，在这个基础上建立的政府是

---

4 李济深《人民政协第一届全国委员会第四次会议上的发言》，《人民日报》1953 年 2 月 9 日。

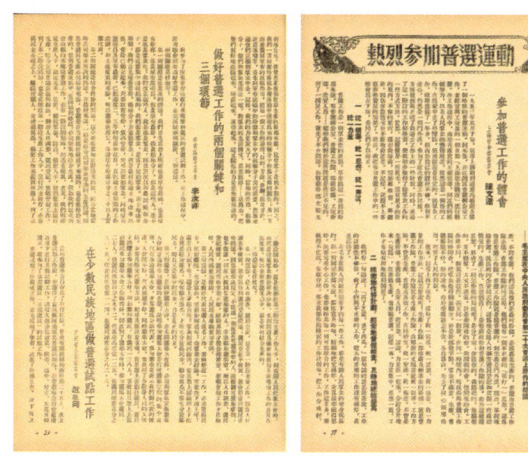

李汝祥文章。（左）

陈文达文章。（中）

张汉武文章。（右）

真正的人民民主政权。他号召民革成员积极参加各地的选举工作。邵力子说："我国全国人民都以欢欣鼓舞的心情来迎接选举法的颁布，因为它表示了我们人民民主政权的进一步巩固和完善。"[5]宁武也发表讲话："全国人民代表大会的决定召开，是全国人民在共产党领导下的又一个伟大胜利。我们全体同志，将献出自己所有的力量，配合完成各项准备工作，为实现这一有历史意义的政治任务而努力。"

随后，政务院公布了《中华人民共和国选举法》，接着在全国范围内开展普选，逐级选举各级人民代表大会代表。民革中央和地方组织的部分负责人和干部参加了各级选举委员会的工作，全体党员积极参加普选，行使自己的民主权利。李蒸对全国普选的意义与作用进行了集中阐述。李蒸指出：我们有权利和义务来影响政府号召，做好这次普选工作。民革应当动员起来，在中国共产党领导之下，积极参加各种选举委员会的工作。他强调："我们同志们能多有一个人参加选举工作，我们就能够发挥一分力

---

5 《民主政治的巨大进展——邵力子同志谈普选》，《民革汇刊》第 38 期，1953 年 6 月。

量，以促进我们国家的建设工程。各级负责同志更应当特别注意选拔有认识、有能力的干部，并多方鼓励、帮助他们参加这次选举运动。这一次全国规模的普选运动，需要工作干部几百万人，我们同志中间不少有经验、有能力和过去在历次伟大规模运动中有成绩表现的人，如有可能都应当争取参加到工作中。"他认为，要做好全国普选，必须首先做好基层选举工作。要做好基层选举必须注意三项极重要的事情：（一）慎选工作干部与训练工作干部；（二）慎重做好代表候选人提名；（三）对于选民进行宣传解释。民革党员"有责任向人民群众进行选举法的解释，以促成这次伟大普选运动的完满成功"。[6]

民革各地组织也积极宣传和学习选举法，动员和影响更多的群众参加到普选中来。为了指导各级组织动员群众参加选举，张汉武在《如何动员民革党员和所联系的群众参加到三大任务的实际工作中去》一文中指出："普选是我国人民民主生活走向一个新的阶段，是我们国家政治生活中富有历史意义的重大事件，也是又一次的具体而实际学习机会。应组织全体党员及所联系的群众，认真学习《中华人民共和国全国人民代表大会及地方各级人民代表大会选举法》及其他有关文件，明确认识我国人民代表大会制度的优越性，批判旧民主主义制度的思想，树立新民主主义制度的思想。并把以上这些内容，拿去和群众见面，也更加深其体会的程度。"[7]

民革上海市分部筹备委员会陈文达积极参加普选宣传工作，取得了突出成绩，并形成了五条普选工作的经验：（一）统一领导、统一思想、统一布置、统一力量；（二）精密地做好计划，经常地督促检查，及时地总结提高；（三）掌握情况，分析研究，针对思想，逐步提高；（四）重点试验，丰富领导，推动全面，稳步前进；（五）培养宣传队伍，发挥组织

---

6 李蒸《普选的意义与作用和我们应有的努力》，《民革汇刊》第 37 期，1953 年 5 月。
7 张汉武《如何动员民革党员和所联系的群众参加到三大任务的实际工作中去》，《民革汇刊》第 40 期，1953 年 9 月。

作用。[8]

民革华南临时工委会的李汝祥参加了广东省台山县白水乡的普选试办工作，深刻体会到要做好普选工作，必须抓紧两个关键：一是依靠原有组织，原有干部、原有党团员、原有农会干部和积极分子；二是要结合当地实际情况和迫切要求解决的问题，尤其是要密切结合生产搞普选工作。同时，还要抓好三个环节：人口调查、选民登记；代表候选人的提名；开好选举大会。[9]

在动员民革成员参加普选的基础上，民革中央及各地组织还积极动员全党同志参加各级人民代表大会筹备会，积极选举民革各级人民代表大会代表。按照《选举法》第47条规定："全国和地方各级人民代表大会的代表候选人，均按选举区域或选举单位提出之。中国共产党、各民主党派、各人民团体和不属于上述各党派、团体的选民或代表均得按选举区域或选举单位联合或单独提出代表候选人名单。"在提请和分配各级人大代表候选人名单时，中共与民革在内的各民主党派进行了充分协商，按照统筹兼顾、全面安排的精神，通过协商，提出了一份全国人民代表大会代表分配名额和候选人名单，然后交各省市、自治区人民代表大会等选举单位选举产生。对此，刘少奇做了说明：我国现行的选举制度是适合于我国目前时期的情况的，这样做对于人民最便利，并且能够照顾各少数民族和各民主阶级，使他们有适当的代表名额。他强调指出："我国的选举制度是要逐步地加以改进的，并在条件具备以后就要实行完全的普遍、平等、直接和秘密投票的制度。"[10]

经各方面协商提名，并通过全国各省、市、自治区人民代表大会等选举单位选举，共产生了1226名第一届全国人大代表，其中共产党员为668

---

8 陈文达《参加普选工作的体会》，《民革汇刊》第44期，1954年2月。

9 李汝祥《做好普选工作的两个关键和三个环节》，《民革汇刊》第44期，1954年2月。

10 《刘少奇选集》下卷，第156页，人民出版社1985年版。

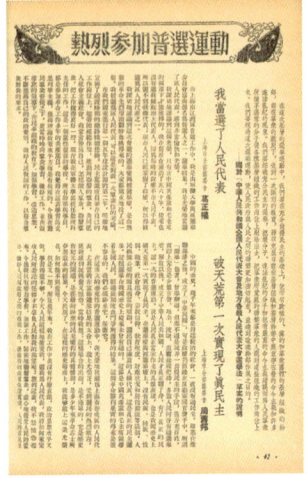

关于刘世荣的报道。（上）
葛正权、周旧邦文章。（下）

人，占总数的 54.8%；其他民主党派和非党人士为 558 人（民革成员 68 人），占总数的 45.2%。这种安排比例，既保证了工人阶级对国家政治生活的领导，又体现了统一战线的广泛性。后来第二届、第三届全国人大代表名额的安排，也大体保持了这个比例。同样，这种做法在地方各级人大和政协的选举安排中也得到体现。在第一届各省、市人大和政协中，有 500 多名民革成员任人大代表和政协委员。许多民革成员还担任了地方各级人民代表大会、政协以及政府部门的领导职务。

民革党员刘世荣是西康雅安县八步乡的小学校长，在工作中走群众路线，遇事与群众商量，得到了群众的认可，当选为八步乡人大代表，出席了雅安县人民代表大会。[11] 民革上海市分部筹委会葛正权当选为江湾区人民代表后表示"在领导党的领导下，在民革组织的教育下，加强学习，改造思想，不断提高自己的政治觉悟，做好人民教师的工作，以符合群众对我的要求"。[12] 民革上海市分部筹委会郭增望当选为黄埔区人大代表、周旧邦当选为新成

---

11 扬眉《人民代表刘世荣》，《民革汇刊》第 44 期，1954 年 2 月。
12 葛正权《我当选了人民代表》，《民革汇刊》第 45 期，1954 年 4 月。

区人大代表后，也从普选中看到了中共实行真正民主的诚意，纷纷表示："努力学习，加强工作，紧密地联系群众，虚心地接受人民的监督，做好人民与政府之间的桥梁工作，使政府的政策保证实现，人民的意见及时上达。"[13] 民革浙江省分部筹委会余鸿业当选为杭州市中城区人大代表、郑厚同当选为杭州市下城区人大代表后也一致表示，切实做到全心全意为人民服务，"诚恳地和自我牺牲地为公共福利而劳动！"[14]

1954 年 9 月 15 日，第一届全国人民代表大会第一次会议在北京开幕。大会选举毛泽东、朱德、刘少奇、宋庆龄、李济深、张澜、周恩来、林伯渠、董必武等 97 人组成大会主席团。毛泽东主持了开幕式并致开幕词。他指出："我们的总任务是：团结全国人民，争取一切国际朋友的支援，为了建设一个伟大的社会主义国家而奋斗"，"准备在几个五年计划之内，将我们现在这样一个经济上文化上落后的国家，建设成为一个工业化的具有高度现代文化程度的伟大的国家。"刘少奇代表宪法起草委员会向大会作了《关于中华人民共和国宪法草案的报告》，对宪法草案基本内容做了说明。

周恩来代表中央人民政府在大会上作了《政府工作报告》。大会经过认真热烈的讨论，一致通过了我国第一部社会主义类型的《中华人民共和国宪法》以及《关于政府工作报告的决议》。大会还通过了《中华人民共和国全国人民代表大会组织法》《中华人民共和国国务院组织法》《中华人民共和国人民法院组织法》《中华人民共和国人民检察院组织法》和《中华人民共和国地方各级人民代表大会和地方各级人民委员会组织法》等重要文件。

中共中央政治局集中各代表组的提名，提出了一批包括党内外领导人

---

13 周旧邦《破天荒第一次实现了真民主》，《民革汇刊》第 45 期，1954 年 4 月。

14 郑厚同《诚恳地和自我牺牲地为公共福利而劳动》，《民革汇刊》第 45 期，1954 年 4 月。

在内的国家领导人名单。经过毛泽东亲自同各民主党派领导人协商，又经过统战部部长李维汉向各民主党派领导人个别征求意见，提名名单酝酿成熟后，正式提交大会讨论选举。大会选举毛泽东为中华人民共和国主席，朱德为副主席，选举刘少奇为全国人民代表大会常务委员会委员长，李济深和宋庆龄、林伯渠、张澜、罗荣桓、沈钧儒、郭沫若、黄炎培、彭真、李维汉、陈叔通等 13 人为副委员长。民革中央领导人程潜、王昆仑、邵力子、柳亚子、陈劭先、黄绍竑、熊克武、蔡廷锴、龙云、张治中、谭平山等人当选为全国人大常务委员会委员，程潜、张治中、卫立煌、蔡廷锴等人担任国防委员会副主席，蔡廷锴、卢汉、李明扬、董其武、刘斐、唐生智、陈明仁、邓锡侯、裴昌会、邓宝珊、黄琪翔、鹿钟麟等人担任国防委员会委员。

二、讨论修改《中华人民共和国宪法草案》

第一部《中华人民共和国宪法》是在中共中央直接领导下，经过各方面代表人物和全国亿万人民反复讨论，最后由第一届全国人民代表大会第一次会议通过的。它的诞生，标志着《共同纲领》已完成其历史使命，而宪法以根本大法的形式成为各党派、各阶层、全国各族人民共同遵守的准则。民革负责人与其他民主党派的领导人一起参加了中华人民共和国宪法的起草。

1953 年 1 月 13 日，为进行宪法起草工作，中央人民政府委员会决定成立以毛泽东为主席的中华人民共和国宪法起草委员会。宪法起草委员会由中共方面的毛泽东、刘少奇、周恩来，民革方面的李济深、何香凝、程潜，以及其他民主党派和无党派人士代表张澜、沈钧儒、黄炎培、陈叔通、郭沫若等 32 人组成。中共中央指示，宪法必须充分反映我国人民革命和 1949 年以来社会关系的伟大变革，总结这些变革的主要斗争经验；必须坚

1954年9月27日晚，广播电台传出毛泽东当选为中华人民共和国主席及其他国家领导人员当选的消息后，首都各界十多万人聚集在天安门广场，庆祝新的国家领导人员当选。

持无产阶级为领导的人民民主专政的国家制度，指明我国逐步过渡到社会主义社会的历史道路以及所采取的方针和步骤。

1954年3月23日，宪法起草委员会召开第一次会议，李济深等26位委员出席了会议。毛泽东代表中国共产党提出了由中共中央起草的《中华人民共和国宪法草案》（初稿），为宪法起草委员会所接受。会议决定分别在宪法起草委员会、全国政协对宪法草案初稿分组讨论，同时分发给各大行政区、各省、市领导机关和各民主党派、各人民团体的各级组织进行讨论，在两个月内完成对宪法草案初稿的讨论和修正，然后再提交中央人民政府委员会批准作为草案公布。

3月下旬，政协全国委员会邀请各民主党派、各人民团体负责人和各界人士500多人对《宪法草案》（初稿）进行讨论。李济深以及当时在京的民革中央委员、候补中央委员、中央委员会各部门负责人均被邀请参加。会议分成17个小组，开会260次，历时两个月。讨论者对宪法草案初稿全文进行了讨论，提出2000多条修改意见。民革全国各地方组织的负责同志，也在当地的中华人民共和国宪法草案初稿讨论委员会的组织领导下，参加了宪法草案初稿的讨论。宪法起草委员会对提出的意见进行周密的研

1954 年 5 月，全国政协组织宪法草案（初稿）座谈会。图为出席座谈会的民革和致公党的同志在一起合影。前排左起：严希纯、龙云、蔡廷锴、谭平山、何香凝、何燮侯、朱蕴山、王葆真、陈劭先；后排左起：许闻天、刘锦汉、聂轰、许宝骙、许宝驹、伍觉天、李世璋、王昆仑。

究和讨论，至 6 月 11 日顺利完成了宪法草案的起草工作。

为更好地组织和领导民革成员参加对宪法草案的讨论，3 月 31 日，李济深召开民革中央常委会，决定在民革中央专门设置由邵力子为主任，许宝驹、李世璋、朱学范为副主任的理论政策研究委员会，负责对宪法、民主选举和社会主义建设基本理论等问题进行研究。

6 月 11 日，宪法起草委员会第七次会议正式通过了《中华人民共和国宪法草案》。6 月 14 日，中央人民政府委员会举行第 30 次会议审查通过了《中华人民共和国宪法草案》，决定予以公布并在全国人民中组织讨论，以便搜集意见，再作修改，最后提交第一届全国人民代表大会第一次会议制定颁布。李济深代表民革在会上发言说："我们以万分欢欣鼓舞的心情迎接我国第一个宪法的诞生。在这里，我代表中国国民党革命委员会，对于宪法草案的全部内容表示竭诚的拥护。我号召民革全体成员，对于这个辉煌的宪法草案进行深入的讨论，并在所联系的群众中展开宣传，和全国人民一道，共同为圆满地完成制定宪法的政治任务而努力。"接着，何香凝、谭平山、蒋光鼐、程潜、张治中等也先后在会上发了言。

参加宪法草案讨论的民革中央常委程潜在《我国的宪法是属于社会主义类型的宪法》的发言中指出：这个宪法草案是在毛泽东的亲自主持下起草的，"我在两个多月的学习和参加讨论中，能够有机会比较深入地钻研宪法草案的精神和实质，同时学习苏联及各人民民主国家的宪法，因而对宪法草案得到了一个基本的认识"。[15] 他认为，这个宪法草案是根据马克思列宁主义关于宪法学说的一般科学原理，结合中国的历史和国情而制定出来的。它深刻反映了过渡时期总路线和总任务的实质，肯定地指出了国家向社会主义前进的方向，它是以"共同纲领为基础，又是共同纲领的发展"，属于社会主义类型的宪法。

张治中在发言中将宪法草案研究后作了三句概述：（一）结构严谨而明确；（二）内容完整而充实；（三）措辞简易而明确。他认为，这个宪法草案是"中国几千年来第一部宪法，第一部人民民主的宪法，它是不仅反映了我国人民革命的成果和中华人民共和国建立以来政治上、经济上的新胜利，并且反映了建设社会主义社会的美好幸福的远景的宪法，它是符合全国人民的希望和要求的巩固人民民主制度、创造幸福生活的新宪法"。[16]

宪法草案公布后，立即在全国范围组织和发动各阶层、各族人民进行了认真的讨论，民革成员也参加了宪法草案的全民讨论，并继续提出修改意见。民革中央机关和所属北京市分部，在学习和讨论开始前联合成立了宪法草案讨论办公室。据报载："在讨论中发言的人非常热烈，大家一致表示拥护宪法草案。有些人通过这一阶段的学习和讨论，更加体会到

---

15 程潜《我国的宪法是属于社会主义类型的宪法》，《民革汇刊》第 48 期，1954 年 7 月。
16 张治中《感谢中国共产党，感谢毛主席》，《民革汇刊》第 48 期，1954 年 7 月。

蒋光鼐、程潜文章。（上）
张治中文章。（下）

中国共产党的伟大和祖国的可爱，保证
要以加强社会主义的思想改造和做好工
作的实际行动来迎接中国人民第一个宪
法的诞生。目前，大家在了解了宪法草
案的基本精神后，已开始了逐章逐条地
讨论。"[17]

1954 年 6 月 21 日，民革中央发出
《关于动员党员讨论和宣传宪法草案的
通知》。通知指出："中华人民共和国宪
法草案已经中央人民政府委员会公布，
这是一个具有伟大历史意义的事件。我
党李济深主席在中央人民政府委员会上
发言，对于宪法草案的全部内容表示竭
诚的拥护。各级组织应即动员所属成员
参加宪法草案的讨论，并在所联系的群
众中积极宣传宪法草案的基本精神和内
容。"通知对民革党员讨论和宣传宪法
草案的具体事宜作了明确规定：（一）各
级组织关于宪法草案的讨论和宣传工作
应在当地宪法草案讨论委员会的统一领
导和布置下进行；（二）在宪法草案的讨
论过程中，各级组织应着重启发成员提高政治觉悟，加强社会主义思想改
造，努力做好工作，以实际行动迎接我国的第一部宪法的诞生；（三）对

17 《中央各机关干部深入讨论宪法草案，各民主党派机关干部热烈进行学习和讨论》，《人民日报》
1953 年 8 月 2 日。

于成员和所联系的群众在讨论宪法草案中所提出的问题和意见，应及时反映给当地宪法草案讨论委员会，并摘要报告中央；（四）宪法草案讨论结束后，应及时作出总结，专案报告中央。[18]

通知及李济深文章。

该通知下达后，民革中央及地方组织展开了热烈的讨论和宣传宪法草案的活动。为帮助各地民革成员了解宪法草案的基本精神，李济深发表《拥护中华人民共和国宪法草案》一文。文章指出：这个宪法草案将会成为"我国有史以来的第一个真正的、民主的宪法"，它实现了无数仁人志士前仆后继流血牺牲所追求的理想，满足了全国人民的共同愿望，"这是我国人民百余年来革命斗争所取得的一个伟大胜利果实，同时标志着人民民主制度在我国进一步的巩固和发展"。[19]他指出，这个宪法是过渡时期的宪法，它从法律上保证了实现国家在过渡时期的总任务，以便把我国建设成为一个伟大的社会主义国家。他代表民革中央对于这个宪法草案的全部内容表示"竭诚的拥护"，号召民革全体成员，对这个宪法草案进行深入的讨论，并在所联系的群众中展开宣传，和全国人民一道共同为圆满完成制定宪法的政治任务而努力。何香凝、谭平山、蒋光鼐等人先后发表了《对宪法草案的感想》《以实际行动作为对宪法草案的献礼》《热烈拥护中华人民共和国宪法草案》等文，深入地宣传和学习《中华人民共和国宪法草案》。

何香凝谈了两点感想：（一）宪法的起草讨论过程充分表现了我们国

18 《民革中央关于动员党员讨论和宣传宪法草案的通知》，《民革汇刊》第 48 期，1954 年 7 月。
19 李济深《拥护中华人民共和国宪法草案》，《民革汇刊》第 48 期，1954 年 7 月。

家的真正民主精神；（二）宪法草案公布后，全国人民的政治和劳动的积极性必然更加高涨，共同为国家社会主义工业化和社会主义改造而努力，使我们的祖国更加繁荣富强。[20] 谭平山认为，宪法草案的公布，是我国人民政治生活中的一件大事，它总结了我国人民革命的胜利成果，记录了我国 1949 年以来政治、经济、文化各个战线上的新胜利，表达了国家在过渡时期的根本要求，同时照亮了各阶级、各阶层、各个人努力的道路。故他满怀激情地说："让我们以欢欣鼓舞的心情迎接它的公布，并以自己的实际行动作为对宪法草案的献礼。"[21]

蒋光鼐指出，民革作为中共领导下的人民民主统一战线的成员，它的任务是团结和动员它的成员和所联系的群众为完成国家过渡时期总任务而奋斗，因此"要深入讨论，广泛宣传，尽量提供意见，和全国人民一道，为制定我国第一个宪法而共同努力"。[22] 朱学范指出，宪法草案的公布，不仅在国内是一件具有重大历史意义的事情，在世界上也毫无疑义地将产生非常广泛的影响。他认为这个宪法草案是以共同纲领为基础的，并且是共同纲领的发展。因此，他号召包括民革在内的各阶层民众，紧密团结在共产党和毛主席的周围，担负起历史交给我们的光荣任务，为祖国社会主义前途而奋斗。[23]

民革西南委员会负责人熊克武将宪法草案的公布视为"开创我国民主宪政新纪元的一个光辉标志"，之所以得出这样的结论，是"由于它是人民的宪法草案"。从宪法草案起草过程看，中共中央提出宪法草案初稿后，经过宪法起草委员会的研究和讨论，并组织各方面人士 8000 多人参加讨论，慎重加以修正，然后定稿，由中央人民政府公布于全国人民。宪

20 何香凝《对宪法草案的感想》，《民革汇刊》第 48 期，1954 年 7 月。
21 谭平山《以实际行动作为对宪法草案的献礼》，《民革汇刊》第 48 期，1954 年 7 月。
22 蒋光鼐《热烈拥护中华人民共和国宪法草案》，《民革汇刊》第 48 期，1954 年 7 月。
23 朱学范《为祖国第一个宪法草案欢呼》，《民革汇刊》第 48 期，1954 年 7 月。

法草案公布后，又展开全民讨论，广泛征求意见，以便据以再度修正，提请第一届全国人民代表大会决定实行。他指出："用中央民主方式来起草宪法，与旧中国由少数官僚政客和御用学者的师心自用，恰恰是一个相反的对照。"并公开表示："我们西南民革全体同志要以高度热情和严肃态度，一面学习，一面研究，尽量提供意见，答谢我们伟大领袖毛主席的殷切期望；同时要在中国共产党的领导下，积极参加国家建设工作，发挥人民民主统一战线在社会主义建设和社会主义改造事业中的作用，以实际行动来表示我们拥护宪法草案的无限忠诚。"[24]

参加人民政协关于宪法草案初稿讨论的民革东北委员会负责人宁武，谈了自己对其基本精神和主要内容的初步理解。他认为：这个宪法草案是属于社会主义类型的宪法，表达了全国人民的意志和共同愿望，代表了全国人民的利益。他表示：民革东北地区的同志要尽最大的努力来讨论和宣传宪法草案，紧密团

谭平山文章。（上）
何香凝文章。（下）

24 熊克武《开创中国民主宪政新纪元的光辉标志》,《民革汇刊》第 49 期, 1954 年 8 月。

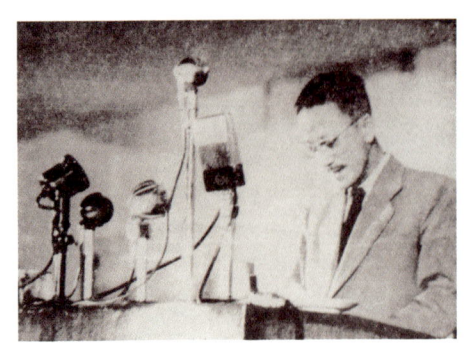

蒋光鼐在中国人民政治协商会议第一届全体
会议上发言。　　　　　　宁武

结在中国共产党和毛主席周围，为建设伟大的社会主义社会而奋斗。[25]

　　民革各级领导人带头在各种报纸、刊物上撰写文章，或在广播电台发表演说，表示自己对于宪法草案的拥护。孙蔚如发表了《宪法草案体现了全国人民的意志》，邓初民发表《欢庆中华人民共和国宪法草案的公布，为讨论宣传学习宪法草案而加倍努力》，陈铭德发表《我参加宪法草案初稿讨论的一点收获》，王菊人发表《以无限兴奋和愉快的心情祝贺宪法草案的公布》，周达人发表《热烈拥护中华人民共和国宪法草案》，丁超五发表《为宪法草案的公布而欢呼》等，号召民革全体成员认真学习宪法草案，向周围群众广泛宣传宪法草案，并动员他们提出修改意见，以尽民主党派成员应尽作用。

　　邵力子发表《认真地学习宪法草案序言末一段》，刘斐发表《要以宪法作为我们思想改造的规范》，但懋辛发表《引向美满幸福的胜利旗帜》，夏仲实发表《以无限热烈的心情迎接中华人民共和国宪法草案的讨论》，晏勖甫发表《宪法保证我们过渡到美满的社会主义社会》等文，畅谈自己学习宪法草案的心得体会，坚决拥护宪法草案。参加学习的各地成员听了宪法草案的基本精神、主要内容、条文解释等一系列的报告以后，在各种

25 宁武《为宪法草案的公布而欢呼》，《民革汇刊》第 49 期，1954 年 8 月。

1954 年宪法

小组中展开了热烈的讨论，一致表示拥护宪法草案，深感宪法草案的诞生是中国历史上乃至全国人民当前政治生活中的重大事情。

民革中央机关和所属北京市分部干部表现出很高的热情。他们认为这是一件非常光荣而庄严的工作，踊跃地参加会议，很多不在职的成员冒着大雨远道赶来参加，认真负责地提出修改和补充意见。经过对宪法草案的讨论，民革党员干部对宪法草案的基本精神和主要内容有了进一步的理解。他们在讨论中批判了资产阶级在宪法问题上的反动理论，揭露了资本主义宪法的虚伪性和反动本质；并从 1949 年以来自己的亲身生活体验中，进一步认识到我国人民民主制度的优越性，认识到我国广大人民在工人阶级领导下建设社会主义的具体道路。有的干部回忆起在旧社会不民主、不自由和在海外遭受帝国主义迫害的情形，从过去和现在的对比中，深深感到宪法草案充满了民主精神。有的干部感动地说：只有在工人阶级领导下的人民民主国家里，人民的民主权利才能得到真正的保障。在讨论中，大家对过渡时期的人民民主统一战线的性质和任务也有了进一步的认识，认为我国人民民主统一战线在今后完成国家在过渡时期的总任务和反对内外敌人的斗争中，将继续发挥它的作用。大家表示：在宪法颁布后，要切实地遵守宪法，执行宪法，在中国共产党的领导下，团结和带动所联系的群众，加强社会主义的思想改造，更好地做好工作。[26]

宪法草案记录了中国人民革命和中华人民共和国成立以来社会关系变革的实际情况，总结了我国人民主要的斗争经验和组织经验，把我国人民多少年来英勇奋斗所取得的革命成果，和全国各族人民要在我国逐步建成

26 《各民主党派中央机关的干部，对宪法草案的讨论先后结束》，《人民日报》1954 年 9 月 5 日。

社会主义社会这一个共同的愿望，用立法形式肯定下来。它将充分反映我国广大人民的意志，巩固以工人阶级为领导的、以工农联盟为基础的人民民主专政，保证我国能够通过和平的道路消灭剥削和贫困，建成繁荣幸福的社会主义社会。在讨论和领悟宪法草案的基本精神实质的基础上，大家进行了逐章和逐条的讨论。整个讨论期间，民革全党提出的修改意见、补充意见和问题共 3200 条。宪法起草委员会根据各方面提出的意见，再次对草案作了修改。

1954 年 9 月 15 日，刘少奇代表宪法起草委员会在全国人大第一次会议上作《关于中华人民共和国宪法草案的报告》。报告阐明这部宪法的意义，并就其基本内容作了说明。同时对人民群众在讨论中提出的问题作了具体解答。9 月 20 日，出席会议的代表以无记名投票方式一致通过《中华人民共和国宪法》，并由主席团公布。至此，中华人民共和国第一部宪法正式诞生。

《中华人民共和国宪法》是属于社会主义类型的宪法。它明确规定了我们国家的根本性质和国家的领导体制，把中国共产党提出的过渡时期总路线作为国家在这个时期的总任务确定下来；对于公民的基本权利和义务，宪法也作了详尽规定。宪法深刻总结了我国革命斗争的历史经验，肯定在我国人民民主制度下，还存在着广泛的人民民主统一战线。宪法序言提出："今后在动员和团结全国人民完成国家过渡时期总任务和反对国内外敌人的斗争中，我国人民民主统一战线还将继续发挥它的作用。"《中华人民共和国宪法》的这些规定，集中反映了全国各民族人民的根本利益，也适当照顾到民族资产阶级人士和民主党派在接受社会主义改造中的合法权益和合理要求。因此，得到广大人民群众的普遍拥护，也为民族资产阶级、民主人士，包括民革在内的民主党派普遍欢迎。

李济深在全国人民代表大会上发言指出，这个宪法草案，集中了全中国人民的智慧和意见，其全部内容和每一个条文都贯穿着真正的民主主义

1954 年 9 月 20 日晚，广播电台传出全国人民代表大会一致通过中华人民共和国宪法的消息后，首都群众聚集天安门广场欢庆《中华人民共和国宪法》的诞生。

的精神，它总结了过去和现在革命斗争的经验，指出了一条不能反对的真理，就是我们中国只能走社会主义的道路。邵力子回顾自己参加宪法草案多次讨论修改的亲身体会说："从宪法草案初稿的讨论到宪法的正式颁布过程中，确切证明了广大人民确有建设社会主义社会的共同愿望，在今天我们的国家公布属于社会主义类型的宪法，实在已是水到渠成，瓜熟蒂落，宪法的公布，博得全国人民的欢欣鼓舞，绝不是偶然的。"[27]

通过宪法草案的学习和宣传，民革成员有了四方面收获：（一）明确了我国的宪法草案是贯彻国家过渡时期总任务的有力保证，进一步认识了遵守国家法令做好岗位工作的重要意义；（二）认识到我们国家制度和社会制度的优越性；（三）认识到我国公民的基本权利和义务的一致性，加强了爱国主义思想；（四）认识到只有共产党和毛主席领导下的新中国，

27 邵力子《宪法草案鼓舞我们向社会主义迈进》，《民革汇刊》第 49 期，1954 年 8 月。

人民才有参加制宪的权利，因而提高了主人翁思想，树立了守法精神。[28]
这些认识和体会，无疑代表了民革全体党员的共同心声。

三、参与多党合作制度建立

全国人民代表大会召开以后，中国人民政治协商会议不再代行全国人民代表大会职权，但仍作为中国共产党领导的中国人民统一战线组织与国家最高权力机关全国人民代表大会同时存在，继续发挥重要作用，形成了我国社会主义政治制度的一个重要特点。刘少奇在《关于中华人民共和国宪法草案的报告》中提到："中国人民政治协商会议是我国人民民主统一战线的组织形式。它曾代行全国人民代表大会的职权，这种职权今后当然不再需要由它行使，但是它作为统一战线的组织将会在我国的政治生活中继续发挥它的作用。"[29]

实际上，民革从新中国建立之初就参与了中国共产党领导的多党合作，并为多党合作制度的建立做出了贡献。新中国的政党制度，既不同于西方国家的两党制或多党竞争制，也有别于一些国家实行的一党制，而是中国共产党领导的多党合作和政治协商制度。这种政党制度，是中国共产党与各民主党派在共同反对国民党一党独裁统治过程中逐步形成的。

新政协第一届全体会议通过的《中国人民政治协商会议共同纲领》，以法律的形式将政协性质与职权确定下来。《共同纲领》的"序言"指出："由中国共产党、各民主党派、各人民团体、各地区、人民解放军、各少数民族、国外华侨及其他爱国民主分子的代表们所组成的中国人民政治协商会议，就是人民民主统一战线的组织形式。"第 13 条规定："中国人民

---

28 陕西省分部筹委会《西安市基层组织讨论和宣传宪法草案总结》，《民革汇刊》第 51 期，1954 年 12 月。

29 刘少奇《关于中华人民共和国宪法草案的报告》，《人民日报》1954 年 9 月 14 日。

政治协商会议为人民民主统一战线的组织形式。其组织成分，应包含有工人阶级、农民阶级、革命军人、知识分子、小资产阶级、民族资产阶级、少数民族、国外华侨及其他爱国民主分子的代表。""在普选的全国人民代表大会召开以前，由中国人民政治协商会议的全体会议执行全国人民代表大会的职权，制定中华人民共和国中央人民政府组织法，选举中华人民共和国中央人民政府委员会，并付之以行使国家权力的职权。""在普选的全国人民代表大会召开以后，中国人民政治协商会议得就有关国家建设事业的根本大计及其他重要措施，向全国人民代表大会或中央人民政府提出建议案。"[30]

《中国人民政治协商会议
共同纲领》

新政协会议通过的《中国人民政治协商会议组织法》规定，人民政协的性质是全国人民民主统一战线的组织形式；在普选的全国人民代表大会召开以前，代行全国人民代表大会的职权；在全国人民代表大会召开以后，仍将存在，并成为各民主党派各人民团体的协商机关。人民政协的宗旨是：团结全中国各民主阶级、各民族，共同努力，实行新民主主义，反对帝国主义、封建主义及官僚资本主义，推翻国民党的反动统治，肃清公开的及暗藏的反革命残余力量，医治战争创伤，恢复并发展人民的经济事业及文化教育事业，巩固国防，并联合世界上以平等待我之民族及国家，以建立及巩固由工人阶级领导的以工农联盟为基础的人民民主专政的独立、民主、和平、统一及富强的中华人民共和国。它的职权是：保证实行中国人民政协全体会议及全国委员会的决议；协商并提出对中华人民共和国中央人民政府的建议案；协助政府动员人民参加人民民主革命及国家建设工作；协商并提出参加中国人民政协的各单位在全国人民代表大会代表选举中的联

---

30 《中国人民政治协商会议共同纲领》，《人民日报》1949 年 9 月 30 日。

合候选名单；协商并决定下届中国人民政协全体会议的参加单位、名额及代表人选，并召集之；指导地方民主统一战线的工作；协商并处理其他有关中国人民政协内部合作的事宜。[31]

以新政治协商会议的筹备召开为起点，中国共产党与包括民革在内的各民主党派开始民主协商、共定国是。从新政协的组成情况看，它广泛吸收了各革命阶级、各民主党派、各人民团体和各阶层爱国民主人士，具有广泛性。据统计，在662名新政协代表中，共产党员约占44%，各民主党派成员约占30%，无党派民主人士约占26%。在新政协召开的过程中，中共与各党派平等相待，体现了民主协商的工作作风。刘少奇代表中国共产党在大会上发言说："中国共产党以一个政党的资格参加人民政治协商会议，和其他各民主党派、各人民团体、各少数民族、国外华侨及其他爱国民主分子一起，在新民主主义的共同纲领的基础上忠诚合作，来决定中国一切重要的问题。凡是中国共产党参加并一道通过的人民政治协商会议的决议，中国共产党将坚决地执行并为其彻底实现而奋斗。中国共产党将为人民政治协商会议的最高威信而奋斗，不允许任何人来破坏人民政治协商会议。这就是中国共产党对人民政治协商会议今后所要采取的态度。"[32]

作为人民政治协商会议全国委员会的副主席，李济深对人民政协工作非常重视，把搞好政协工作视为加强各党派团结合作、巩固和扩大革命统一战线，促进新中国各项工作顺利开展的重要环节，努力推动政协工作不断发展。

为按照《共同纲领》的精神全面开展政协工作，1950年3月，政协全国委员会召开了由秘书长、副秘书长、各工作组组长和各民主党派秘书长参加的工作会议。李济深在会上作了对政协工作有重要指导意义的讲话。

---

31 《中国人民政治协商会议组织法》，《人民日报》1949年9月30日。

32 《刘少奇选集》上卷，第433—434页，人民出版社1981年版。

关于政协工作的重要性和当前任务，李济深指出："人民政协机关要在人民和政府间起桥梁的作用；要充分反映人民的意见；要多方协助政府贯彻法令政策的执行；要团结广大人民进行各种爱国运动；要团结各民主党派各人民团体以及各界民主人士，在毛主席和中国共产党的领导下共同努力于对外抵抗帝国主义侵略者，对内促进一切新民主主义建设事业的进步与完成。"他要求参加会议的全体同志，首先对政协工作的性质、任务和重要性要有充分认识，进而研究清楚"人民政协机关应该如何努力来团结广大人民作持久艰苦普遍深入的奋斗，才算是遵守了共同纲领和担当起统战任务"。[33]

新中国建立初期，大批民主党派成员和无党派人士进入中央人民政府各部门工作，他们在政务院21位政务委员中占了11位，在政务院下属的30个部委等机构的93位负责人中占了42位，在全国政协机关各部门中占的比重就更大。针对这种情况，李济深强调：无论在政府机关还是在政协机关，要做好各项工作，取得良好成绩，首先是要搞好机关中各民主党派成员和无党派人士与中共党员干部的团结合作问题。只要做到他们之间的紧密团结和衷心合作，"一切工作的进行，一切工作制度的建立，一切公文的处理"，都将会做得迅速切实，各项任务就都能胜利完成，人民民主专政就会大大巩固。李济深指出，自1950年春中共党内开展共产党员要善于和非党群众团结合作的整风运动后，党与非党群众的关系已大大增进，尤其是与各民主党派人士的团结合作已经更加亲密，过去一些中共党员干部对非党干部的疏远、歧视、骄傲的态度，已得到克服。"共产党人为各民主党派在统一战线中树立了榜样"。[34]今后我们民主党派应该教育本党党员，向中共党员虚心学习，诚心接受中国共产党领导，与共产党员团结

331

33 姜建、王庆华《李济深与中国国民党革命委员会》，第198页，广东人民出版社2004年版。
34 姜建、王庆华《李济深与中国国民党革命委员会》，第199页，广东人民出版社2004年版。

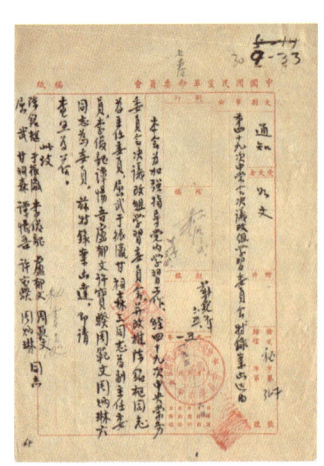

民革中央学习委员会的有关文献。
（上）

《民革汇刊》创刊号。（下）

332

合作，更好地搞好统战关系，这实在是摆在我们面前的一个迫切而重要的任务。为此，李济深要求政协和各民主党派都必须组织自己的成员进行政治学习，提高认识，加强改造，这是搞好民主党派成员、非党人士和中共党员团结合作的关键。李济深的意见得到与会者的一致赞同。

这次工作会议之后，民革与其他民主党派组织起来，更好地发挥自己参与政权管理的作用。民革与民盟、民建发起组织了"双周座谈会"。双周座谈会主要是"由参加人民政协的各民主党派、各人民团体总部所派出的代表及全国委员会常务委员为主体的时事政治座谈会"。到1950年6月，举行过两次座谈会，皆以中共中央颁布的《斯大林、毛泽东论共产党员要善于和非党群众团结合作》的文件及《关于在报纸上刊物上展开批评和自我批评的决定》为主题，对在统一战线工作中和执行《共同纲领》上的情况，展开广泛的研究和讨论。中共中央统一战线工作部李维汉部长曾到会，作了统一战线工作会议要点的报告。

民革与其他民主党派一起呼吁成立了全国政协常委会秘书处，进而又建立了由秘书长、副秘书长组成的"工作会议"。1950年3月，政协会议正式建立了由秘书长、各组组长、副秘书长及正副秘书处长组成的每周一次的工作会议。"工作会议的任务，除组织和推动会内日常工作外，并得对于参加人民政协的某一单位或几个单位所提出的有关统一战线工作的问题，进行初步协商。进行此种协商时，邀请有关单位派代表出席，协商结果报请主席指示处理。"经过这种协商手续，最后经主席批准成立的重要议案，有《关于各民主党派地方组织经费的决定》《双周座谈会和学习座谈会的决定》等。此外，政协工作会还组织了各民主党派总部分别与中共各地统战工作人员座谈会，座谈各民主党派地方组织的工作和关系。

此外，民革中央还专门成立学习委员会，领导全党的学习工作。由陈铭枢为主任委员、许宝驹为副主任委员的民革中央学习委员会，领导全党的学习，并随时印发理论与政策学习提纲，编印了内部刊物《民革汇刊》和专题学习材料，组织和指导成员认真学习《共同纲领》，进一步统一思想，提高认识，明确方向，加强团结。同时，民革还与其他党派总部、政协常委发起并筹备了由中央人民政府、参加政协的民主党派领导人参加的"学习座谈会"。该会以自愿参加为原则，最多时有 200 余人。主要学习思想方法论、社会发展史、国家学说以及中国革命等问题。学习方式分自习、大报告、小组讨论等形式，个人自愿参加，不加拘束，形式活泼热烈。

第一届全国人民代表大会召开后，政协会议的性质和任务发生了较大变化。周恩来指出："进入了社会主义建设阶段，人民民主统一战线的任务就更重了，就要负起新的任务（当然，同时还有社会主义改造的任务），就要有新的发展……现在要团结一切可以团结的力量，动员更多可以动员的因素，来参加社会主义建设，扩大我们的民主生活。"[35] 为了筹备召开中国人民政治协商会议第二届全国委员会，民革与中共进行了广泛的协商和酝酿。

1954 年 10 月 28 日，第一届政协全国委员会常务委员会举行第 61 次会议。在京政协委员、在京全国人大常委、国务院副总理、各部部长、国

---

35 《周恩来统一战线文选》，第 431—432 页，人民出版社 1984 年版。

防委员会委员等列席会议。周恩来代表中共中央提出关于召开第二届中国人民政治协商会议准备工作的建议：（一）第二届政协的组织形式将原来的全体会议、全国常委会、常务委员会三层，改为全国委员会和常务委员会两层，全国委员会以各民主党派、各人民团体推出的代表为基础组成。（二）共同纲领大部分内容已纳入宪法，第二届政协不再制定共同纲领。今后，各民主党派、人民团体除根据宪法规定的目标奋斗外，在修改的组织法的前面规定几条共同遵守的原则作为总纲。会议决定：以上建议，由各民主党派先在内部进行酝酿讨论，然后在政协全国委员会工作会议进行协商，拟出方案，提请政协全国委员会常务委员会批准。

11月3日，政协全国委员会工作会议讨论第二届政协的准备工作：（一）各民主党派、人民团体代表报告对中共中央关于召开第二届政协的建议进行酝酿讨论的情况。（二）初步拟定参加第二届政协的单位有中共、民革等29个单位。（三）商定各民主党派、人民团体先在自己组织内部酝酿讨论参加第二届政协的人选，10日内提出初步名单。（四）推定李维汉等13人组成修改政协组织法小组。12月初，一届政协常务委员会连续召开了多次会议，讨论通过《中国人民政治协商会议章程草案》和《关于中国人民政治协商会议第一届全国委员会的工作报告》草稿，以及中国人民政治协商会议第二届全国委员会名单等。

毛泽东和中共中央多次邀集包括民革在内的各民主党派举行座谈会，商谈政协的性质和任务。他指出，今后要加强统一战线工作，人民代表大会是权力机关，并不妨碍我国成立政协进行政治协商。人大、人大常委会代表性当然很大，但它不能包括所有方面，所以政协仍有必要存在。按照毛泽东的意见，人民政协的任务主要有五条：协商国际问题；对全国人大代表和地方各级人大代表的候选名单以及政协各级组织组成人员的人选进行协商；协助国家机关，推动社会力量，解决社会生活中各阶级间的相互关系并向国家机关反映人民群众的意见和建议；协商处理政协内部和党派团体之间的合作问题；在自愿基础上，学习马克思列宁主义，努力进行思想改造。

1954 年 12 月 21 日至 25 日，中国人民政治协商会议第二届全国委员会第一次全体会议在北京举行。由于人民代表大会制度已经建立，从本届起，全国政协不再代行全国人民代表大会职权，而是作为统一战线的组织，发挥政治协商、民主监督的作用。毛泽东主持了开幕式，周恩来作了政治报告，陈叔通作了《中国人民政治协商会议第一届全国委员会工作报告》，章伯钧作了《关于中国人民政治协商会议章程草案的说明》。李济深郑重申明："我代表中国国民党革命委员会，表示完全同意和拥护。关于章程草案和总纲中的七项共同准则，我们一定坚决遵守，积极执行。"他指出："中国国民党革命委员会是参加中国人民政治协商会议的一个单位，五年多来，在中国共产党领导下同各民主党派一起，团结自己的成员和所联系的群众，在贯彻国家政策法令、参加各项运动、做好岗位工作、进行思想改造等方面，做了一些工作。我们在参加革命斗争的实践中，越来越深刻地体会到，要能够经常遵循正确的方向，克服困难，求得进步，做好工作，完成任务，就只有坚定我们以工人阶级为领导的思想，切实接受中国共产党的领导。"他表示："我们要更紧密地团结在中国共产党的周围，在伟大领袖毛泽东的光辉旗帜下前进！"[36]

程潜在大会发言中指出，由于我国在过渡时期的人民民主统一战线仍然具有广泛的基础，"今后在动员和团结全国人民完成国家过渡时期总任务和反对内外敌人的斗争中，我国的人民民主统一战线将继续发挥它的作用"，所以，中国人民政治协商会议作为人民民主统一战线的组织形式，需要继续存在。其任务是："在继续加强工人阶级领导和巩固工农联盟的

---

[36] 李济深《在中国人民政治协商会议第二届全国委员会第一次全体会议上的发言》，《人民日报》1954 年 12 月 23 日。

基础上，经过参加中国人民政治协商会议的各单位在中国共产党领导下的团结努力，去团结一切可以团结的力量，为建设我国成为一个伟大的社会主义国家而斗争，为粉碎一切企图破坏我们国家的内外敌人而斗争，为保卫世界和平和发展人类进步事业而斗争。"他认为："中国人民政治协商会议章程总纲的规定，工作报告中对今后任务的提出，都同宪法精神完全吻合，我们的义不容辞的职责是：切实遵守总纲的准则，贯彻实现今后的光荣任务。" [37]

唐生智在发言中也指出，为了发展和巩固我们的团结，我们参加统一战线的单位和个人，都应当分清敌友，辨别是非，大家都把精力集中于工作和与人民有益的事情上。"我们应当本着诚恳坦白、实事求是、知无不言、言无不尽之义，有建议，有批评，有自我批评，大家互助互勉，自己进步，也要多多帮助别人进步，大家彼此成为直友、诤友、益友。" [38]

政协第二届全国委员会通过了《中国人民政治协商会议章程》。周恩来根据毛泽东和中共中央的意见，将政协的任务归纳为五点：（一）协商国际问题；（二）对全国人民代表大会代表和地方同级人民代表大会代表的候选人名单以及中国人民政治协商会议各级组织组成人员的人选进行协商；（三）协助国家机关，推动社会力量，解决社会生活中各阶级相互关系的问题，并联系人民群众，向国家机关反映群众的意见和提出建议；（四）协商和处理政协内部和党派团体之间的合作问题；（五）在自愿基础上，学习马克思列宁主义和努力进行思想改造。[39] 这五条既全面概括了人民政协的具体任务，又集中反映了政协民主协商的基本职能。

中国人民政治协商会议第二届全国委员会委员由各党派协商提名共

---

37 程潜《在中国人民政治协商会议第二届全国委员会第一次全体会议上的发言》，《人民日报》1954年12月23日。

38 唐生智《在中国人民政治协商会议第二届全国委员会第一次全体会议上的发言》，《人民日报》1954年12月23日。

39 周恩来《在政协全国委员会会议上的政治报告》（摘要），《人民日报》1954年12月27日。

559 人，较上届全国委员会的 198 人增加了将近两倍。除各民主党派、各人民团体的代表外，为扩大团结面，增强代表性，增加了各界人士包括宗教界、文艺界、新闻界、教育界、科技界、医药卫生界、工商界和少数民族、海外华侨、港澳同胞等方面的代表。在政协委员中，中共党员约占27%，民主党派成员和无党派人士占73%。会议通过了《中国人民政治协商会议章程》，推举毛泽东为名誉主席，选举周恩来为主席，李济深、何香凝当选为副主席；丁超五、王菊人、王葆真、甘祠森、朱蕴山、余心清、李平衡、李民欣、李俊龙、李紫翔、李蒸、李济深、邵力子、范予遂、张治中、梅龚彬、许宝骙、陈建晨、陈铭枢、宁武、贺贵严、杨亦周、刘孟纯、蔡廷锴、卢郁文等民革成员担任政协委员。许多民革成员还担任了地方各级人民代表大会、政协以及政府部门的领导职务。

从此，民革作为新中国人民民主统一战线的重要成员，通过各级人民代表大会和政协组织，积极参加国家的政治生活，参与国家事务的管理，在各自的岗位上为社会主义事业做出了贡献。

第二届全国政协成立后，李济深领导民革中央与以往一样，继续认真参加政协召开的各种会议，并积极向国家和政府领导人提出建议。鉴于国家和政府机关每年都要分别为筹备召开全国人大和全国政协两次会议花费很多时间和精力，这样既不利于工作，又增加国家财政开支，所以，李济深向毛泽东主席和周恩来总理建议：将全国人大和全国政协两次会议合并举行，政协全体委员列席人大会议。这个建议得到毛泽东和周恩来的采纳。从 1959 年起，每年的全国人大和全国政协会议同时举行，从全国到地方都是如此。从而形成了每年春天召开"两会"的制度，至今未变。[40]

为了更好地发挥全国政协会议作为中共领导下的统一战线的作用，李济深对全国政协的工作进行了认真的思考，力图从制度上保障发挥人民政

---

40 姜建、王庆华《李济深与中国国民党革命委员会》，第 235 页，广东人民出版社 2004 年版。

1959年4月17日上午10时，全国政协三届一次会议在北京政协礼堂开幕。政协第二届全国委员会主席周恩来，副主席李济深、郭沫若、彭真、沈钧儒、黄炎培、何香凝、李维汉、李四光、陈叔通、陈嘉庚、班禅额尔德尼等出席开幕式。根据会议通过的议程，全体政协委员列席第二届全国人民代表大会第一次会议。

协的积极作用。为此，李济深代表民革向中共中央提出建议：为了发挥政协委员的参政议政作用，政协委员应该到各地进行调查研究，了解各地各部门的工作情况，发现各地各部门存在的问题，并将这些问题集中起来，形成议案，提交全国政协会议审议。中共中央接受了民革的建议，指示全国各地各部门党政领导机构，真诚邀请政协委员到各地进行考察，希望他们对各地工作提出批评和建议，以利于社会主义建设事业的顺利发展。

民革参与新中国建立的历史，从特定的角度，再一次印证了习近平总书记所做的重要论断："中国共产党领导的多党合作和政治协商制度作为我国一项基本政治制度，是中国共产党、中国人民和各民主党派、无党派人士的伟大政治创造，是从中国土壤中生长出来的新型政党制度。"自从诞生以来，多党合作制度能够真实、广泛、持久代表和实现最广大人民根本利益、全国各族各界根本利益，有效避免了旧式政党制度代表少数人、少数利益集团的弊端；它把各个政党和无党派人士紧密团结起来、为着共同目标而奋斗，有效避免了一党缺乏监督或者多党轮流坐庄、恶性竞争的弊端；它通过制度化、程序化、规范化的安排集中各种意见和建议、推动决策科学化民主化，有效避免了旧式政党制度囿于党派利益、阶级利益、区域和集团利益决策施政导致社会撕裂的弊端。多党合作制度不仅符合中国实际，而且符合中华民族一贯倡导的天下为公、兼容并蓄、求同存异等优秀传统文化，是地地道道的中国特色。经过 70 年的发展和完善，多党合作制度日益彰显出我国政治制度的巨大优越性，以其鲜明的中国特色和中国气派，为世界政党政治发展贡献了中国智慧和中国方案。

全国人民代表大会的胜利召开，《中华人民共和国宪法》的正式公布，昭示着新中国的建国使命最后完成。新中国成立之初，民革作为中国共产党领导下的人民民主统一战线的成员，参加了中国共产党领导的多党合作，担负起了历史赋予的使命，为中国共产党领导的多党合作制度的确立和完善做出了贡献。

后记

　　70年携手奋进，70载壮丽辉煌。在民革中央领导同志的指示下，我部组织编写了本书，作为民革中央致敬中华人民共和国成立70周年的献礼。

　　本书较为详尽地展示了新中国成立前后，民革组织和众多民革前辈在中国共产党领导下投身民族复兴伟大事业的历史。

　　民革中央领导同志极为重视本书的编写、出版工作，给我们以鼓舞和鞭策。万鄂湘主席不仅在百忙之中多次过问并作出指示，还欣然作序。郑建邦常务副主席拨冗审阅了书稿，作出批示。李惠东副主席对编辑出版全过程给予了具体指导和支持。

　　本书文字内容的编写分工是：王秉默（第一章）、刘则永（第二章）、左玉河（第三章、第四章）、王瑞芳（第五章、第六章、第七章、第八章）。

　　民革中央有关部门、民革地方组织和党员干部，为本书提供了一些宝贵的图片。

　　团结出版社有限公司为本书的出版做了大量的工作。

　　欢迎广大读者批评指正。电子邮箱：sunyanhui01@126.com。

民革中央宣传部

2019年8月